PROF. DR.
MEHMET
ZİHNİ
SUNGUR

HA
İLERLEMEK KADAR GERİDE BIRAKABILMEKTIR

Olasılıklar, Şans ve Tüm Halleriyle İnsan

DESTEK
yayınları

DESTEK MEDYA GRUBU

DESTEK YAYINLARI: 1647
ARAŞTIRMA: 371

PROF. DR. MEHMET ZİHNİ SUNGUR & PROF. DR. UĞUR BATI
HAYAT İLERLEMEK KADAR GERİDE BIRAKABİLMEKTİR

İmtiyaz Sahibi: Destek Yapım Prodüksiyon Dış Tic. A.Ş.
Genel Yayın Yönetmeni: Ertürk Akşun
Yayın Koordinatörü: Özlem Esmergül
Üretim Koordinatörü: Semran Karaçayır
Editör: Cansu Poyraz Karadeniz
Son Okuma: Devrim Yalkut
Kapak Tasarım: Özkan Kale
Sayfa Düzeni: Cansu Poroy
Sosyal Medya-Grafik: Tuğçe Budak-Mesud Topal-Meltem Kökboyun

Destek Yayınları: Ekim 2022
Yayıncı Sertifika No. 13226

ISBN 978-625-441-763-4

Abdi İpekçi Caddesi No. 31/5 Nişantaşı/İstanbul
Tel. (0) 212 252 22 42
Faks: (0) 212 252 22 43
www.destekdukkan.com
info@destekyayinlari.com
facebook.com/DestekYayinevi
twitter.com/destekyayinlari
instagram.com/destekyayinlari

Destek Dukkan

Deniz Ofset – Çetin Koçak
Sertifika No. 48625
Maltepe Mahallesi
Hastane Yolu Sokak No. 1/6
Zeytinburnu / İstanbul
Tel. (0) 212 613 30 06

DESTEK yayınları KARAKARGA BEYAZ BAYKUŞ genç DESTEK

PROF. DR.
MEHMET
ZİHNİ
SUNGUR

PROF. DR.
UĞUR
BATI

KİTAP 1 LAPLACE ŞEYTANI

HAYAT İLERLEMEK KADAR GERİDE BIRAKABİLMEKTİR

Olasılıklar, Şans ve Tüm Halleriyle İnsan

DESTEK
yayınları

UĞUR BATI

Akademisyen ve yazar Uğur Batı, aralarında çok satanlar da olan 20 kitabın yazarı. Sanat yönetmeni, *Harvard Business Review*, *Bloomberg Businessweek*, *Grafik Tasarım*, *BrandMap* ve Milliyet.com.tr dergilerinin köşe yazarı... Onedio küratörlerinden. Köşe yazarı... Boğaziçi Üniversitesi'nde lisans eğitimini bitirdi, Marmara Üniversitesi ve Yeditepe Üniversitesi'nde yaptığı 3 yüksek lisansın ardından Marmara Üniversitesi'nde doktorasını tamamladı ve LSU'da bulundu. Profesyonel kariyerinde pek çok ulusal ve uluslararası marka için reklamlar yazan ve stratejiler geliştiren ödüllü bir reklamcı olan Batı, Reklam Yaratıcıları Derneği Başkan Yardımcılığı'nı uzun yıllar yürütmüştür. Telsim, Rumeli Telekom gibi firmalarda marka uzmanlığı, Gode İstanbul'da yaratıcı yönetmenlik, son olarak da İstanbul Menkul Kıymetler Borsası'ndan Borsa İstanbul'a geçiş sürecinde marka tarafında yöneterek, 4 yıl boyunca kurumda finansal iletişim, uluslararası markalaşma, pazarlama iletişimi ve kurumsal iletişimden sorumlu yöneticilik görevini yapmıştır. Okan Üniversitesi, Nişantaşı Üniversitesi, Kültür Üniversitesi ve yurtdışında dersler verip, marka danışmanlıkları yapmaktadır. Kararbilimi, enneagram, öğrenme, motivasyon zihinsel performans, yaratıcılık, sanat, inançlar, liderlik alanında eğitimler vermekte, programlar yapmaktadır. Aynı zamanda ulusal televizyonlarda belgesel üretimleri gerçekleştirmektedir. Yurtdışında çeşitli ülkelerde yürüttüğü eğitim etkinliklerinin yanı sıra birçok uluslararası ve ulusal bilimsel dergilerde editörlük, danışma ve yayın kurulu üyeliği görevleri yapmıştır. Ulusal ve uluslararası bilimsel dergilerde yayımlanmış 70 kadar makalesi, çeşitli kitap ve kitap bölümleri mevcuttur. Devrim Erbil başta olmak üzere ikonik ressamların yaratıcı yönetmenliğini, çeşitli sanat etkinliklerini, yayın danışmanlıklarını sürdürmektedir. *Reklamın Dili, Marka Yönetimi, Enneagram ile Kişilik Analizi, Kendine İyi Bak, Dijital Oyunlar, Tüketici Davranışları, Ben Bilmem Beynim Bilir, Kusursuz Kararlar Vermek, Senin Ruhun Bütün Dünyadır, O Meftunu Olduğunuz Mavi, Seyrüsefer, Sinaps: "Beynimizin ve Kararlarımızın Sıradışı Hikâyesi"* adlı kitapları yazan Uğur Batı'nın *Azraa-eel Menkıbeleri* adlı romanı, *Aşkın Karanlık Yüzü, Karanlık Yılbaşı Hikâyeleri, Anadolu Korku Öyküleri, İstanbul Öyküleri 3: Bilimkurgu, İstanbul Öyküleri 4: Fantastik* adlarıyla karma öykü kitapları var.

www.ugurbati.com

@ugurbati

facebook.com/ugurbati

Instagram/ugur.bati

MEHMET ZİHNİ SUNGUR

Ortaöğrenimini Tarsus Amerikan Koleji'nde, üniversite eğitimini ise Hacettepe Tıp Fakültesi'nde tamamlamıştır. 1985 yılında bir Avrupa Konseyi bursu aracılığıyla İngiltere'de "Toplum Psikiyatrisi" ve "Ruh Sağlığı Hizmetlerinin Yapılandırılmasında Değişik Modeller" konularında çalışmıştır.

1986-88 yılları arasında British Council bursiyeri olarak gittiği Londra Psikiyatri Enstitüsü'nde (Kings College) "davranış tedavileri", "cinsel işlev bozuklukları-cinsel terapiler", "evlilik terapileri" ve "kaygı bozuklukları" alanlarında eğitim almıştır.

1992 yılında doçent, 2001 yılında profesörlük unvanını almıştır. Doçentlik sonrasında çalışmalarını özellikle "Bilişsel ve Davranış Terapileri", "Cinsel İşlev Bozuklukları", "Evlilik Terapileri" ve "Kaygı Bozuklukları" konularında yoğunlaştırmış ve 1996 yılında ülkemiz içinde kanıta dayalı çağdaş bir terapi yaklaşımının tanınması ve yaygınlaştırılması amacıyla Kognitif ve Davranış Terapileri Derneği'nin Kurucu Başkanlığı'nı yapmıştır. Halen aynı derneğin başkanlığını yürütmekte ve bilişsel davranışçı tedavilerinin hem ülkemizde hem de dünyanın çeşitli ülkelerinde iyi ve etik uygulamalarının yaygınlaştırılması doğrultusunda eğitimler vermektedir. Ankara Üniversitesi Tıp Fakültesi Psikiyatri Anabilim Dalı'nda hizmet verdiği 1992 yılında Türkiye'deki ilk "Sigara Bırakma Merkezi" ve ilk "Cinsel İşlev Bozuklukları Değerlendirme ve Tedavi Merkezi"nin kuruculuğunu yapmıştır.

2000 yılında Avrupa Davranış ve Kognitif Terapiler Birliği (EABCT) Başkanı seçilmiştir. Dr. Sungur önce İngiliz Davranış ve

Kognitif Terapiler Birliği ardından EABCT tarafından "kognitif-davranışçı terapist" olarak akredite edilmiştir. Amerikan Kognitif Terapi Akademisi kurucu üyelerinden olup, aynı akademinin diplomatı ve sertifiye edilmiş eğitici ve süpervizörlerinden biridir. Beck Enstitüsü Uluslararası Danışma Kurulu üyesi de olan Dr. Sungur 2017 yılında Merkezi ABD'de olan "Uluslararası Kognitif Terapiler Birliği"nin (IACP) Amerikalı olmayan ilk başkanı seçilmiştir. 2020 yılında ise "Avrupa Seksoloji Federasyonu Başkanı" seçilmiştir. Aynı yıl tüm kıtaları ve birlikleri aynı şemsiye altında toplayan "Dünya Kognitif Davranış Terapileri Konfederasyonu"nun Yönetim Kurulu üyelerinden birisi olmuştur. Son olarak Dünya Cinsel Sağlık Birliği (WAS) Yönetim Kurulu Üyeliği'ne seçilmiştir. Bugüne kadar toplam 7 uluslararası ve birçok uluslararası katılımlı ulusal kongrenin başkanlığını üstlenmiştir.

Yurtdışında çeşitli ülkelerde yürüttüğü eğitim etkinliklerinin yanı sıra birçok uluslararası ve ulusal bilimsel dergilerde editörlük, danışma ve yayın kurulu üyeliği görevleri yapmıştır. Yurtiçi ve yurtdışındaki bilimsel dergilerde yayımlanmış 100'den fazla makalesi ve çeşitli kitap ve kitap bölümleri mevcuttur. *Deprem Sonrası Ortaya Çıkan Psikolojik Tepkileri Anlamak ve Kendi Kendine Yardım Etme Yöntemleri, Sen, Ben ve Aramızdaki Her Şey, Belirsizlikle Barışmak, Kaygı ve Endişeyi Yönetmek: Korona Günlükleri* ve *Aşk, Evlilik, Sadakatsizlik: Şeytan Üçgeni* isimli çok sayıda okunan kitabın yazarıdır. Yurtiçi ve yurtdışında yüzlerce kongrede davetli konuşmacı olarak yer alan yazar yurtiçi ve yurtdışında ruh sağlığı profesyonellerine Avrupa Davranış ve Kognitif Terapileri eğitim standartlarıyla uyumlu "Bilişsel Davranışçı Terapi" eğitimi dışında "Çift Terapileri", "Cinsel Tedaviler", "Kaygı Bozuklukları" gibi konularda eğitimler vermektedir. Ulusal ve uluslararası meslek ödülleri de olan Dr. Sungur son olarak Avrupa Seksoloji Federasyonu tarafından çift ve seks terapilerine olan katkıları nedeniyle bir "gold medal" ile ödüllendirilmiştir. Halen İstanbul Kent Üniversitesi'nde öğretim üyesi olarak görev yapmaktadır.

Ailemi düşündüm. Hepsini. Annemi, babamı, eşimi, kızımı, kardeşlerimi, hepsini...

Canım ailem adeta tek kişi oldu ve bana gelip dediler ki:

"Çok merak ediyoruz... Öylesine güzel bir gökyüzünün altında bu kadar kötü insan nasıl yaşayabiliyor?"

"Canlarım" dedim. "Sizler ay ışığısınız hiç dert etmeyin; biliyor musunuz cenneti ya da cehennemi hiç merak etmedim ben çünkü sizin yanımda olduğunuz zamanlar da oldu, olmadığınız zamanlar da... Siz varken cennetti, yokken..."

Aslında bu dünyada insanların korktuğu tek şey öğrenmekti. Şefkati, acıyı, umutsuzluğu, varlığı, yokluğu öğrenmek hepimizin uykularını kaçırıyordu. Bu nedenle tam burada olduğu gibi fotoğraflara, imajlara, denize, eğlenceye, sonsuz hazza ve pek meşhur dostlara sığınıyorduk. Burada gittikçe fazla soyunuyorken ruhumuzu da bir o derece kapatıyorduk.

Ama ben şöyle diyorum tüm sevdiklerime:

"Yaprak döken ağaçların altında kalmanızı asla istemem ama herkese güzken size gül uzatan birine haksızlık etmenin pişmanlığını yaşayın isterim. O nedenle başka bir olanak varsa tekrar birlikte büyürüz belki. Yoksa sizinle olmak benim cennetimdi zaten..."

Uğur Batı,
Zanzibar, 2022

Öğrendiklerim, öğrenme yolculuğunda olduklarım ve öğrenmeyi arzuladıklarımın yanı sıra henüz adını koyamadığım ve zamanla öğrenebileceğim çok şey olmalı. Bilmediğim ise bütün bunları yapabilmek için ne kadar zamanımın kaldığı! Bilginin çok, bilgeliğin ise giderek yok olmaya yüz tuttuğu bir dünyada bilen değil hep öğrenen kalmanın önemini yeterince kavramış olmanın hazzını yaşıyorum şimdilik. "Anı kaçırma!" şeklindeki söylemler yerine öğrenenler için her kaçırılan anın bir sonrakini yakalamak için bir fırsat olduğunu anlamış olmanın hazzını yaşadığım gibi!

Hiçbir kitabın yalnızca yazarının eseri olmadığının farkındalığı içinde, bana yaşamımın farklı evrelerinde hayatın içinden öğretmenlik yapmış tüm dostlarıma, akademik hayatımda model olmuş meslektaşlarıma ve her geçen gün sayısı artan ve beni daha çok yazmaya cesaretlendiren değerli okuyucularım hatta aynı zincirin halkaları olduğumuzu hissettiren takdirde cömert henüz tanışmamış olduğum dostlarıma, yaşamlarının en özel yanlarını benimle paylaşan danışanlarıma şükranlarımı sunuyorum.

Ancak en büyük teşekkür kendimi sevmediğim zamanlarda bile beni koşulsuz sevgileri ile kucaklayan sevgili annem ve babama. Geride bıraktığı acı ile yitirilenin anlamını ve acının muhteşem bir bilgi olabildiğini öğreten cesareti, kararlılığı, cinsiyetler arasındaki eşitliğe vurgu yapan duruşu ile örnek bir Cumhuriyet kadını olarak yaşamını sürdürmüş ve artık aramızda olmayan sevgili annem Azize Sungur'a. Şimdilerde 95 yaşında olan, dostlarına olan duyarlılığı ve cömertliği, adaletsiz olan her şeye gösterdiği insani duyarlılık, tevazu ile geçirdiği ömür ve gerek ailesine gerekse çevresindeki her canlıya kendisinden daha fazla özen göstererek bana olağandışı bir model oluşturan, tarifsiz acılar ve hastalıklar yaşarken bile bunu hissettirmemeye çalışan, minnet ve şükranı asla eksik bırakmayan sevgili babam Refik Sungur'a.

Yaşam biçimimi değiştiren, hayatımı daha anlamlı kılan, duyarlılıkları ile beni onurlandıran ve çok çalışmasına rağmen babalarını sevmekten vazgeçmeyen anlayışlı ve sevgide cömert evlatlarım Kale, Lara, Cem ve Can'a ve beni her halimle kabul edip sevmekten vazgeçmeyen, kibri hiç öğrenmemiş tevazu ve sadelik içinde yaşamayı beceren sevgili hayat arkadaşım Umut Sungur'a.

İnsanlar öldüklerinde mezar taşlarına hayatlarını özetleyen birkaç cümle yazılabilseydi benimkinin üzerine "Sevdiklerini yapmaktan çok, yaptıklarını severek ve onlarda anlam bularak yaşadı. Yalnızca iyi olanı değil tüm duyguları yaşadı. İnsanların gölgesinde oturamayacağını bildiği ağaçlar dikmekten vazgeçmeden yaşadığında anlamlı bir yaşamları olabileceğine inanarak hayatını sürdürdü. Öğrenmeye ve öğretmeye adanmış, kimseyi bilerek incitmemeye özen gösteren bir hayat yaşadı" yazılmasını isterdim.

Mehmet Zihni Sungur
İstanbul, 2022

Hayatı Iskalamama Kılavuzu

Bu kitap, bir üçlemenin ilk kitabı. Üç kitapta, üç ayrı konuyu ele alacağız. Bu ilk kitapta, nasıl bir yaşam sürdürmenin insan ve insanlık için daha anlamlı olabileceğine dair görüşler paylaşmak istedik.

Yaşam bir sanat olmasa da yaşamı sürdürüş biçimimiz bir sanat olabilir. Gündelik hayatın ağır koşullarında anlamlı bir yaşam sürdürebilmek için uyum, aidiyet, zarafet, cömertlik, iç özgürlük, öz-şefkat ve özgüven gibi kavramlar giderek daha fazla önem kazanıyor. Bu konularda bir farkındalık sağlamak da gelişim için öncelikli görünüyor. Neticede her şey farkındalıkla başlıyor. İlk kitapta bu konular üzerine yazdık.

İkinci kitapta ilişkilere bakacağız. Aşk, evlilik, sadakatsizlik gibi deneyimler üzerine tartışacağız. Çok açıktır ki hepimizin yaşamlarında içi alkışlarla doldurulamayan boşluklar vardır. Bunları ne büyük rakamlarla doldurabilirsiniz ne de büyük hayranlıklarla. Muhteşem zaferler de bunun ilacı olamaz. İşte bu nedenle, yaşama yıllar katmaktansa, yıllara yaşam katmanın daha değerli olduğunu düşünüyoruz.

Üçüncü kitapta ise "İnsanın Potansiyeli Nasıl Sıçrar?" başlığı altında duygular, mutluluk, gelişim, insan potansiyeli gibi kavramlara dokunacağız. Hep dediğimiz gibi biz gökyüzüyüz, zaman zaman yağmur yağacak, zaman zaman güneş açacak. Çok açıktır ki dinginleşen her şey derinleşir. O yüzden huzur ve arayış değerli olandır. Kitabı bu yaklaşımla okuyacağınızı umuyoruz.

Unutmayın. "Hayatın pek bir kaygan olabilen zemininde hep birilerine tutunarak yaşayan insanlar, çoğunlukla büyük şeyler yazar, ancak onlarla küçük şeyler yaparlar."

Küçük-büyük demeden insan ve insanlık için anlamlı olabilecek şeyler yapanlardan olabilmek ve büyük şeyler düşünmekten vazgeçmeden yaşayabilmek dileğiyle okuyalım...

Hayat İlerlemek Kadar Geride Bırakabilmektir

Geçmişin Sonucu, Geleceğin Nedenini Belirler

Kitap 1: Laplace Şeytanı

Okuyucuya Not ve Selam

- Çaresizsen, çare sizsiniz!
- Mutluluk poponuzun dibinde!
- Kendini sev, okşa!
- Üzülmeyin, bakın hayat çiçek böcük!
- İyilik yap denize at, balık bilmezse Halik bilir.
- Velican Bey, değişimin öznesi sizsiniz!
- Kendi içinizdeki serüveni keşfedin!
- Nöroformatlanmış, bıçkınlaştırılmış beynin olsun!
- Altta kaldın diye üzülme, üste çıktın diye sevinme!
- Aslansın kaplansın, anlamayanlar utansın!
- Ego my lego!
- On adımda on iki adım!
- Seni zehirleyenlerden korun, kendini bul. Yeni seni bul, başını kovaya sok e mi!
- Zafer seni bulmaz, sen onu arayacaksın. Biz zaten sultan olan ayın değil, ezilen on bir ayların yanındayız!
- Hikâyen çok güzel olacak ağlama, hem soğana göz yaşartıcı sprey sıkılır mı?

- Her şey seninle başlar, sevgi gibi. Hem sevgi anlaşmak değildir mühendis de sevilir!
- Şimdi seni inşa etme zamanı. Hem bak, ben sana söylüyorum: Hayat dandik ama grafikleri güzel!
- Hemen şimdi çık yumurtandan!
- Takıl bana hayatın renklensin ama fazla da takılma gökkuşağına dönersin!
- Değişmek ve gelişmek için tek ihtiyaç olan sensin!

Malumunuz, sıraladığımız alternatifler, kişisel gelişimin klişe ağzından örnekler. Son zamanlarda raflarda, sosyal medyada rastladığımız kitapların ismi genellikle yukarıdakiler gibi. Sanki kitap okunsun diye değil de ismi satsın diye yazılıyor. Yani "Kitabın ismini okudunuz tamamdır, gerisine ne gerek var?" gibi bir mantık var gibi. Bizce bazı kitapları, yazarları bile sadece raflarda görüyor da neyse! Yazarları daha sonra kitapları okuyorlarsa belki beğenebilirler. Umarım okuyorlardır. Bu da bir şey olurdu! Üzücü ama gerçek!

Sevgili kitapseverler; bizce kitaplar, "Ay bu kitap çok rahat. Hemen okuyorum, bir de anlıyorum" ya da "Ben oldum çünkü anlıyorum"u görmeniz için değildir. Bakın, zaten anlıyormuşsunuz! O zaman okumayın. Zaman kaybetmeyin. Hele kurgu dışı bir kitabı, öğrenmek için okuyorsanız mücadele edeceksiniz, zorlanacaksınız, her bir hücreniz kasılacak, merhale atlayacaksınız.

Sevgili okuyucularımız; bırakın kitap yazarken bunu yapmayı, sıradan bir Instagram iletisi yazarken bile kendi adımıza her kelimesini özenle yazıyoruz; anlatım zinciri mantıklı olsun, ortaya değerli bir içerik çıksın; yeniyi görsün, insanın ufku açılsın diye. Sonuçta insanlar bunları okurken zaman harcıyor, öyle değil mi?

Kitaplarımızda son yazın bilgilerini, değerli araştırmaları sizinle paylaşabilmek adına çaba gösteriyoruz. Yetmiyor, biz de araştırmalar yapıp paylaşıyoruz. Her kelimeye, her cümleye ahenkli olsun, sınırsız bir okuma zevki versin diye dikkat ediyoruz. Kaç kere tekrar okuyup yazdığımızı söylemeyelim bile. Geceler boyu...

Neyse, toparlayalım. Açıkça biz hayatın sırrına erdik, Kutadgu Bilig olduk! Size de anlatalım istedik. Neticede kitaplar bizi geliştirmek ve olduğumuz yerden ileri gitmemiz içindir.

Hayat İlerlemek Kadar Geride Bırakabilmektir

Hoş bir anekdot ile başlayalım, öğretici olsun.

Kardinal: Günah çıkarmak ister misiniz?

Don Michael Corleone: Kardinal hazretleri, ben... Çok uzun zaman oldu. Ben... Nereden başlayacağımı... 30 yıl oldu. Çok fazla zamanınızı alırım, sanırım.

Kardinal: Ruhları kurtarmak için her zaman vaktim var.

Don Michael Corleone: Günahlarım affedilmenin çok ötesinde. Hayır, hayır... Pişman değilsem neden günah çıkarayım? Ben... karıma ihanet ettim.

Kardinal: Devam et oğlum.

Don Michael Corleone: Kendime ihanet ettim. Adam öldürdüm. Adam öldürülmesi için emir verdim.

Kardinal: Devam et oğlum. Devam et.

Don Michael Corleone: Faydasız...

Kardinal: Devam et oğlum.

Don Michael Corleone: Öldürdüm... Ağabeyimin ölümünü emrettim. Beni incitmişti. Annemin oğlunu öldürdüm. Babamın oğlunu öldürdüm.

Kardinal: Günahların korkunç ve sen acı çekiyorsun. Günahların bağışlanabilir. Ama buna inanmadığını biliyorum. Sen değişmeyeceksin çünkü yaşamı anlamıyorsun![1]

Şu sıra pek çok şeyi anlamak zor. Her ne kadar zan esaret olsa da aklımıza takılıyor:

Şu hayatta neden birbirimizin üzerine basıyoruz? Niçin birbirimizi ezip geçiyoruz? Yöneten yönetileni, patron çalışanını, baba oğlu, anne kızını, dost arkadaşını, âşık Maşuk'unu, seven sevileni...

Aslında uzunca bir zamandır, insanların gözlerinde bir şey arıyoruz. Aradığımız şey "hayret"! Ama çok az bulabiliyoruz. Oysaki herkes, içinde bir yerlerde bir şeylerin yanlış gittiğini fark ediyor olmalı. Sanırız iyiliklerin hepsi birbirine benziyor, lakin kötülükler onu yapana özgü!

Artık iyice eminiz; insanı açlık veya çaresizlik değil, anlamsızlık yıkıyor.

Sorularını duymak istediği cevaplara göre değiştiren insanların ülkesinde, tartışılan her olayda gördüğümüz şeyi söyleyelim mi? 80 insan 160 milyon yüz... Şaşırmayın, dışarıda zannettiğimiz her şey aslında içeridedir. Belki de o sarsılmaz fikirlerimiz sadece altın suyuna batırılmıştır ve her yıkandığında rengi atacaktır da bilmiyoruzdur...

Ne kadar ikircikli. Oysaki insan salt ölümden yapılmıştır. Saf ölümden. Bizim yaşam diye kabul ettiğimiz şey, gerçek hayatın uykusu, varlığımızın gerçek halinin ölümüdür. Ölüm yaşamı büker, bize gerçekleri hatırlatır. Vicdan, merhamet, huzur ve sevgi bile yitip gidiyorsa bu cihanda, kim yaşamak ister ki ulaşana dek sonsuza?

"Mezar taşı konuşur oğlum, sen de ölürsün dinlerken. Her şey sona ermek için başlar, bazıları ise bitmek bilmez!

---

1. *Baba 3* filminden bir sahne.

Ne yaşadığına dikkat et, her şey o 5 dakika içindir." O zaman bu kadar hırs, bu kadar şehvet niye? Neye koşuyoruz ya da neden kaçıyoruz? Ya koştuğumuz ve kaçtığımız şey aynıysa: Her ikisi de ölümse!

Neyse, biz umutluyuz. Düzelmek, düzeltmek için çok fırsatımız var. Genel kuraldır, fırsatlar ona hazır olanlar içindir. Bazen önünüzdeki fırsatlar ya da sorunlar sizin bakışınızdan bir kova su gibi görünür. Lakin bu, bir sineğin bakış açısından sonsuz bir okyanus, bir filin bakış açısından bir bardak su, bir melek balığının gözünden ise nefes aldığı yuvasıdır. Asıl olan ne olduğu değil, sizin nasıl gördüğünüzdür. Elinizden geleni yapın. Adil ve iyi olmaya çalışın, üretin, sevin hem de hep çok sevin. Birçok şeyi... Böyle yaparsanız yaşam size iyi bir aile, güzel dostlar, sağlık, afiyet, sabır, merhamet, şefkat, şükür ve gelişmek için menzil verecektir.

Biz kendi adımıza başkalarının gerçeklerini de kendi yalanlarımızı da umursamadan yaşamaya çalışıyoruz. Kendimize sürekli diyoruz ki: *Nefesini tut ve üfle gökyüzüne. Uçurabildiğim kadar yıldız uçurmalıyım. Sonra gülümsemeliyim, her şeye rağmen harika olan bu dünyada bunca sene nefes alabildim diye.*

Nasr el-Kirmânî'yi çok severiz, değerli düşünürlerden, ona göre tevekkül, bulmak ve kaybetmek sırasında kalbin sükûnet içinde olmasıdır. Ve mütevekkil[2] insan bilir ki; biz neye hırslandıysak, kaybettiğimiz o'dur. Bu yüzden hırs değil, sükûnettir esas olan.

Hep şöyle deriz:

Dünya, lambadan çıkan cinin "Dile benden ne dilersen" lafına, "Canının sağlığı" diyen insanların yüzü suyu hürmetine

---

2. Bir işin gerçekleşmesi için elinden gelen her şeyi yapan ve gerisini Allah'a bırakan kişiler.

dönüyor... Neticede küçük küçük parçalarla, aynı üzüntüden payını alan büyük ve hüzünlü kişileriz! Zaten yaşam ne ki? Öldüğümüzde, doğmadan önce ne isek o olacağız. Adımızı hatırlayan son kişi öldüğünde ise hiç doğmamış olacağız. Şimdilik bizi hatırlayanlar var, o zaman hayatın keyfini çıkaralım. Öğrenmenin, bilmenin, okumanın, yazmanın...

İÇİNDEKİLER

Laplace.

Laplace Şeytanı, olasılıklar, şans, kader, insan, fizik, yaşam, tesadüf, özgürlük, amaçlar ve değerler

Giriş

Laplace Şeytanı, Olasılıklar, Şans ve Geride Bırakabilen İnsan

"Bir an için doğanın tüm güçlerinin ve bunu oluşturan tüm varlıkların konumlarını anlayabilen bir canlı olduğunu düşünürsek –ve bunun verilerinin inceleyebileceğini de düşünürsek– aynı anda evrendeki en büyük varlıkları ve en küçük atomları da hesaba katarak bir hesap yaparsa, hiçbir şey belirsiz değildir ve gelecek de aynen geçmiş gibi gözlerinin önündedir..."

– Adam Fawer, *Olasılıksız*

"Satranç hayat gibidir David" demişti babası. "Her parçanın kendi işlevi vardır. Bazıları zayıftır, bazıları ise güçlü. Bazıları oyunun başında işe yarar, bazılarıysa sonunda. Ama kazanmak için hepsini kullanmak zorundasın. Aynen hayatta olduğu gibi, satrançta da skor tutulmaz. On parçasını kaybedip, yine de kazanabilirsin oyunu. Satrancın güzelliği budur işte. İşler her an tersine dönebilir. Kazanmak için yapman gereken tek şey tahtanın üzerindeki olası hamleleri ve anlamlarını iyi bilmek ve karşısındakinin ne yapacağını kestirebilmek. İnsanlar gördükleri geleceklere giden yolu her zaman izlemezler. Ama izlerlerse ve bu

gerçekleşirse, bu bilinçte birden ortaya çıkar; işte dejavu denilen şey budur. Satrançta buna strateji derler. Yaşamda ise yine aynı şeyi yapıp, farklı sonuç beklemek!"

Burada bir parçasını alıntıladığımız Adam Fawer'ın *Olasılıksız* kitabında satranç, yaşamak gibidir ve Laplace'in Şeytanı da tüm olası gelecekleri bilir. An'ın geleceği de olasılıklıydı. İşte, hayatın en güzel tarafı da bu; her şey olabilir, her ne kadar olasılıksız olursa olsun olabilir, olasılık dışı olan bir olay mutlaka gerçekleşir.

Fawer'ın *Olasılıksız* metninden yüzlerce yıl önce matematikçi ve fizikçi Pierre-Simon Laplace[3] evde karanlık odasındaki eski masasında kendi ölüm tarihini hesaplıyordu. Bir an, önünde açık duran deftere bazı notlar almaya başladı:

"Bildiklerimiz çok az, bilmediklerimiz sınırsızdır. Hayattaki en önemli sorular ancak ve ancak olasılık problemleridir."

Eserini büyük bir coşkuyla yazarken, onun içeriğinden haberdar edilen öğrencisi ve hatta danışmalığını yaptığı Napoléon'un ilginç bir tepkisi olmuştu hocası Simon Laplace'e:

- Votre travail est excellent mais il n'y a pas de trace de dieu dans votre ouvrage. (Eseriniz harika ama Tanrı'ya yer ayırmamışsınız.)

Laplace'in cevabı adeta kallavi bir yaşam dersi oldu:

- Je n'ai pas eu besoin de cette hypothèse, sire (Böyle bir varsayıma gerek duymadım, efendim.)

Fevkalade bir cevaptı doğrusu. Tanrı fikrine de saygısızlık değildi bu varsayımı. Sonuçta modern bilim için Tanrı yalnızca bir hipotezdi ve Pierre-Simon, Laplace için kendisinin deyişiyle "olağanüstü iddialar, olağanüstü kanıtları gerektiriyordu".

3. Laplace'in savunucusu olan Pierre Simon Laplace, 1749 yılı Mart ayında Fransa'da doğmuş 1827 yılında 78 yaşında vefat eden bir bilimadamıdır.

Saygısızlık bir yana, Laplace kendi yaptığı matematiksel çıkarımlar sonucu, kendini dine adaması gerektiğini de düşünmüştü. Yaptığı olasılık hesapları sonucunda, Tanrı ve ölümden sonraki yaşam yoksa yapacağı ibadet için hiçbir şey kaybetmeyeceğini ama eğer Tanrı ve ölümden sonrası varsa ve ibadet etmezse bunun sonuçlarına katlanması gerektiğini düşündüğünden kendini belli bir dönem ibadete adamıştı. En önemlisi bunları matematiksel olarak da ispatlamıştı.

Peki, sadece Laplace mi? Hayır. Einstein da "Tanrı zar atmaz" der. Ne kadar da güzel der.

Peki, Tanrı zar atmazsa ne yapar?

Bakıldığında Einstein, doğanın matematiksel yasalarını benimsiyordu. Burada ilk mesele, zarı kimin attığı. Pollyanna olursak, onun için Tanrı fikri, doğa kanunlarını oluşturup evreni bu kanunlara göre evrimleşmesi için zamana ve mekâna devreden varlıktı. Einstein, fizik kanunlarının kusursuz doğasında, bu kanunların basitliğinde ve matematiksel güzelliği ve zarafetinde Tanrı'nın elini görmüştü adeta. Tanrı'nın varlığının kanıtı o nedenle bilimdeydi. Eşsiz matematiksel güzelliğe sahip doğa kanunlarından olan Laplace Şeytanı, Tanrı'nın kanıtıydı.

Tanrı ve inanç olgusunu matematiksel modelleyen Laplace iken, bazıları da boş durmuyor ve ondan çok önce öleceği tarihi hesaplıyordu. Neticede yaşamda pek çok çılgın vardı. "Hiçbir şey belirsiz ya da izole değildir; her şey kendinden önceki sebebin bir sonucudur, biz bu sebebi bilsek de bilmesek de..." teorisine inanan determinist istatistikçi Abraham De Moivre, hayatının son günlerinde her gece 15 dakika daha fazla uyuduğunu fark eder. Buna göre 24 saat uyuduğu gün ölecektir. Öleceği günü, 27 Kasım 1754 olarak hesaplar ve gerçekten de o gün ölür. Bu nedenle ona kendi ölüm tarihini hesaplayan istatistikçi denir. De Moivre'nin (kendileri 1700'lü yıllarda Londra'da yaşamış ve istatistik biliminin kurucusu sayılır) olasılık konulu *Şansın Doktrinleri* eseri de Laplace'in çalışmalarına temel olmuştur.

Pierre-Simon, Laplace'te yaşamı anlamlandırmak için daha sonra yazına Laplace'in Şeytanı Teoremi'ndeki "şeytan" tasviri olarak geçen bir yaklaşımı tanımlıyordu. Öncelikle korkmayalım! Bu aslında beklediğiniz gibi metafiziksel ve tekinsiz bir Şeytan değil. Laplace'in Şeytanı, bir zihinsel teoridir. Ve bu zihin teorisine göre, herhangi bir anda tabiatta bulunan kuvvetlerin tümünü, kâinatı oluşturan nesnelerin pozisyonları ile birlikte bildiği varsayılan ve bu sayede geleceği de bilebilecek sanal bir varlıktır. Bu, evrendeki her parçacık hakkında bilgisi olduğunu varsaydığı varlıktır.

Teoride sözü geçen "Şeytan" terimi, aslında evrendeki gerçek olan tüm bilgiye sahip olan canlının (demon) kendisi olduğunu tarif etmek için kullanılır. Yani bu canlı, bilginin özüne ulaşabilirse tüm olasılıkları da görebilir. Buna göre "o şeytan", evrendeki tüm gerçek bilgiye sahip canlıydı. Eğer söz konusu bu şeytan evrendeki bütün gerçek bilgiye ulaşırsa ve bu olasılıklar içindeki en iyi olanı seçebilirse, gelecek apaçık öngörülebilir olacaktı. Bu olabilir miydi? Laplace'in Şeytanı geçmişteki her şeyi bilebilirdi çünkü geçmiş hep tekil, çünkü tüm ayrımlar ileri doğru muydu? Lakin Laplace'in Şeytanı tam olarak geleceği bilemezdi, çünkü birden fazla mı vardı? Bu durumda gelecek oluşturulması mümkün bir "kaderdi" ama senin oluşturduğun bir kader!

İşte bu görüş, insanın kendi kaderinin "patronu" olması, bu kitabın ana çatısı olması için iyi bir fikir gibi geldi bize. Ve kitabın ana çatısını kitabın isminden başlayarak böyle belirledik. Peki, bu aşamada daha da açalım mı Laplace'i ve onun meşhur Şeytan'ını? Hangi olguyu bize anlatır? İnsanın neyini aydınlatır?

Bir kere, kâğıt üzerinde akla yatan bir teoridir bu. İnsanı anlamamızda harika bir araç olan Laplace'in Şeytanı, Pierre-Simon Laplace tarafından 1814'te yayımlanan bir makalede belirtildiği üzere, evrendeki her atomun yerini ve hareketini bilen, bu sayede evrenin ve kâinatın bütün bir geçmiş ve geleceğini bilen sanal bir varlığın mevcut olduğunu varsayan düşünsel bir deneydir. Laplace'in makalesinde nedensel determinizmi kavramsallaştırdığı ifadesinin özgün hali şu şekildedir:[4]

> *"Evrenin şimdiki halini, geçmişin sonucu ve geleceğin nedeni olarak ele alabiliriz. Bir an için evrenin tüm güçlerinin ve bunu oluşturan tüm varlıkların konumlarını anlayabilen bir canlı olduğunu düşünürsek ve bunun bu verileri inceleyebileceğini de düşünürsek, aynı anda evrendeki en büyük varlıklardan en küçük atomlara kadar her şeyi hesaba katarak bir hesap yaparsa, hiçbir şey belirsiz değildir ve gelecek de aynı geçmiş gibi, onun gözlerinin önündedir."*

Laplace Şeytanı, kimilerince şans diye nitelendirilen rastlantısal olayları betimlemeye yönelik yaklaşımdır temelde. Laplace'in Şeytanı, kuralları bilen ve bu sayede gelecek hakkında öngörüde bulunabildiğinin varsayıldığı felsefi bir yaklaşımdır. Buradan yola çıkarak şunu söyleyebiliriz:

> *"Dünyada bugüne kadar yaşamış olduğunuz hayata, durumlara, dünyada sizin dışınızda da yaşanmış olayların sonuçlarına bakıp, gelecek için bir hesaplama yapabilirsiniz. Şu an*

4. https://tr.wikipedia.org/wiki/Laplace%27%C4%B1n_%C5%9Feytan%C4%B1

pek moda olan yaşama dair peşinden koştuğumuz 'mucize' ve 'kader' kavramları sadece cehaletten beslenir."

Bu kitapta bir metafordan bahsederek söz edeceğimiz şeylerin şansa bağlanamayacağını vurgulamaya çalışacağız. Zaten teoride, Fransız matematikçi Pierre-Simon Laplace'in olasılık yaklaşımına göre, evrendeki bütün yasalar bilindiğinde gelecekteki tüm yaşanacak olanların öngörülebilir olduğu ifade edilebilir. Şunu söyleyebiliriz; evrende ya da yaşamınızda şans diye bir şey yoktur. İsterseniz 100 tane zarı aynı anda atın ve hepsi 1 gelsin, bu bile şans değildir. Yaşamınızda ister okuyun, öğrenin, gelişin, yetkinlik kazananın; ister ilişkilerinizi daha doğru yönetin, hiçbirinin nedeni şanslı olmanız değildir. Bir şeylerin "öyle" olmasının nedeni, "hiçbir şeyin belirsiz olmaması ilkesidir; öyle ki her şey kendinden önceki sebebin bir sonucudur. Biz bu sebebi bilsek de bilmesek de... bu böyledir".

Bunu sadece metaforik bir yaklaşım olarak kabul edin, ama aklınızda da tutun; eğer uygun çevresel ve fiziksel şartlar sağlanırsa her istediğinizde arzuladığınız zarı atar veya her oynayışta loto tutturulabilirsiniz. Evet, bu teori kulağınıza böyle geldiğinde akla yatabilir. Tüm koşulların bilinmesi durumda gelecekteki olası durumları da değerlendirebiliriz. Bu şekilde belki geleceği de önceden tahmin etmek mümkün olabilir.[5] Bize sorarsanız -ki kitabı okuduğunuza göre soruyorsunuz- bu kadar belirlenimci, tanımlı ve net bir yaşam formunun olamayacağı sabittir. Hatta açıkçası bu teorinin kendisinin fazlaca determinist, pek kaderci olduğunu da vurgulamak gerekir ama diğer taraftan teoriyi yaşama uydurursak, bize şunu da hatırlatmaz mı:

5. Mesela bir madeni paranın atılması sırasında, kuvveti, hızı, ortamdaki rüzgârı, paraya uygulanan kuvveti, paranın ağırlığını ve diğer bazı değişkenleri bilirseniz, yazı mı tura mı geleceğini tahmin edebilirsiniz gibi bir mantığı vardır.

"Afrika'da her sabah bir ceylan uyanır,

En hızlı aslandan daha hızlı koşması gerektiğini yoksa öleceğini bilir.

Afrika'da her sabah bir aslan uyanır,

En yavaş ceylandan daha hızlı koşması gerektiğini yoksa aç kalacağını bilir.

İnsan da hayatı böyle yaşar. Unutmayalım ki; umut, çalışmak, cesaret esastır o kişi için. Çünkü güneş, diz çökenlere değil her şeye rağmen ayakta kalabilenlere doğar.

Hatta öyle ki; bazen tek ve son çare olarak kalır güçlü olmak.

İşte, o zaman anlarsın ne kadar güçlü olduğunu.

İlla ki arıyorsan gerçek mucize de yaklaşık böyle bir şeydir."

Peki, Tüm "Olasılıklarda" İnsanı Nasıl Değerlendirilelim?

Tür olarak nefes aldığımız dünya, burada insan olarak varoluşumuz, dünyayı ve kendimizi anlamaya çalışmamız, bitmek tükenmek bilmeyen gayretimiz ve doğaya karşı duruşumuz, şöyle bir dönüp etrafa baktığımızda son derece garip görünüyor. Bilişsel olarak öleceğini bilen tek canlı olmasına rağmen; insanın, hiç ölmeyecekmiş gibi dünyayı sarma, kucaklama, bırakmama isteği niye? İnsan neden hayatı hep alacaklı gibi yaşar? Dünyanın kime, nasıl bir borcu vardır? Herkes delirmiş olabilir mi gerçekten?

İnsan kentler, ülkeler, medeniyetler kuruyor, buna uygarlık adını veriyor, yasa üretiyor, düzen kuruyor ve düzene uymayanlara kendince adalet uygulayıp ceza veriyor. Zaman zaman da kendi kurduğu düzen ayaklarına takılıyor. Kurduğu düzenin piyonu hatta tutsağı olabiliyor. Çok ikircikli olacak kabul ama bu sanal varoluş, eskilerin tabiriyle feraset sahibi olmaktır. Her ihtimal mümkündür. Feraset dediğimiz kelime, zekânın incelmiş ve hızlanmışına verilen isimdir. Sağduyu, anlayış, kavrayış, öngörü, sezgi ve içgörü sahibi olmaktır.

Feres'in kökü "at" kelimesinden gelir. Harika bir anlamı var aslında. At, iki gözü ile engelsiz baktığında 360 derecelik bir bakış/görüş açısına sahiptir. Fâris olan insan da tıpkı bir atın baktığı gibi bir şeyi tüm yönleriyle, oluşabilecek bütün *olasılıklarla* görebilen insandır. Feraset, halden anlamaktır. Agâh olmaktır, her yerde ve her zaman sınırsız idrak potansiyeli olduğunu bilerek yaşamaktır. Sadece bir hal değil aynı zamanda bir oluştur. Bazen güzel kızının veya oğlunun gözünden öpüp, o an üzerinden tüm hayatı duyumsamaktır. Bazen de dünyadaki değerinin ancak bir arı kadar olduğunu bilmektir. Laplace Şeytanı, doğru kararı verdiğinde ise (görmüş olduğu olasılıklar arasındaki en iyi olan seçeneği seçerek yapar) geleceğini kendisi belirlemiş olur. Mesela bu ikircikli duruma göre "özgür irade" dediğimiz kavram yok sayılır ve bu özelliği nedeniyle bilim insanları tarafından pek kabul görmez. Hikmete erişen bu canlı (Şeytan) her şeyi bilerek hareket edeceği için özgür iradesini kullanmamış olacaktır. Çünkü özgür irade kavramından söz edebilmek için ortada bir bilinmeyenin olması gerekir ki bu canlı, içgüdüleri ve mantığıyla önündeki yolu seçebilsin. Yani her şey kurala uygundur.

Ne diyorduk? Dünya üzerinde bilginin özüne ulaşacak canlı bir varlıktan söz edilemez. Geleceği kurgulama anlamında bu varlık için şans diye bir şey söz konusu olamaz. İnsanın sınırlı bilgisi dahilinde şans diye tanımlanan olayların gerçekleşebileceği önceden bilinmektedir. Bu teoride tüm olaylar açıkça bazı durumların sonucunda oluşur. Çeşitli fizik ve doğa kurallarına bağlanan durumlardan söz ediyoruz. Teoriyi özümsediğinizde şans veya özgür irade diye bir şeyin neredeyse yok olduğunu görürsünüz. Her şey bu "demon" (iblis) tarafından bilinmektedir. Adeta Buhari'nin dediği gibi:

> *"Güzellik, Süreyya yıldızına çıksa fâris oğullarından biri elbette alıp getirir."*

Şuradan devam edelim: Hiçbir şey belirsiz değildir; hiçbir şey öncesinden ve sonrasından izole düşünülemez, her şey kendinden önceki sebebin bir sonucudur, bir sonraki olayın ise nedenidir, biz bu nedenleri bilsek de, bilmesek de... Şimdiki zamanı geçmişin sonucu, geleceğin nedeni olarak alırsak ve evrende tüm olasılıkları bilen, hesaplayan, en küçük parçacıktan en büyüğüne kadar her şeyi bilen ve eksiksiz hesaba katabilen olarak varsayarsak, evrende belirsiz olan hiçbir şey ama hiçbir şey kalmaz. Ayrıca bugün, geçmişin bir sonucudur. Bugün aynı zamanda geleceğin de planlayıcısıdır.

Laplace'in kafasında tasarladığı bu hayali varlık, geçmişi de geleceği de bilen ve geleceği (olma ihtimali en yüksek olanı seçmesiyle) istediği gibi şekillendiren bir varlıktır. Tek tanrılı dinlerdeki Tanrı ve kader buna örnek olarak gösterilebilir. Ya da bu varlığın tevekküle yakın bir anlayışı ifade ettiği varsayılabilir belki de... Biliyorsunuz tevekkül, bütün sebeplerin ve tedbirlerin üzerinde ruhun arınmış olmasıdır ve mütevekkil, huzura vekâletten oradadır. İtimattır, tecellilerin gönül hoşluğuna vâkıf olmasıdır. Kirmani'ye[6] göre ise tevekkül, bulmak ve kaybetmek sırasında kalbin sükûnet içinde olmasıdır.

Gel gör ki bu durum şöyle bir paradoksal duruma yol açar. Bu şeytan her şeyi biliyorsa herhangi bir şeye müdahale edip zamanın akışını ve geleceği değiştirebilir ama bu durumda kendi bildiği geleceği değiştirmiş ve başka bir gelecek yaratmış olur.

6. Mutasavvıf, veli ve Şafii mezhebi fıkıh âlimi.

Bu, tevekkülden de başka bir durum. Bunu hemen öncesinde anlatmıştık. Varlık aslında geleceği bilmiyordur. Laplace'in Şeytanı evrendeki bütün atomların değişkenliklerini bilen, bilginin özüne sahip sanal bir varlığı ifade eder. Bu ise şöyle bir paradoksal durum oluşturabilir. Yazı tura örneği üzerinden açıklayalım. Bir madeni parayı havaya atıp tuttuğumuzda yazı gelme veya tura gelme olasılığı %50'dir. Açıkça tura gelme olasılığı %50, ama tura gelmeme olasılığı da %50'dir. Oysaki madeni paranın yazı turası sırasında, hava sürtünmesini, elin açısı, elin yüksekliği, yerin şekli, ortamdaki rüzgârı, paraya uygulanan kuvveti, paranın ağırlığını ve hammaddesini bilirseniz, yazı mı tura mı geleceğini tahmin edebileceğiniz anlamına gelir. Laplace, bu bilgilere sahip olduğumuzda ve beynimizde hızlı bir şekilde işlediğimizde, %50 olan olasılığı %99'a kadar çıkarabileceğimizi söylüyor. Bu da demektir ki; bilginin özüne ulaşıldığında, paranın yazı veya tura gelmesini büyük oranda belirleyebiliriz.

Sizi duyar gibiyiz: Tüm bunları hesaplamak oldukça güçtür, hatta mümkün değildir; ancak bu düşünce anlaşılır olsa da olup bitenin şansa bağlı olduğunu göstermez. Aradaki ince fark görüldüğünde, hesaplayamamış olmamız hesaplanamayacağı anlamına gelmez. Laplace'in felsefesi "Evrendeki tüm doğa olayları ve o anki varlıkların konumunu bilen ve bunun hesabını yapabilen biri için gelecek aynen geçmiş gibi gözünün önündedir" fikri üzerine inşa edilmiştir. Biz başka bir yorum yapalım ve buna "gelecekteki kısa zaman dilimlerini bilmek" ismini takalım.

Bu şunun gibi bir şeydir: "Büyük patlama olduğu anda, şu an bunu yazacağım belli olmuştu." Çarpıcı doğrusu. Laplace'in Şeytanı'nın şansa ihtiyacı yoktur, hatta ona göre şans diye bir şey yoktur, şans olarak tanımlanan olayların gerçekleşeceği önceden bellidir. İşin mantığında, olayların bazı durumların sonucu olarak oluştuğu yatmaktadır. Burada bahsi geçen durumlar çeşitli fizik kurallarına bağlanmıştır.[7] Laplace'in Şeytanı'nın tüm sistemleri bildiği ve böylece gelecek hakkında öngörüde bulunabildiğinin varsayıldığı ve varlığın söz konusu olmadığı felsefi yaklaşımı, belki de Tanrı'nın ta kendisidir diye değerlendirenler vardır. Haydi diyelim; böyle düşünenlere göre bilim görece zayıf bir tanrıdır.

Özetleyecek olursak; Laplace'in Şeytanı, herhangi bir anda tabiatta bulunan kuvvetlerin tümünü, kâinatı oluşturan nesnelerin pozisyonları ile birlikte bilen ve bu sayede kâinatın geleceğini de bilebilecek olan sanal varlık. Laplace bu düşünsel deneyiyle; şansa bağlı olduğu varsayılan herhangi bir olayın (atılan paranın yazı ya da tura gelmesi) olay sürecinde sistemde mevcut tüm değişkenlerin (rüzgâr, zemin yapısı, paranın ağırlığı, yerçekimi sabiti vs.) bilinmesiyle önceden tahmin edilebileceğini, yani şans diye bir şeyin olmadığını öne sürer. İşte, Laplace'in Şeytanı da evrendeki bütün atomların değişkenliklerini bilen, bilginin özüne sahip sanal bir varlığı ifade eder.

İnsanın sosyolojisi, bugün son derece dinamik sistemler üzerinde hareket etmektedir. Bu sistemler, birbirine bağlı değişkenler üzerinde inşa edilir. İletişim teknolojilerindeki muazzam gelişmelerle birlikte artık bir toplumsal olay diğerini, bir karar ötekini çok rahatlıkla etkileyebilmektedir. Bunun mutlaka bir kelebek etkisi olması gerekmez ancak kesin olan bir şey var, "Ateş olsan cirmin kadar yer yakarsın" artık gerçek bir önerme değil. Ama "şeytanın ayrıntılarda gizli olduğunu" iddia etmek son derece gerçekçidir. Laplace Şeytanı da bizleri,

---

7. "Adamlar bu fikri çürütmüş" diyenler, yanılıyor gibi. Heisenberg, "O hesaplamaları yapamazsın" demiş, kuantumcular da gelmiş "Her şey olabilir" demiş. Newton fiziğine göre Laplace'in Şeytanı daha anlamlı gözükebilir. Neticede determinizme göre sonuç olan her şey, öncül bir nedene sahiptir. Kuantuma bakarsak ise burada sebep-sonuç ilişkisi çok daha karmaşıktır. Akış, gözleyenin gözündedir.

çoğumuzun bildiği "Afrika'daki bir kelebeğin kanat çırpışları zincirleme olayları tetikleyerek Amerika'da bir kasırgaya sebep olabilir" sözüyle de anlatılan kelebek etkisi teorisine götürüyor. Minik bir kelebek cidden üzerimizde bu denli etkili olabilir mi?

Yapılan en küçük bir eylem ya da alınan en küçük bir karar bile hayatımızın gidişatını etkileme yetisine sahip. Hayatlarımız görünmeyen bağlarla birbirine bağlı ve bizler yaptıklarımız veya yapmadıklarımızla birbirimizin hayatlarına dokunuyor hatta belirliyor olabiliriz. Ölü ve diri arasındaki farkın fiziksel varoluş durumunda puslu olduğu bir zamanda yaşıyoruz. İyi ve kötü arasındaki ayrımı bile çok net ortaya koyamıyoruz. Bir kere gerçeklerin kendisi "puslu ya da bulanık" yani "fuzzy". Öngörüler puslu. En önemlisi de günümüz insanının mantığı puslu.

Günümüz İnsanının Puslu Mantığı ve Çözüme Giden Yol

Peki, bu puslu havalarda, hayatımıza ilişkin seçimleri yapan kim? Ağacın dalları gibi her an farklı istikamette çatallanan hayatımızdaki ihtimaller o kadar çok ki! İnsan, tüm bu olasılıkların toplamını beyninde tahayyül dahi edemiyor. Bir düşünsenize, geçen gün yoldan karşıya geçtiğiniz sırada ya sürücülerden biri cep telefonuyla ilgileniyor olsaydı ve size çarpsaydı! Üniversite sınavınızda istediğiniz bölüm yerine bir alt tercihe yerleşmek, devamında eş seçiminizi bile etkilemedi mi sizce? Farklı biriyle evlenseydiniz veya bir yerine iki çocuğunuz olsaydı ya da hiç olmasaydı, yaşamınız nasıl şekillenirdi? Sanırım olasılıkların sonu yok... Ve yaşamımız da işte bu olasılıklar üzerine oluşuyor. Maalesef bizler iyi ya da kötü ihtimalleri yalnızca seçim yaptıktan sonra oluşan sonuçlara göre değerlendiriyor, başa gelen hadiseleri yorumlayarak görebiliyor ve birçok kez seçim yaptığımızın farkında bile olmadan yaşıyoruz. Açıkçası sürekli bir kelebek etkisi içindeyiz.

Bakın, bir karınca ölürse diğer karıncalar onun öldüğünü fark etmezler. Sanki o karınca yaşıyormuş gibi ya da hiç yokmuş gibi yanından geçip giderler. Ta ki üçüncü güne kadar. Eğer karınca yuvada ölmüşse üçüncü gün bir başka karınca onu yuvanın hemen dışındaki çöplüğe kadar yuvarlar. Peki, neden hemen değil de üç gün sonra? Çünkü karıncalar öldükten üç gün sonra oleik asit adlı bir kimyasal salgılarlar. Bu kimyasalın kokusu, çürüyen karıncanın kokusudur ve diğer karıncalar bu kokuyu tanırlar. Böylelikle ölen karınca yuvadan atılır. Karıncalar oleik asit kokusuna o kadar hassastırlar ki onlar için bu kokuyu taşıyan her şey ölü bir karıncadır. İnsan beyni ise sabit bir kaya parçası değil. Son derece akışkan ve değişken bir organ. Buna *nöroplastisite* denir. Beynimiz deneyimleri, algıları, davranışları ve düşünceleri tarafından sürekli olarak yeniden şekillenir. Öğrenme dediğimiz olgu da bu sayede gerçekleşir. İki yaş civarında en yüksek oranda esnek bir beyne sahibiz ve yaşlanma ile bu esneklik giderek azalır. Küçük yaşta neler öğrendiğimizi bir hatırlayalım: konuşma, yürüme, sosyal davranışlar. Halbuki belirli bir yaştan sonra bir telefonu çeşitli özelliklerinden yararlanarak kullanmayı öğrenmeye çalışırken bile zorlanırız.

Beynimiz değişimi sürekli olarak kendi çıktıları ile artırır. Teknoloji mesela. İnsan ateşi buldu, yemek yemek daha kolay oldu, o büyük çeneye ve dişlere gerek kalmadı, böylelikle onlar küçüldü, kafatasında beynimize daha çok yer kaldı ve beyin daha da gelişti. Bakın, beynimizin bir çıktısı olan ateşi ehlileştirme, döndü dolaştı kendisini etkiledi. Aynı şey düşüncelerimiz, hayatımız, kariyerimiz, geleceğimiz için de geçerlidir. Tabii bu arada kolektif birikim ve bilincimiz sadece kendi yaptığımız eylemlerden oluşmuyor. Şöyle ki iş görüşmenizden evvel sizden önceki eleman daha nitelikli olmasaydı ve sizin yerinize işe o alınmasaydı yine önünüzde çok farklı ihtimaller oluşacaktı ve belki şimdi çok farklı bir pozisyonda olacaktınız.

Tüm başlıkları harmanlarsak; her şey birer sebep-sonuç ilişkisinin ürünüdür. Yani bugün bizimle ilgili tüm bilgilere vâkıf üstün bir zekâ, bir süper bilgisayar, algoritmik hesaplarla bizim on yıl sonra nerede ve ne yapıyor olacağımızın olasılıklarını bilebilir.

O Yüzden Hayat İlerlemenin Yanı Sıra, Geride Bırakabilme Sanatıdır!

> *Sabahattin Ali, İçimizdeki Şeytan: "İnsanların en zayıf tarafları, sormadan, araştırmadan, düşünmeden, kafalarını patlatmadan inanmak hususundaki hayret verici temayülleridir. Dünyadaki yalancı peygamberleri yetiştirmek ve beslenmek için en iyi gübre, işte bu bilmeden inanmak için çırpınan kalabalıktır." Kitabın kapağında slogan gibi "Hayat ilerlemek kadar geride bırakabilmektir" yazdığını eminiz hepiniz fark etmişsinizdir. Belki de araba kullanmak gibidir hayat... Araba kullanırken aynadan arkaya bakar ancak hep ileri doğru ilerleriz. Bazen araba ile geriye gittiğimiz doğrudur ancak tek yönlü bir yolculukta sürekli geriye gitmek mümkün olmadığı gibi, geriye giderken gördüğümüz manzara ileride ne göreceğimiz hakkında bir bilgi vermeyebilir.*

Bu dünyaya ıslak, çıplak ve aç olarak geliriz! Daha sonra bazılarımıza daha kötü şeyler olur... Çeşitli doğal felaketler, kazalar, savaşlar, tecavüz, işkence, şiddet ve terörizmin yaygın olduğu bir dünyada ağır travmaların etkilerini yaşamış ve yaşayacak milyonlarca insan olsa gerek. Bütün bunlara rağmen derinlemesine düşünecek olursak; yaşama şansı, insana hiçbir bedel ödemeden verilmiş en büyük armağandır. Sınırlı bir süre için verilen bu hediye edilmiş zamanın içini nasıl dolduracağımız bizlere bırakılmıştır. Ancak insanların kendi hayatlarının mimarı gibi tanıtıldığı bir dünyada, insan tüm kontrolün kendi elinde olduğuna inandırılırsa bu bir haksızlık olabilir. "Başarırsan da başaramazsan da mimar sensin" şeklindeki iddialı söylem ya da yanılsama, bize her zaman şefkat ve empatiden uzak bir yargılamanın ürünü gibi gelmiştir. Şüphesiz, dünyayı yargılamak haksızlık olur çünkü misafir olarak geldiğimiz bir yerde umduğumuzla değil, bulduğumuzla yaşamayı öğrenerek bir arada var olmayı hepimiz becerebiliriz. Bu bağlamda, dünya ne iyi ne de kötü bir yerdir. Dünya her zaman olduğu gibi bir yerdir ve onu iyi ya da kötü yapan bizim algılarımızdır. Ancak, algılarımızın bir kısmının yaşantılarımızla belirlendiği gerçeğini düşünürsek, yaşamın hepimize aynı cömertlikle fırsatlar sunduğunu söylemek inandırıcı olmaz. İçine doğduğumuz aile, koşullar, çevre, coğrafya, toplum ve kontrolümüz dışında kalan yaşam olayları gibi etkenler, ortaya çıkan mimariyi etkileyen değişkenlerdir. Fakat insan yaşamında huzur, ancak geçmiş yaşantılara takılıp kalmadan geçmişten öğrenmek ve öğrenileni geleceğe taşımakla mümkündür. Bir başka deyişle geçmiş yaşantılarımız hepimizi etkilese de hiçbirimiz geçmişimizin kölesi olmak zorunda değiliz. Öz-sevgi, kusurlarımıza rağmen kendimizi sevebilmek ve yaşadıklarımızda anlam bulmaktır. Öz-kabul, insanın kendisiyle barış içinde olabilmesidir. Öz-farkındalık ise iç düşünce ve duyguların farkına varıp onlarla savaşmadan kucak açıp duygunun verdiği bilgiden yararlanabilmektir.

İnsanlar yaşamlarını gözden geçirirken geriye baktıklarında ne ararlarsa onu bulurlar. Zihin, özellikle olumsuz yaşantıları daha iyi hatırlama eğiliminde olduğundan olumsuz bir duygu yaşandığında, aynı duyguyu çağrıştıran geçmiş anılar hızlıca harekete geçerek farkındalık alanımıza girer, böylelikle kendimizi birer kurban gibi hisseder ve yaşantılarımızı protesto ederiz.

Protesto, anlaşılır bir davranış biçimi olmakla birlikte, yaşanmış acıları sağlıklı bir biçimde geride bırakmakta yeterli olmayacaktır. Daha da önemlisi, insan yaşamına anlamlı şeyler çoğu kez protesto ederken değil, dingin olduklarında girer ve dinginleşen her şey gibi derinleşir.

Hayat bize çalışmadığımız ya da bilmediğimiz yerden sorular sorup üzdüğünde, beklentilerimizle örtüşmeyen yaşantıları yalnızca protesto etmekle kalmayıp, beklentilerimizi yaşanmış olayın gerçeği çerçevesi içinde yeniden düzenlemek ve harekete geçmek, protesto ile kaybedilen zamanı lehimize çevirebilir. Yaşanmış olayların kabul edilemez olduğu üzerine sürekli düşünüp kurgulayan ve çözüm üretemediğini gören insan, yaşanan sorunun kendisinden kaynaklandığını düşünürse kendine acımasız eleştiriler yapar. Başkalarından kaynaklandığını düşünürse bazen öfke, bazen de nefret duygusu yaşar. Daha da ötesi çaresizleşerek bir çeşit "yaşam felci" içine girer. Yaşam felci, çaresizliğin oluşturduğu eylemsizlik nedeniyle, insanın kaçırdığı fırsatlar dizisidir.

Protesto daha sonra gerekirse yapılabilir. Ancak önemli olan soruna değil çözüme odaklanabilmek ve çözüm üretme doğrultusunda harekete geçebilmektir. Bazen çözüm yoktur ancak çözümün olmadığını görmek sorunu da büyük oranda ortadan kaldırabilir çünkü o zaman da kabulü öğreniriz.

Sonuçta yaşamın belirsizliğini ve beklenmedik felaketlerini ortak bir insanlık bilinci ve farkındalığı içinde, insan onuruna yakışır biçimde karşılamayı öğrenmek gerekecektir. Kendine yönelik öfke insanı pasifleştirip öz-şefkatini azaltırken, özeleştirilerini artırarak motivasyon ve enerjisini düşürür. Oysa insanın acı çeken bir arkadaşını rahatlatmaya çalışırken yaptığı şey onu başına gelenlerden dolayı eleştirmek değildir. Zor zamanlarda başkalarına gösterdiğimiz şefkati kendimize gösterememek çifte standartlı bir tutumun olumsuz yönünü kendimiz için kullanmaktır. Başkasına yönelik nefret ise ondan intikam alma refleksini devreye sokar.

Olumlu ya da olumsuz, duygu her zaman bilgidir. Duygulara izin verip bu duyguları hissedebilme hakkının olduğunu fark etmek insanı özgürleştirir. Kendini duygularına açan insan, içinde sakladığı canavarlarla yüzleşir ve onların olumsuz enerjilerini karşısına almak yerine değerleri doğrultusundaki yolculukta yanına alır. Enerji sizin olduğuna göre, enerjiyi hangi yönde kullanacağınız da size bağlıdır. Asıl olan her zaman insanın bir amacı olması ve bu amacı gerçekleştirirken değerlerini de birlikte taşımasıdır.

Amaçlar ve Değerler

> “*Çoğu kez amaçlarla belirlenen yaşamlarımızda, amaçlar ve değerler arasındaki farkı öğrenmek oldukça elzemdir. Amaçlar, hedef yönelimli oldukları için gayret ve çaba ile elde edilebilen, ancak elde edildikleri zaman üzeri çizilip geride bırakılabilen şeylerdir.*
>
> ▶

Unutmayalım ki bazen amaçlara ulaşma yolculuğunda birçok değeri ıskalamış olmak mümkündür. Amaç yolculuğu biter ancak değer yolculuğu hiçbir zaman bitmeyen bir seyahattir. Değerler, tüm çabalara karşın çoğu kez tamamıyla ulaşılamayan ve ulaşıldığında ise değerinden kaybetmeyen, insanın kendisine ve kendisi dışındaki insanlara yönelik tutum ve davranışlarında bir rehber ya da pusula gibi kullandığı temel ilkeler bütünüdür. Değerlerin yaşamımızı üzerine inşa ettiğimiz temel varoluş nedeni olan özellikler taşıdığını fark ettiğimizde değerlere dayalı bir yaşam sürdürebilmeye ne çok ihtiyacımız olduğunu da görürüz. Örneğin, yaşamda kalmak bir amaç, onurlu bir yaşam sürdürmek ise bir değerdir. Biriyle evlenmek bir amaç, onunla anlamlı bir beraberlik sürdürmek bir değerdir. Bilgi sahibi olmak bir amaç, hep öğrenen kalmak bir değerdir. Olumsuzdaki olumluyu bulma çabası içine girdiğimizde, tüm dünyanın içinden geçtiği küresel virüs salgını bizlere amaçlardan öteye, değer belirleme ve değerler doğrultusunda onurlu bir yaşam sürdürmeye yöneltme doğrultusunda bir fırsat vermiştir.

Daha az yargıladığımızda, daha özgür olduğumuzu, "Hep iyiyi hissetmeliyim" şeklinde düşünmediğimizde tüm duyguları yakalayıp daha anlamlı bir yaşamöyküsü oluşturabileceğimizi, "Her şey istediğim gibi gitmeli" şeklinde beklentilerimiz olmadığında sürpriz yaşam olayları ile daha barışık bir hayat sürdürebileceğimizi anlamak için uzun bir yolculuğun yolcusu olduk. Unutmayalım ki iyimserliğimizi, umutlarımızı ve güzel hayallerimizi kırabilecek hatta sevmenin acı sonuçları olabileceğini düşündürten birçok olay ve insanla karşılaşacağız. Hiçbiri bizleri sevebilme yolculuğundan alıkoymasın çünkü sevgi, sevilenle değil sevenle ilgilidir. Hiçbiri bizi minnet ve şükran duymaktan alıkoymasın çünkü doğumla ölüm arasına sıkıştırılmış ve adına hayat denilen zaman dilimi insana hiçbir bedel ödemeden verilmiş en büyük armağandır. Bu armağanın değerini bilmek ölümlü olduğumuzu aklımızla değil yüreklerimizle fark ettiğimizde başlar.

İnsanın kibirlendiği servet ve şöhreti ölümün karşısında cüce kalır.[8] Birilerine işlerinizi yaptırıp acılarınızı taşıtabilirsiniz ancak ölümü taşıtacak birini bulamazsınız. Doğduğumuzda çevremizdekiler bunu kutlayıp eğlenirken bizler ağladık. Öyle bir hayat sürdürelim ki yaşamın son perdesinde çevremizdekiler ölümümüz için ağlarken, bizler kendi ellimizi sıkıp acı çekmeye değer, anlamlı bir yaşam sürdürdük diye kendimizi kutlayabilelim.

Yaşamınızın bir kitap içine yerleştirildiğini düşünün. Kitabın her bölümünün güzel olması gerekmez. Ancak aranırsa her güzel olmayan bölümde güzel bir şey ya da anlamlı olabilecek bir öğreti bulunabilir. Daha da önemlisi, güzel olmayan bölüm de dahil olmak üzere her bölümün bir sonu vardır. Geçmişe baktığınızda "Eğer bu başıma gelirse mahvolurum!" dediğiniz kaç şey gerçek oldu? Daha da önemlisi başınıza gelen kaç şey sizi mahvetti?

8. Ölümün tartışıldığı yerde aklımıza hep şu öykü gelir, sizinle paylaşmak isteriz. Talebelerinden biri Konfüçyüs'e: "Hocam ölüm nedir?" diye sormuş. Büyük âlim: "Hayatın ne olduğunu bilmedikten sonra, ölümün ne olduğunu sana nasıl anlatabilirim?" demiş.

Bize acı veren, üzen, hayatı tekinsiz kılan şeyler yaşadıklarımız değil, yaşadıklarımızı nasıl yorumladığımızdır. Salgın mı? Çoğumuz, salgın sürecinde yalnızlaştığını değil, salgından önce ne kadar yalnız olduğunu fark etti. Acaba hep yalnızdık da salgın bunun altını mı çizdi, bunun mu farkına vardırdı?... Yalnız olmadığımız zamanlarda bize eşlik edenler belki de yalnızlığımızı artırıyorlardı. İnsanlar yüzleşti. Belki de acıyı paylaşacakları, mutluluğu taşıracakları, dışarıda telefon edip sohbet edebilecek kişilerin ne kadar sınırlı olduğunu gördü ve yalnızlık gerçeğiyle yüzleşti. Belki birçoğumuzun içten/samimi ilişkileri yoktu. Birçok şeyin farkına vardık hem de doğal olduğu söylenen bir felaket üzerinden... Normal dediğimiz şeyler, gerçeğin katlanılmaz acıları yerine alıştırıldığımız hayatın biraz daha kabul edilebilir yanılsamalarından oluşuyordu. İnsan için normal, görüp işittiğimiz tuhaflıklara taktığımız maskedir. Acı ise insan yaşamının kaçınılmazlarından biridir. Acının kaçınılmaz olduğu bir dünyada, acı çekmekten daha önemli olabilecek tek şey acı çekmeye değer bir yaşamöyküsü oluşturabilmektir. Ne gariptir ki felaketler, oluşturdukları endişe ve çeşitli acıların yanı sıra bizlere hayatlarımızı yeniden gözden geçirme ve yaşadığımız acılarda anlam bulabilme fırsatı verir.

Yaşam, tüketilen bir zaman dilimidir. İnsan, tükettiği yaşamını sorgulamaya başladığında, karşılaştığı çeşitli zorlukları ve başarısızlıkları daha iyi yönetmek ve kaçınılmaz olabilen acılarda anlam bulabilmek istediğinde, bu bağlamda yazılmış bir kılavuz olmadığını kolaylıkla fark eder. Daha farkındalıklı bir yaşam için kendi yanlışlarından öğrenmeye koyulur ancak hayat, insanın yalnızca kendi yanlışlarından öğrenebilmesi için oldukça kısa bir zaman dilimidir. Bu nedenle başkalarının deneyimlerinden de öğrenme çabası içine girer. Çünkü varoluşla ilgili bir kullanım kılavuzu yoktur. Elinizdeki kitap, bu bağlamda bir yaşam kılavuzu oluşturma iddiası ile yazılmadı. Her biri farklı, emsalsiz ve özel olan insanların birbirinden farklı ihtiyaçlarına benzer biçimde yanıt verecek bir kılavuz muhtemelen hiçbir zaman da yazılamayacak. Bilen değil öğrenen ve bilginin koşarak, bilgeliğin ise emekleyerek geldiğini bilen kişiler olarak amacımız, kendi hayat deneyimlerimizden öğrendiklerimizi becerebildiğimiz kadarıyla sizlere aktarmak oldu. Umarız yaşam yolculuğunda birbirimizin ışığından yararlanarak içinde yaşadığımız dünyayı daha aydınlık bir yere dönüştürebiliriz.

Kitabın Yapısı ve Bölümleri

Kitaba dönelim. Biz, kitabın ana temasını insani bilimler yaklaşımı üzerinden disiplinler arası olarak inceledik. Ayrıca psikoloji, bilişsel davranışçı yaklaşımlar üzerinden, iletişim bilimleri, sosyoloji, antropoloji, antropomorfoloji gibi disiplinler üzerinden yazımlar gerçekleştireceğiz. Kitabın birinci bölümünde, insan ve yaşam ilişkisini ele alacağız. Sadeleşme kavramını tartışıp, belirsizlik, kaygı ve endişe konularına bakacağız. Tesadüflerin insan hayatındaki belirleyiciliğine dokunup, zaman olgusunu, hayatın dönemlerini, kazanma-kaybetme ilişkisini, irrasyonel zihin ve mantıksızlık üzerine tartışacağız, konuşacağız. Bunların yanında, iyilik ve kötülük fikri üzerinden zehirli insan davranışlarını da inceleyeceğiz.

Kitabın ikinci bölümünde; psikiyatri, psikoloji, iletişim bilimleri, sinirbilim, kararbilimi perspektifinden duyguları ele alacağız. Duyguları anlamaya bakacağız. Affetmenin tanrısal gücünün yanı sıra insani özellik ve zaaflarını da tartışacağız. Sevgiyi öğrenmenin mümkün olup olmadığını irdeleyeceğiz.

Şefkat, utanç ve mükemmeliyetçilik arasında ilişki kurmaya çabalayacağız. Stres ve öfke kavramını, acıyı ve nankörlük olgularını derinlemesine anlamaya çalışacağız.

Kitabın üçüncü bölümünde; insanlar değişebilir mi, değişim kararları neden kısa süreli olur, anlamak hayatı kolaylaştırır mı, farklılıklarımızı anlamak bize ne katar gibi görünen soruların cevabını ararken, insan potansiyelinin sıçramasının basit mekanizmalardan ibaret olmadığı, buna ek olarak insan psikolojisinin de hesaba katılması gerektiği anlatılacaktır.

Girişi kapatalım. Elinizdeki kitabın ana teması "insan psikolojisi, potansiyeli, iletişimi ve sıçrama" konusudur. Bu kitap; son gelişmeler, araştırmalar ve deneyler ışığında insanı anlamanın, onun potansiyelini, yaşamını, çatışma noktalarını anlamayı kolaylaştıracağını savunmakta, bunun için de diğer bilim dallarının konuyla ilgili bulgularından çıkarımlar yapmaktadır. Kitapta geçen konular; iletişim, psikoloji, sinirbilim, tıp gibi birçok bilim dalından bulgular içermektedir. Kitabın genel akışı herkesin anlayabileceği seviyede, bilinmesi gereken her kavram metnin içerisinde bütünlük bozulmadan açıklanmaya çalışılmıştır.

Aktarılan tüm bilgi ve deneyimlerden yola çıkarak insan tutum ve davranışlarının sonuçlarından, insanların hangi durumlarda, hangi hatayı yapmaya meyilli olduğunu görmeye ve göstermeye çalışacak, bu hatalarla ilgili günlük yaşama dair görüşlerimizden söz edeceğiz. Bu hataları bilmenin yaşamlarınızı kolaylaştıracağını umuyor, size beyninizin sistemik hatalarıyla başa çıkma doğrultusunda bir rehber oluşturmasını diliyoruz. Bizim istemediğimiz bir şeyi kimse bana yaptıramaz demeyin ve psikolojik faktörlerin nelere sebep olabileceğini daha iyi anlamak için ilk bölümü okuyarak yola koyulun lütfen. Mutluluğu, başarıyı, insanı, yükselmeyi, sıçramayı nasıl daha iyi becereceğimizi bilmek, içinde yaşadığımız dünyanın getirilerini daha iyi yönetmekte yararlı olabilir.

Elinizdeki kitabı kitaplığınızda tutmak yerine okumaya başlayın ve "insanın gelişmesinin, ilerlemesinin faili meşhur yolları"na aşina olun.

Faydalı olması umuduyla...

Hay. İns.

araf, ölüm, yaşam, vicdanın anatomisi, nefsin katkısı, iyilik, kötülük, güç, insan belirsizlik, endişe, puslu mantık, sadeleşmek, zaman, kaybetmek, beyin, irrasyonel zihin ve mantıksızlık, zehirli insanlar, inanmak

KISIM I

HAYAT VE İNSAN

Bazen önünüzdeki fırsatlar ya da sorunlar sizin bakışınızdan bir kova su gibi görünür.

Lakin bu bir sineğin bakış açısından sonsuz bir okyanus, bir filin bakış açısından bir bardak su, bir melek balığının gözünden ise nefes aldığı yuvasıdır. Ne olduğu değil, sizin nasıl gördüğünüzdür esas olan!

BÖLÜM 0101

Hiçbir Şeye, Hiçbir Yere Ait Olmamak

"Sabit fikirli, kafasını tek bir düşünceye takmış her türlü insan, yaşamım boyunca beni çekmiştir, çünkü bir insan kendini ne kadar sınırlarsa, öte yandan sonsuza o kadar yakın olur; işte böyle görünüşte dünyadan kopuk yaşayanlar, özel yapıları içinde karınca gibi, dünyanın tuhaf ve eşi benzeri olmayan bir maketini kurarlar."

– Stefan Zweig, *Satranç*

Önce bir bilgi verelim. Dünyada yaşayan tüm insanları oluşturan atomlardaki boşluklar çıkarılırsa tüm dünya nüfusu bir elmaya sığabilir, biliyor muydunuz? Peki, ortalama bir insanın, ömrü boyunca ortalama 183.755.600 adım attığını ve bu şekilde dünyanın çevresini yaklaşık üç defa dolaşacak kadar yürüdüğünü duymuş muydunuz? Daha da abartılısını diyelim; evinizdeki toz parçacıklarının büyük çoğunluğu ölmüş deri dokusudur. Dolayısıyla, aslında evinizde ölüm hep kol geziyor ama siz bunu bilmiyorsunuz.

Her şey bu kadar karışık ve garipse şimdi soralım; yaşam dediğimiz nedir ki? Bu soruyu kendinize defalarca sorduğunuza eminiz. Yaşam, başlangıçla son arasında herhangi bir zaman dilimi olabilir. Hiç düşündünüz mü ne kadar sevdiniz, ne kadar ağladınız, ne kadar mutlu oldunuz, ne kadar acı çektiniz? Hiç düşündünüz mü ayrılık ve birleşme dahil bunların hepsinin yaşama dahil ve dair olduğunu...

Zaman, mekân ve gerçeklik kavramlarının sınırlarını çizdiği bir "yaşam" olgusuyla kan uyuşmazlığı yaşayan insanların krallığına hoş geldiniz! Her türlü sınırın içinde kısılıp kalma duygusu, zaman ve mekânın bükülmezliğinin yanında çaresiz bırakır insanı. Hiçbir yere ait olmamak, ruhun karanlık içinde kalan yanının az da olsa kendini bulmuş halidir, Araf gibidir. Bu, aslında içedönüşün hızlandığını dile getiren evredir. İnsanın kavrama sisteminin bulutlar ardında kaybolmaya başladığını anlatan hissiz ve sonrasında belki de umarsız bir halidir o.

Biz mi? Zaman oldu, tek bir kelimeden binlerce anlam çıkardık, zaman oldu binlerce cümle söylendi, ancak hiçbir anlam bulamadık. Sessizlik zaten başlı başına anlam içeriyordu ve uzun uzadıya bir anlatıdan daha anlamlı oldu zaman zaman. En yakınımızdakiler de olsa insanlara inanmaya çalışmaktan yorulduğumuz da oldu bazen. Bunca anlamsız gürültü patırtı içinde insan bazen kendini erken yaşta ölmüş biri gibi hissediyor.

Zihinlerinin bir yerinde hep "Başka bir yer, başka bir zaman, başka türlü bir yaşam da olabilirdi" hülyalarıyla ömrünü tüketenler için yaşam heba oldu. Oysa başka türlü de olabilirdi. Burası cennet değil, cehennem de değil ama en azından Araf olabilirdi!...

> "*Füruğ Ferruhzad, birinin hayatının neresinde olduğunuzu çözemediğiniz zaman, hiçbir yerinde olmamayı tercih etmeyi ne de güzel anlatır:*
>
> *"Size uzatamadığım elimi görmezden gelmeyin. Biliyorum siz de kendi gökyüzünüzde kanat çırpıp yaşamaya çalışıyorsunuz. Zaman böyle geçip giderken ve bizleri bir rüzgâr ile farklı köşelere savururken, gelecekteki belirsizliği temsil eden*

> *uçurumun üzerindeki ince ipin üzerinde yürürken, hayat ve ölüm arasındaki o ince çizgide herkes yaşamak için bir mücadele içerisindedir. Bazen mutlu bazen üzgün bazen ihtiyaç içinde... Öyle zamanlarda da sadece küçük bir gülümseme bile yeterli olabilir. O nedenle kendinizi böyle sessizliğe terk etmeyin. Sesimi duyan dostlarım gülen yüzünüzü görmek istiyorum... Her çırpınış size şunu fısıldasın: Neticede; kuşlar ölür ama siz hep uçuşu hatırlayın."*

Araf'tır bir yere ait olmamak. *Araf* kitabında Vladimir Bartol kavrama ilişkin; "Ama insan doğası ikiye bölündüğünden beri ilk yarı hep öteki yarısını bulmak için yanıp tutuştu" der. Kimlikte bir bunalımdır bu. İnsanın en büyük zorluklarındandır. Düşünsenize; bazen şu sayısız yıldızlarla donanmış uçsuz bucaksız gökyüzü altındaki güzeller güzeli dünyaya baktığınız oluyordur. Bizim oluyor. Sonra da aklımıza şu geliyor: Bu sınırsızlık nasıl dar gelir ki insanlara? Sonsuz değil ama her daim büyüleyici bu dünyada insan ruhu nasıl olur da şükran ve minnetten yoksun, böylesine kindar, nankör olabilir? Nasıl olur da insan intikam, nefret gibi duygulara kapılıp birisi kendisinin olacağı iki kişilik bir mezar inşa etme sürecine girer hem de böylesine kolaylıkla?...

Bir hikâyeyle devam edelim.

Günlerden bir gün, köylerden birinde bir çiftçinin eşeği körkuyuya düşer. Eşek saatlerce acı içinde kıvranır ve bağırır. Sesini duyan sahibi gelip baktığında zavallı eşeğini kuyunun dibinde görür. Çaresiz çiftçi köylüleri yardıma çağırır. Köylüler körkuyudaki eşeği kurtarmak için ne yapacaklarını düşünürler ama sonuçta onu kurtarmanın imkânsız olduğuna ve bunun için gayret etmeye değmeyeceğine karar verirler. Tek çare, kuyuyu toprakla örtmektir. Herkes ellerine aldığı küreklerle etraftan kuyunun içine toprak atar. Zavallı hayvan, üzerine gelen toprakları, her seferinde silkerek dibe döker. Bir süre sonra ise ayaklarının altına aldığı toprak sayesinde her an biraz daha yükselir ve sonunda yukarıya kadar çıkar. Köylüler kuyudan dışarı çıkan eşeğe şaşkınlıkla bakar ve anlarlar ki biri için ölüm gibi görünen diğerinin kurtuluşu olabilir.

İşte, hayatta yaşadığımız olaylar da bazen bizim üzerimize yüklenir ve üzerimiz toz toprakla örtülüyormuş gibi gelir. Bazen bunlarda anlam görür, her tünelin bir sonu olduğunu görerek cenneti bulur, bazen yalnızca kendimizi kurban gibi algılayıp cehennemi bulur, bazen de Araf'ta kalır, anlam bulamayız. İstenmeyen yaşam olaylarını yönetmenin en işlevsel yolu, yakınıp sızlanmak değil, düşünüp silkinmek ve üzerindeki tozları temizleyip yola devam etmek yani tünelin sonundaki aydınlığa doğru adım atmaktır. Körkuyuda olsak bile...

Peki, Araf'ta olmak ne demek, bilir misiniz?

Bir inanışa göre; yalnızca intihar eden kişinin, Samsara'dan kurtulamayıp, sonsuza kadar yaşamak zorunda olduğu durumdur. Bu kişi, artık yaşam-ölüm döngüsünden bağımsızdır, ama huzuru bulma şansını kaybetmenin pişmanlığı da sonsuza dek yakasını bırakmayacaktır.

Böyle bakınca Araf'ta olmak en kötüsü gibi görünür. İnsan için sıfır noktası olabilir. Hep Araf'ta yaşamak, akan suyun önünde durup onun akışını engellemeye çalışmak gibidir. Oysa su, her zaman yolunu bulur. Aksiyon alınması gereken yerde hareketsiz kalmak, insana kendini değersiz ve çaresiz hissettirir. Hep Araf'ta kalmak da insana bir telafi çabası getirir ve bazen insan sahip olmadığı şeylerin suçlusu olduğuna inandırır kendini...

Olmayan her şeyin bir suçlusu vardır. İnsanlar, aile, dostlar, ülke, dünya vs... Böyle olunca ne o yana ne bu yana geçesi gelir insanın. Hep karar vermeye çalışır, hiç vermez. Bir karar felci yani eylemsizlik halidir bu. Mükemmel çözümler bekleyen insanın, mükemmel çözüm arayışının kendisinin en büyük kusuru olduğunu fark etmemesi sonucu içine girdiği eylemsizlik hali nedeniyle kaçırdığı ya da ıskaladığı fırsatlar dizisidir yaşam felci.

Gitmek isteyip gidememek ama aynı zamanda da kalamamaktır. Sevmek istemek ama sevememektir. Emek vermekten vazgeçmen gerektiğini bildiğin kişiye bile bile emek vermeye devam edip ardından yaşadığın hayal kırıklıklarının nedeni olarak onu görmektir bazen Araf. Doğrunun ne olduğunu bilemediğin için hiçbir şey yapmayıp zaman kaybetmektir bazen de...

Kim bilir, belki de Araf'ta "takılma", yolunda gitmeyen dünyaya pasif bir direniştir.

Oysa bazen hayat, en az seçilmiş yolu seçmeyi ve bundan pişman olmamayı gerektirir. Nasıl ki nefes almakla alamamak arasında bir tercih yapmak mümkün değilse Araf'ta kalmak da öyle bir şeydir işte. Sırf kaybetme riskini göze almamak için bir o yana, bir bu yana eğilip bükülüp aynı yerde durmaya çalışmaktır.

Araf, modern insanın durduğu sorunlu yerin adresi olabilir. Hep Araf'ta durmak şaşkın olmaktır, kararsız olmaktır, karar verememektir, cesaret edememektir, ait olamamaktır. Ancak aslında her tanım onu nasıl algıladığımıza göre yapılır ve her genelleme öznelliği saklama çabasıdır. Başka bir perspektiften bakıldığında Araf, hayatın kendisi gibidir. Bazen yaşadığımız hayat ya da birlikte olduğumuz kişi ya da kişiler ne sırtımızı dönüp gideceğimiz kadar kötü ne de yaşamımız boyunca kalabileceğimiz kadar iyidir. Gitsen gidilmez, kalsan kalınmaz. Alsan alınmaz, satsan satılmaz! Araf bazen tükenmeyen seçenekler arasındaki sıkışmışlık hali sonunda ortada ya da arada kalma halidir. Avantajları da vardır, dezavantajları da.[9] Avantajı, bireye özgürlük veriyor olmasıdır. Uçlarda değil ortada durmak keskin ya da katı olmadığınızı yani esnemeye müsait olduğunuzu, aklınızı ve bazen de yüreğinizi kullanarak yeni kararlar alabileceğinizi, söyleneni ya da yapılanı akıl, zihin ve yürek süzgeçlerinden geçirmeye hazır olduğunuzu da gösteriyor olabilir. Bu bağlamda bekleme hali gayet anlaşılabilir hatta önerilebilir bir dinginlik hali de olabilir. Hızlı karar, en iyi karar değildir ya da en kötü karar her zaman kararsızlıktan iyi değildir. Bazen karar vermek için beklemek, insanı "bilen" rolünden "öğrenen" rolüne sokar. Bilen değil öğrenen rolünde kalmaktır insanı bilgeliğe götüren.

İşte, biz de diyoruz ki bilen değil hep öğrenen kalalım. Çünkü öğrenmek, zihni yoran değil tersine geliştiren bir aktivitedir. Diğer taraftan Araf'ta olmanın dezavantajları da var, çünkü Araf'ta beklemek hep mükemmel bir karar verme gayretinin de göstergesi olabilir. Mükemmel sevgi, mükemmel sunum, mükemmel teklif, mükemmel ceza, mükemmel aşk, mükemmel intikam, mükemmel ölüm ya da mükemmel cinayct gibi. Oysa mükemmel, iyinin düşmanıdır ve birinin mükemmeli diğerinin vasatıdır ve mükemmeli ölçmeye yönelik "mükemmel bir ölçü birimi" yoktur.

"Mükemmel" anlayışı, içinde yaşanılan dünyanın talepleri göz önüne alındığında statik değil dinamiktir. Yani değişen ihtiyaçlara bağlı değişiklik gösterir. Değişim kaçınılmazdır ama mükemmel değişim yoktur. Değişim 0 ile 100 arasında geniş bir yelpaze içinde gerçekleşir ve bazen küçük değişikliklerin insan yaşamına ve ilişkilerine yansıması büyük olur. "Her zaman

9. Lawrence Freedman, Strateji adlı kitabında aslında bir "araf" stratejisi sunar. Kısa ve nettir:
"Cennetten atılmış olmalarına rağmen şeytan kaygılı değildir.
Cennetin zulmüne karşı kararlı bir muhalif olmayı sürdürmektedir.
Cehennemden seslenerek, 'Burada en azından özgür olacağız [...]' demektedir.
Cehennemde hüküm sürmek, cennette hizmet etmekten iyidir!"

iyi hissetmeliyim, olumsuz duygulardan hızlıca kurtulmalıyım" şeklinde bir çaba, *duygusal mükemmeliyetçilik* arayışıdır ve bu arayış insanı Araf'ta tutuyorsa, inanın mutluluğunun önündeki en büyük engeldir, çünkü anlamlı bir yaşam yalnızca iyiyi değil ancak tüm duyguları yaşayarak gerçekleşebilir. Her duygu bir bilgidir ve bu bilgi neye ihtiyacımız olduğunu gösterir.

Farklı bakış açımızı tartışmaya açmak isteriz: "İnsan aslında bir kez yaşamaz, bir kez ölür, diğer zamanlarda hep yaşarız. Yaşam, içi anlamla doldurulabilirse ve çeşitli gelişim evreleri sağlıkla geçilirse, çok uzun olmakla beraber yeterince uzun bir zaman dilimdir. Hepsinden önemlisi, yaşam yalnızca sevdiklerimizi yaptığımız bir yer gibi değil de yaptıklarımızı sevmeyi öğrendiğimiz bir yer olursa daha anlamlı yaşanan bir yere dönüşebilir. Sonuçta hepimizin samimiyetle yanıtlaması gereken soru şudur: Yaşam iyi hissetmek midir, yoksa yaşam tüm duyguları hissetmek midir?"

Bize sorarsanız yaşam tüm duyguları hissetmektir. Ama günümüzde herkes iyiyi en kısa zamanda hissetmeye oynamakta. Belki de yaşamın talihsiz paradoksu bu...

Basit Mekanizmalarla Karmaşık Beklentiler

> “*Hayatta okul, eş, iş, yatırım kararları gibi ciddi kararların yanı sıra pantolon, gömlek, yemek seçme kararları gibi daha az önemli kararlarla da uğraşırız. Bu tür seçim yapılması gereken durumlarda, beynimizde bir süreç işler ve beynimiz iyi ya da kötü bir karar verir. Biz de o kararı uygularız. Hayattaki bazı kararlarımızı*

▶

> *"İyi ki yapmışım" ile anarken, bazı kararlarımızı ise "keşke"lerle hatırlarız. Son kertede kararın doğru ya da yanlış olması önemli değildir. Çünkü yalnızca iyi ya da kötü kararlar değil "sevilen" ve "sevilmeyen" kararlar vardır aslında. Sonuç nasıl olacaksa öyle olacaktır. Karar, bir nevi aklı durdurma halidir. Karar bir kez alındığında zihin düşünme sürecini durdurur. Bu, aslında verilmiş kararla ilgili yeni gelişmelerin önünü kesmektir. Sık tekrarlanıp farkına varılmadığında ise insanın büyüme ve olgunlaşma sürecinin durması riskini taşır. Beyin için sürekli gelişme halinde olmak yorucu ve hatta tehlikelidir. "Bitirmemek", zihni huzursuz eder. Fakat beyin bilmese de zihnin bilmesi gereken gelişme ve büyüme yolculuğunun asla bitmeyeceğidir. Tabii o yola bir kez çıktıysanız. Bir yolculuk biterken diğeri başlar. Bir kapı kapanırken, diğeri açılır. Mutluluk bile bir tercihtir. Beklentiler de buna dahildir. Ayrılıkların sevdaya dahil olması gibi...*

Mutlu olmak, tüm duyguları hissedebilmek demektir. Yani mutlu olmak yalnızca iyi hissetmek değildir. Tıpkı yaşamın yalnızca iyiyi değil, tüm duyguları hissedebilmekle ilgili olduğu gibi... Duyguları bir uçtan bir uca yaşayabilmek insan olduğumuzu gösterir. Aslında Tanrı bizlere bir duygudan ötekine geçme şansı vererek, uçmak için tek kanadımız değil, iki tane kanadımız olduğunu gösteriyor belki, ama insan türü hâlâ sürünüyor, emekliyor. Duygular arası geçiş yapabilmek, *duygusal mükemmeliyetçilikten* arınmak, "Hep iyi hissetmeliyim, olumsuz duygularımdan hemen kurtulmalıyım, en iyi kararı vermeliyim" düşüncesinden bağımsızlaşmaktır. Varoluşsal mükemmeliyetçilikte ise

"Hep ideal bir yaşantım olmalı", "Beklentilerim dışında hayat olayları olmamalı", "Bugün yağmur yağmamalıydı" ya da "Evliliğimde bunlar olmamalıydı", "İş tanımımda bunlar olmamalıydı" gibi insanın kendisi için belirlediği standartlar çerçevesinde gerçekleşen yaşam olayları beklentisi vardır. "Hayat biz plan yaparken bize olanlarla ilgilidir" savından yola çıkarsak, beklentilerimizle uyuşmayan gerçekleri protesto etmenin anlamsızlığını daha kolay anlarız. Beklentilerini mevcut gerçeğe göre ayarlaması beklenen insanın hayat olaylarını kendi beklentilerine göre gerçekleşmediği zaman kabullenemeyip protesto etmesi, insan türünün enteresan bir özelliği. Dünyanın bizim beklentilerimizden haberi olmadığı gibi, haberi olsa da herkese beklentilerle uyumlu hayat olayları sunması mümkün müdür?

Kendi ihtiyacını fark eden insan, duyarlı ve şefkatli yaşamayı öğrenebilirse başkalarının ihtiyaçlarını da fark eder. Başkalarının ihtiyaçlarına duyarlılık, onlarla kurduğumuz bağları güçlendirir ve insanın yaşamı yalnızca kurulan bağlar kadar büyük ve anlamlıdır. Başka bir deyişle, tanımadığımız insanlar için de bir şeyler hissettiğimizde, tanımadığımız insanlar için bir şeyler yapmak istediğimizde daha büyük bir zincirin parçası olduğumuzu anlarız. Unutmayalım; varlığımız ancak başkalarının varlığıyla ve şahitliği ile mümkün olabilir.

Araf'ta olmak, ortada durmak veya taraf olmamak demek değildir. Ortada durmak, çoğunluğun tarafında olmak demektir, çünkü karar vermediğiniz zaman çoğunluk tarafından alınan karara onay veriyorsunuz demektir. Dolayısıyla, karar kötü yöndeyse sessiz kaldığınız zaman kötünün yanında yer almış olursunuz. Belki de siz ve sizin gibi düşünenler diğer tarafta olsaydı çoğunluk farklı yönde kümelenebilirdi. Dolayısıyla belki de tarafsızlık diye bir şey yoktur. Tarafsız gibi göründüğünüz zaman çoğunluğun yanındasınız. Zaten kötülük de iyilerin sessiz kalmasıyla başlamaz mı?

Araf'ta kalmak bizi hareketsizleştirip eyleme geçmemizi geciktirirse, o zaman yalnızca düşünce üretiriz. Ancak Araf'ta olmayı, bir süre ortada durup akıl yürütecek kadar bilgi toplamak bağlamında düşünürsek, akla ve yüreğe yakın olanı seçmek için beklemek olumlu bir şey olarak da değerlendirilebilir. Bu bağlamda hepimizin Araf'ta kaldığı zamanlar olacaktır. O yüzden bu anın değerini bilmek, bu anda şefkatli olmayı, sevgiyi, empati yapmayı öğrenmek durumundayız, aksi takdirde anlamlı bir yaşam sürdürmek çok zorlaşır.

"Beni nasıl bırakır?" ya da "Bana nasıl bunu yapar?" sorularının sorun çözmekte işe yarayacağını düşünmek çoğu kez zaman kaybı olur. Olmuş, bitmiş olanı sorgulamak yerine kabullenmek, aslında zaman ekonomisi yapmaktır. Kabullenmek, insan yaşamında önemli bir erdemdir. Ancak, kabul boyun eğmek ya da onaylamak demek değildir. Kabul; olanı, olmasını istediğimiz gibi görmekten vazgeçip olduğu gibi görebilmek demektir. Kabul, mevcut gerçekle ne yapacağımızı, zaman kaybına uğramadan belirlemek bağlamında büyük önem taşır. Bazen yapacak bir şey de olmayabilir. O zaman da yaşanan acıyı kucaklayabilmek ve ondan öğrenmek kalır insana...

Unutmayalım ki başkalarının başına gelen her şey bizlerin de başına gelebilir. Herkese olabilecek her şey, sana da olabilir. İnsan doğası gereği acıdan kaçma eğilimindedir. Oysa acı, ondan öğrenebilenler için muhteşem bir bilgi olabilir. Yaşamın getirdiklerini yargılamadan bir ziyaretçi gibi görebilmeyi Mevlana Celaleddin Rumi, "Misafirhane" adlı şiirinde olağandışı bir güzellikte anlatmıştır:

İnsan kısmı bir misafirhane,
Her sabah yeni birisi gelir.
Bir sevinç, bir bunalım, bir zalimlik,
Aniden farkına varmak bir şeyin,

Hepsi beklenmedik misafir.
Hepsini karşılayıp eyle!
Evini vahşetle süpürüp,
Bütün mobilyalarını boşaltan
Bir kederler kalabalığı bile gelse.
Her geleni alnının akıyla misafir et.
Olur ki yeni bir zevk getirmek için
Boşalttılar evini.
Karanlık düşünce, utanç ve garez,
Hepsini gülerek karşıla kapıda
Ve buyur et içeri.
Minnettar ol her gelene
Kim gelirse gelsin.
Çünkü bunların her birisi
Öte taraftan bir kılavuz olarak gönderildi.

Vicdanın Anatomisi, Nefsin Katkısı, İyilik ve Kötülükte Kalan İnsan

> “*Aslında beynin bu tercihleri bize felsefe ve tasavvuftaki nefs ve vicdan olgularını hatırlatır. Nefs "kötüyü emreder". Mevlana'ya atfedilen bir söz de şöyledir: "Nefsine danıştın mı? O alçak ne derse, onun tersini yap." Vicdanımız veya ruhumuz ise doğruların peşinde koşar. Nefsin emirlerini tartıp, doğru hareket etmek ister. Nefs acele etmek ister, düşünmeyi sevmez. Vicdanımız ise zaman ister, düşünmek ve tartmak ister. Dolayısıyla nefs ve vicdan arasındaki bu*

▶

> *mücadele aslında "Bugün cazip olanı mı yoksa yarın daha kârlı olanı mı almalıyım?" sorusu üzerinden verilen bir mücadeledir. Ancak bu demek değildir ki bugün önümüze konan her şey kötüdür. Nefsimizin bizden istediği bazı şeyler de bünyemizin ihtiyacıdır ve yerine getirilmelidir. Ancak nefs, bu isteklerin arasına kötü arzularını da sürekli sıkıştırır. Mesela karnımız acıktığında önümüze konulan yemeği yemeliyiz, ancak o yemeği yerken "bugünün cazibesi" veya nefs bizi sürekli etrafımızdaki tatlılara bakmak ve onları tatmak üzere teşvik eder. Dolayısıyla, beynimizin iki sistemi sürekli çarpışma halindedir. Tüketmeye karşılık tasarruf etmek, yalnız yemek yerine yardımda bulunmak, harcamaya karşılık yatırım yapmak beynimizin sürekli meşgul olduğu ikilemlerdir ve bu ikilemlerin çoğu "günün cazibesi" ile ilişkilidir.*

Bugünün insanının maalesef vicdanını besleme alışkanlığı pek yok ama kötülükten beslenmeyi seviyor. Nefsi durmuyor. Acaba önerebileceğimiz yeni bir diyet reçetesi var mı diye bakalım. Şöyle diyelim; kötülük nerede başlar? Kötülük[10] rastlantısal mı, evrensel mi? Hep mi vardı, biz mi icat ettik?

---

10. Roberto Bolano, 1970'lerin sonunda geçen bol karakterli romanı *Vahşi Hafiyeler*'de kötülüğe harika bir gönderme yapar: "O gece çok şarap içildi. Kahveden çıkınca nasıl oldu bilmiyorum kendimi onun yanında yürür buldum. O zaman kafamın içinde dönüp duranları ona da söyledim. 'Belano' dedim. 'Sorunun özü kötülüğün (ya da suçun, cinayetin ya da ne ad verirseniz) rastlantısal mı yoksa nedensel mi olduğunu bilmek.' Eğer nedensel ise karşı mücadeleye girebiliriz, yenmek güç olabilir ama mümkün, aynı sıklette boks yapan iki rakip gibi örneğin. Eğer rastlantısal ise hapı yuttuk. Tanrı, eğer varsa, yardımcımız olsun."

Kötülük, kötü bir şey olduğunda iyi insanların kötü olan olaylara hiç tepki vermemesiyle başlar. Yani kötülüğün ilk başladığı yer, kötü şeyler olduğunda iyi insanların sessiz kalmasıdır. Hiç gördünüz mü iyiyken "Neden iyiyim?" diye kendine soran birini? Oysa kötü bir şey olunca herkes kendine "Neden ben?" diye sorar. İyi bir şey olduğunda "Neden ben?" diyen yokken kötü bir şey olunca "Niye ben?" diye sormak kolay anlaşılır bir şey değil...

Şimdi sizlere, mutluluğu belirleyen en önemli şeylerden bir tanesinin sağlık olduğunu söylesek kaç kişi itiraz eder? Oysa sağlıklı olma halinin mutluluğu ne oranda belirlediği kesin değil, ancak sağlıksızlığın mutsuzluğu belirlediği bilinen bir gerçek. Çünkü biz sağlıklıyken yeterince minnet duyup sağlığın değerini bilmiyoruz. Sağlık ne zaman değer kazanıyor? Sağlığı kaybettiğimiz anda. Bazı şeylerin değeri ve anlamı ne yazık ki onu kaybettiğimiz zaman anlaşılıyor. Pahalı bir öğrenme bu. Kötülük de iyilikten beslenen bir parazit gibi, yani iyilik durduğunda kötülük hızlıca yayılıyor ve bulaşıcı bir hastalık gibi çoğalıyor, gelişiyor.

İyilik, iyi olma ihtiyacı hissetmeden –sevileyim, onaylanayım, değer göreyim gibi ihtiyaçlar duymadan– iyiliğin kendisi olabilmektir. İyiliği, o insanlık zincirinin bir parçası olduğunuz için yaparsınız. İnsanlık bir zincirse, her zincirin yalnızca en çürük halkası kadar güçlü olduğunu bildiğiniz için yaparsınız. İnsanlık zincirindeki o en çürük halkaya destek verebilmeyi becerdiğimiz zaman başlar insan olmak. "Güçlünün yanında olursam uzayan kol benim kolum olur" şeklinde bir algı değil midir bizi taraf olup diğerlerine yabancılaştıran ve zaman zaman insani taraflarımızı unutturan? Kaybeden birileri olduğu müddetçe kazanan olmak ne kadar tatmin sağlayabilir ki?

Aslında insanlar arasında savaş bir kez başladığında kazanan taraf yoktur. Yalnızca kaybetmenin dereceleri vardır.

Asıl önemli olan birlikte kazanmayı öğrenmektir. Birlikte kazanmaktan kastedilen şey ise insanlık mabedidir. Neden güçlü olmak ister insan? Güçsüzlük korkusu ve güçsüz olunduğu takdirde diğerlerinin kendisini ezme olasılığı değil midir esas olarak korkutan? Dış dünya yeterince güvenilir ve şefkatli bir yer olabilseydi kaç kişi isterdi güç zehirlenmesi içine girmeyi?

Dedik, Araf'ta olmak; arada kalmak, yersiz yurtsuz olmaktır. Hem unutup başka gönüllere giremezsiniz hem de ona dönemeyecek kadar uzaklara gitmişsinizdir. Araf, daha çok "anlam"a ihtiyaç duymaktır, var olduğu kadarını kabul etmemektir. Sorgulamayı, yorumlamayı ve yaşamayı eşzamanlı yapamamaktır. Zaman zaman hayatını durdurmak, zaman zaman akmasına izin vermektir. Tarafsız bölge gibidir, hayata dair pek çok şey düşünürken anlatamamaktır. Bazen anlatamamak bazen anlaşılamamaktır. Ardı çok hareketli olan bir dinginliktir. "Bu da böyleyse ben yokum öyleyse" dediğin noktadır. Araf bize şu soruyu sordurtur: Sığınmak mı kaçmak mı?

Buna direkt şöyle diyebiliriz: Sığınmak herhalde. Güçlü olmak yanında cesaretli olmayı gerektirir. Cesur olmak çok zor olan bir şeydir. Cesur olmak bedelleri göze almak demektir. Öyle bir dünyada yaşıyoruz ki herkes ödül avcısı gibi yaşıyor. Bedel ödemek isteyen yok ki, hep ödülleri alayım diye bir algı var. İnsanların ödül avcısı gibi yaşadığı bir yerde, bedel ödemeden ödül almak için çaba sarf ettikleri bir yerde çok zor güçlünün yanında olmamaya niyet etmek. Cesur olmak ise korkmamak değil korkuya rağmen olunması gereken yerde olabilmek demektir.

Maneviyat bir nevi anlam anlayışı demektir. İnsanları bu dünyada var eden şeylerden biri de bu anlam arayışının devamlılığıdır. Ne var ki anlam aramayı bırakıp yalnızca amaçlarına ulaşmak için her yolu kabul edilebilir gören insanların çoğaldığı bir zamanda yaşıyoruz.

Amaçlarımıza ulaştıysak her şey yolunda, ulaşmadıysak işler kötü. Bu bakış açısı insanlık zincirinin gevşemesine hatta çürümesine ve giderek değer kaybetmesine sebep oluyor. Hepimizin hayatında manevi değeri olan birçok öğe var ama artık insanlar bu kavramın tanımını yapmak ve içini doldurmak yerine tekelcilik yapıp onu belirli bir kalıba sokup "Bunlar varsa maneviyatın var, yoksa yok" şeklinde tanımlayarak kendisi gibi olmayanları karşılarına alıyor. Varlığımızın amacının bölünmek değil birleşip işbirliğiyle huzurlu yaşamak olduğunu anlamak için daha kaç felaket yaşamak gerekecek?

"Bölünmek değil birleşmek", evrenselliğe kapı açan daha güzel bir söylem olabilir mi? Hepimiz başkalarının varlığı ve şahitliğinde var olabiliriz ancak. Hepimiz yaptıkları veya yapmadıkları ile dokunuruz başkalarının hayatlarına. Kimseyi dışlamadan, görüş ayrılıklarını düşman gibi görmeden hatta farklılıklarımızdan beslenerek yaşamak değil midir insanı zenginleştiren? Çoğu kez çelişkiler içinde büyümez mi insan?

Akıl yürütmeyi beceremeyen birinin akıllı olmasının nasıl bir değeri olabilir ki? Akıl yürütmek farklı görüşlere yer açmayı gerektirmez mi? Akıl yürütebilen insanlar olabilmek için çok kültürlü olmamız da gerekmiyor üstelik. Akıl yürütebilen insanlar olabilmemiz için neden-sonuç bağlantıları kurabilen, olaylar arasında döngüsel bağlantılar kurabilen insanlar olmamız gerekmez mi?

Olayların hiçbirinin birbirinden kopuk olmadığını, hiçbir olayın izole düşünülemeyeceğini ve her olayın bir çerçeve ve bir sistem içinde var olduğunu fark ettiğimiz zaman daha esnek olmayı öğreniriz. En tehlikeli algı muhtemelen, "Bir doğru var, o da benim doğrum" şeklindeki algı olmalı; yani benim gibi düşünmüyorsan yanlışsın algısı. Halbuki her yanlışın içinde bir doğru, her doğrunun içinde bir yanlış vardır. Doğru ve yanlış bazen iç içedir. Doğrudaki yanlışı bulmak, yanlıştaki doğruyu bulmak ve ikisini sentezleyebilmek, benzemez gibi görünenler arasında bağ kurabilmek kendimizi geliştirebilmek için değerli bir yöntem olabilir. İnsanların seçim yaparken bile benzerlikleri gözettiği; arkadaşlarını, eşlerini, benzerlikleriyle seçtiği bir dünyada, yeni bir şey öğrenmek güçleşir. İyilik ve kötülük, iç içe biçimde bizimle birliktedir.

İyilik, Kötülük, Güç ve İnsan

> *“ 18. yy. İngiliz romancılarından Jane Austen'ın tanımıyla kötülük, "başkalarını görememek"tir. Ötekini görme eksikliğidir. Onlara karşı empati duygusu besleme yoksunluğudur. İyilik dediğimiz olgu, Freud'un yüceltme olarak adlandırdığı savunma mekanizması ile yüceltilmiş kötülüktür. Düşünüldüğü gibi iyilik yapmak, diğerlerini mutlu etmek için gerçekleştirilen bir eylem değildir. İyilik/kötülük doğuştan değildir duruma bağlı bir kavramdır. "Power of situation" (koşulların gücü), yani mevcut şartların insan üzerine etkisi tartışılmazdır. Bilmiyoruz ikna oldunuz mu ama uygun zihinsel koşullarda hepimiz birçok şey olabiliriz. Ölüm makinesi, koyun ya da iyilik meleği mesela... Güç sahiplerini zorbalık yapmakla eleştirenler, güç ellerine geçince daha hümanist oluyorlar mı? Güç Allah tarafından farklı insanlara farklı zamanlarda verilen bir hediyedir. Gerçeği unutup kendini geçici gücün etkisine kaptıranlar bir gün utanma duygusuyla karşılaşacaklardır.*

Peki, neden bu kadar kötü olabiliyoruz? Bir insan kötülük yaptığı zaman neden kendini bazen iyi hisseder?

İyiliği anlamak ancak kötülüğün varlığında mümkündür. İyilik uğraşı gerektirirken kötülük kendiliğinden gelir ve çok hızlı yayılır. Kötülük belki de iyiliğin çürütülmüş halidir.[11] İyilik çürümeye başladığı zaman, kötülük hızlıca gelir ve bir virüs gibi yayılır. Eskiden filmlerde ve dizilerde iyi ve kötü şeklinde tanıtılan karakterler vardı ve bizler iyilere özenir hatta onlarla özdeşim yapardık. Şimdi bakıyoruz da küçük çocuklar kendilerini kötü karakterlerle özdeştiriyorlar. Bunu nasıl açıklayabiliriz? Giderek kötüleşen bir dünyada mı yaşıyoruz?

Muhtemelen dünya hep olduğu gibi, yani ne iyi ne de kötü. Ancak başarılı ve güçlü görünenlerin çoğu zaman kötülük ve bencillik tarafı ağır basan insanlar gibi gösterilmesi olabilir belki değişen...

Kötünün güçlü gösterilmesi, insanların güç kazanma ya da gücün arkasında kümelenmesini getiriyor olabilir mi? Belki de kötü olduğunuz zaman şefkat veya empati gerekmiyor. Şefkat ve empati yok olduğu zaman ise sınırsız bir özgürlük geliyor ve sonunu hesaplamadan canınızın istediği her şeyi yapabiliyorsunuz. Bunu yaparken karşı taraf nasıl etkilenir diye bir soru yok, sorumluluk yok, düşünme süreçleri devreye girmiyor ve yalnızca "Ben bunu istiyorum ve istediğimi elde etme yolculuğunda yaptığım her şey mubahtır" şeklindeki algı devreye giriyor. Belki iyi ile kötüyü iki ayrı kutba

11. Kötülük, içinde vicdan bulunmayan her şeydir. Yanlış doğrunun bir şeklidir. Yalnız, kötülük bir hastalık değildir. Bu şeytansı, Şeytan'ın yancısı olan kişi, hayatı veya Tanrı'yı ikna eder, kandırır. Öyle ki ömür boyu denetimsiz, acısız mutlu olur. Kötülük, varlığa değil yokluğa özlemdir. Scott Peck'e göre, "kötülük" günahlarımızı kabullenmemekten doğar ve bir hastalık olarak tanımlanmadıkça anlaşılması ve iyileştirilmesi mümkün değildir. Peck, kötülün psikolojisini anlattığı metnini, kötülüğü yok etmeye çalışmanın insanın kendisini yok edeceğini söyleyerek bitirir.

koymaktan vazgeçip iyi ile kötünün sentez edilme zamanıdır şimdiler. İyideki kötüyü ve kötüdeki iyiyi birlikte görüp yeni bir yaşam biçimi seçme zamanı...

Belki de yalnızca amaçların olduğu ve değerler kavramının değer kaybedip giderek yok olduğunu görme zamanı... Ne demiştik; değerler, insanın kendisine ve başkalarına yönelik tutum ve davranışlarında kılavuz ya da pusula olarak kullandığı temel inançlardır. Onlar olmadığında amaçlar kolaylıkla yollarını kaybederler.

Amaçlar, gayret edilerek ulaşılan ve ulaşılınca üstü karalanıp geride bırakılan hedeflerdir. Ancak değerler tamamıyla ulaşılamayan ve ulaşıldıkları zamanlarda ise üstü çizilip geride bırakılamayan, yaşamlarımızı üzerine kurduğumuz temel insani erdemlerimizdir. Yani değer yolculuğu bitmeyen bir yolculuk olup ulaşıldıklarında değerinden bir şey kaybetmeyen şeylerdir. Onun için hayatlarımızda amaçların yanı sıra değerlerimizin de olması gerekiyor ve amaçlar değer doğrultusunda olduğu zaman anlamlı olabiliyor. Değerler pusulalarımız oldukları için yolculuğumuzun yönünü belirliyor. Unutmayalım ki geminin pusulası hava kötü olduğu zaman da hep aynı yönü gösterir. Zor ve zorlayıcı koşullarda hep aynı yönde gitmek kararlılık ve cesaret ancak hepsinden çok cömert bir yürek gerektirir. Amaçlar, değerler doğrultusunda olduğunda, hayat daha anlamlı bir yolculuğa dönüşüyor.

Zamanı yalnızca yanınıza alırsanız sizin lehinize işler. Yani zamana bırakmak değil, zamanı iyi değerlendirmek, bilen değil öğrenen insan kalmak, öğrendiklerini paylaşmak ve yaygınlaştırmak... Belki de iyi olanı yapmakla başlar iyi olmak. Önümüzde duran ve adı “kalan hayat” konulmuş zamanı özenli bir yolculuk gibi görebilmek ve onu kendimiz ve başkaları için daha anlamlı bir hale getirme çabasıdır iyilik.

İnsanı Anlamak

> *"Neticede, insanın sadece bedeni ve buna bağlı olarak zihni değil; çevresi de sürekli değişiyor. Değişim aynı zamanda şeffaf olandır. Değişen insanın kendisi bile çoğu zaman bunu fark etmez. Bu noktada, bilincin asli eylemi olan farkındalığın öneminden bahsetmek gerekir. İnsan, farkındalık halinde değişimin gerekliliğinden haberdardır. Bu sayede başka bir şeye, nesneye, düşünceye ya da arzuya odaklanır. Bilinç bunu fark ettiği an farkındalık olur. Farkındalık nesneyi fark ettiği anda, bilinç oluşur. Bilincin derinleşmesi de bilincin değişimi olarak tanımlanır. Değişimle birlikte olayları, insanları ve hayatı farklı algılayan ve yorumlayan insan, aynı zamanda öğrenme sürecine dair bir farkındalık yaratır. Bir şeyler istemenin gerekliliğini daha çocukluğumuzda bize öğreten hayat, istemenin insanın kendinden bir şeyler vermesi, bir bedel ödemesi anlamına geldiğini söyler. Bir bebeğin emziğini istemesi için ağlaması gerektiğini, değişimin olması için de insanın istemesi gerektiğini anlatır.*[12]

İnsanın dünyası, başkalarıyla kurduğu bağlar kadar geniştir. Empati yeteneği ve şefkat, başkalarıyla kurduğumuz ilişkilerin niteliğini belirler. İnsan öldürenlerin, katliam yapanların ortak özelliklerine baktığınızda hepsinde "yaptıklarının haklı hatta

12. Asıl önemli olan zarafettir. Asalet de asıldan gelir. İnsan beyninin en üst fonksiyonu estetiktir ve estetik, estetikten büyük bir şeydir. Bebeklikten itibaren insanın hedefi budur!

gerekli" olduğuna inandıkları için öldürme hakları olduğunu ifade eden narsistik özellikler görürsünüz. Birini öldürürken "Arkasında iyi bir nedenim var" şeklinde düşünen birinin empati yetisinden söz edilebilir mi?

Bir kişinin empati yeteneğini yok etmenin en kolay yolu, onun başka insanlarla kurduğu bağı kesip, izole etmektir. Belki de bunun için insana verilebilecek en ağır ceza tek kişilik hücre hapsidir. Başkalarından izole edilen insan, yaşadığı topluma yabancılaşır ve giderek artan uyaran yoksunluğu nedeniyle gerçekle bağlantısı kesilir. Böyle bir duruma getirilmiş insana her şeyi yaptırmak mümkündür.

Empati yeteneğinden yoksun insan, başkalarına verdiği zararı görmekte güçlük çeken insandır. Çocuk istismarcıları, çocuğun istismar anında ya da yaşamının daha sonraki yıllarında onlara verebilecekleri zararı göremedikleri gibi çocukların bu eylemden zevk aldığını bile düşünüyor olabilirler. Kadın ya da çocuk içeren pornografik materyallerde gösterilen ve pompalanan bilgi, ne yapılırsa yapılsın bundan zevk alan insanlar olduğuna yönelik görüntüler değil midir?

Empati yeteneğini korumak, işte bu nedenle, insanca bir yaşam için olmazsa olmazlardan biridir. Başka insanların ne hissedebileceğini gözlemleyip duyumsayabilmek bunun için çok gereklidir.

Kötülükleri ruhsal hastalıkla açıklamak ve onlara hasta demek, resmi eksik görmek ve ruh sağlığı bozulmuş kişilere haksızlık yapmak olur. Hastalık başka, suç işlemek başkadır. Toplumdaki suç oranlarını psikiyatrik hastalıklardaki suç oranlarıyla kıyasladığınızda, psikiyatrik hastalık tanısı alan kişilerde – birkaç hastalık dışında– suç oranı daha yüksek bulunmamıştır.

Kötülükle hastalığı aynı kefeye koymamak, kötülüğü hastalık kılıfı içine yerleştirmemek gerekir. Kötülük, ruh sağlığı bozulduğu zaman zaten kötülük değildir, çünkü kötülük olması için zarar vermeye yönelik bir niyet olması gerekir. "Ben hastaydım onun için yaptım" şeklinde bir açıklama suçu hafifletici bir neden olabiliyor ne yazık ki. Bazen de kişi hem kötü hem hasta olabilir. Kötü olana bile adil davranmak gerekse de "kötülüğe haksızlık yapmak" ile bazen "hastalığa haksızlık yapmak" farklı şeylerdir.

İçerik Sonu

PERSPEKTİF:
Evrenin Prensibi Benzersizliktir!

Adam Fawer, *Empati*'de şöyle diyordu:

"Karanlıkta yalnız başına. Bir hiçlik. Canlı canlı gömülmüş gibi. Ya da ölü. Ölüm böyle bir şey olmalı. Sonsuza dek hiçlik. Görüntü yok, ses yok, his yok. Sadece boş bir karanlık. Tek başına... Benzersiz..."

Gerçekten de sinirbilimsel anlamda hiçbir beyin başka bir beyin ile tam anlamıyla aynı olamaz. Hatta kendi beyniniz bile hiçbir zaman tam anlamıyla aynı kalmaz. Fakat genetiğimiz için bu böyle değildir. Kaba anlamda DNA'mız, varlığımızın ilk gününden öldüğümüz güne kadar aynıdır. Bu sayede DNA testleri ile suçlar çözülebilir. Çünkü suçu işlediğiniz gün, olay yerine bıraktığınız tek bir genetik kanıt, olaydan on yıl sonra bile sizi mahkûm edebilir.

Ancak beynimizin haritası diyebileceğimiz konektomumuz hiçbir zaman aynı kalmaz. Zaten başka bir insan ile de aynı olamaz. Tek yumurta ikizimiz bile olsa dünyayı farklı açılardan, mesafelerden, anlardan tecrübe edeceğinden asla aynı değildir. Beynimizdeki sinir ağları açısından baktığımızda kimliğimiz, kim olduğunuz, acılarımız, aşklarımız çok açıkça nerede bulunmuş ve neler yapmış olduğunuza bağlıdır. Beyniniz sizden izinsiz, durmaksızın biçim değiştirir. İçerdiği devreler sistemini sürekli olarak yeniden kurar. Deneyimlerimiz benzersiz olduğundan, beynimizdeki sinir ağlarının içerdiği geniş ve ayrıntılı örüntüler de benzersizdir. Beyniniz hep değişmeye devam edeceğinden, kimliğiniz de aslında sürekli olarak köşe değiştiren kutucuklar gibidir. Açıkça nihai varış noktası yoktur, gidilecek nokta belirsizdir.

Yani ne yol vardır ne de ser!

BÖLÜM 0102

Belirsizlik: Ölüm Korkusu ile Yaşama Sevinci Arasında Bir Denge Kurulabilir mi?

"Belirsizlik değersizliktir.
Bir sözün söylenişi bütün
bir varlığı parçalar,
bir bakıştaki umursamazlık
en mutlu tutkuyu öldürür."

– Honoré de Balzac, *Otuzundaki Kadın*

Önemli bir bilgiyle başlayalım: Gülmek için 17 adaleye ihtiyaç vardır. Surat asmak için ise 43 adaleye ihtiyaç duyarız. İnsan bu durumda, surat asmak için değil de daha çok gülmek için tasarlanmış gibi. Yani en azından gülmek daha kolay. O halde mümkün olan her zaman gülün!

Gülmek mevzubahisken ölümden söz etmek garip olacak ama konu biraz da bu. Ölüm hakkında konuşmak tabuydu değil mi?

Garip ama dünyada, evde ve kamusal alanlarda ölüm hakkında konuşmaların artması için çalışmalar yapılıyor. 2004'te İsviçre'de başlatılan *ölüm kafeleri* diğer ülkelere de yayılmış durumda. Saçma görünebilir size ama insanların çay-kahve eşliğinde ölüm hakkındaki korkularından söz etmeleri sağlanmaya çalışılıyor. Ölüm hakkında konuşmak istemeyişimiz, genellikle ölüm korkusuyla ilişkilendirilir. İnsanların ölümle ilgili bastırdığı düşünceler olduğu varsayılır ancak bu varsayımı destekleyen yeterli veritabanı yoktur. Öyleyse ölüm kaygısı açısından "normal" diyebileceğimiz sınır neresidir ve yaşam coşkusunu bu koşullarda nasıl sağlarız?[13]

Belirsizlik, yaşadığımız zamanın ruhudur. Bu arada belirsizlik, gerçekten de beterin beteri bir duygudur. Öyle ki kendinizi bir uçurumun kenarından aşağıya sallandırılıyormuş gibi hissedersiniz. Kısa süreli belirsizlik, insan türü tarafından tolere edilebilir ancak belirsizlik uzadıkça tehlike algısı artar. Belirsizlik, insanların ve toplumların günlük alışkanlıklarını değiştirecek boyuta ulaştığında artık yalnızca bir tehlike değil, bir travmadır. Halbuki içinde yaşadığımız dünya ve bizi çevreleyen doğa, kimseye garantili ve güvenli bir yaşam vaat etmemiştir. Bu bağlamda belirsizlik de hayatın kaçınılmaz gerçeklerinden biridir. İnsan belirsizlikle savaşmayı değil, barışmayı öğrenmek durumundadır. Uyuduğumuz dünyada uyanamamanın ya da uyandığımız dünyada uyuyamamanın bir ihtimal olduğunu öğrenmek için daha kaç tane doğal ya da insan eliyle oluşturulmuş felaket yaşanması gerekir? Yaşamın her aşamasında belirsizlerin sayısının belirlilerden fazla olduğu bir dünyada, tüm belirsizlikleri belirli hale getirme çabası eninde sonunda iflas edecek bir çaba olacaktır.

Farkında olmadığımız gerçek ise yaşamlarımızın zaten birçok belirsizlikle dolu olduğu gerçeğidir. Her uçağa bindiğimizde, her yeni karar aldığımızda, her bilmediğimiz bir restoranda yemek yediğimizde, her elden ele dolaşan para ve günlük kullanımda

---

13. Ölümsüzlük arayışınsan söz edelim. İyi de ölüm düşüncesi neden insanı daha cezalandırıcı, muhafazakâr kılıyor ve dine yöneltiyor? Birçok teorisyene göre, ölüm hatırlatıldığında insan ölümsüzlük arayışına giriyor. Dinler zaten ölümsüzlük içerirken, ulusal ve etnik gruplar da laik aidiyetlikler yaratarak sembolik ölümsüzlük olanağı sunuyor. Bu gruplar ve gelenekleri, kimliğimizin bir parçasıdır ve varlık ve etkileri bizim yaşamımızla sınırlı değildir. Kültürel normlarımızı savunmak bizim aidiyet duygumuzu güçlendirirken, bu normlara uymayan bireylere karşı daha cezalandırıcı bir tutum almak da bundan kaynaklıdır. Bu yorumla uyumlu olarak araştırmacılar, ölüm hatırlatmasının insandaki şöhret ve çocuk isteğini artırdığını, çünkü bunların sembolik ölümsüzlükle bağlantılı olduğunu belirtiyor. Yani, yaptığımız iş ve DNA'mızla ölümsüzleşmek istiyoruz. (https://www.bbc.com/turkce/haberler/2016/02/160209_vert_fut_olum_dusuncesi)

olan nesnelere dokunduğumuzda belirsizliğin riskini göze alırız. Risk almadan seyahat olmayacağını, sergilediğimiz her davranışın ödülleri yanı sıra bedelleri olduğunu ve yaşam olaylarını kontrol etmek gibi bir güce sahip olmadığımızı kabullenip belirsizlikle barışmayı öğrenme zamanıdır. Olayları daha iyi kontrol etme amacıyla devreye soktuğumuz endişelerimizin asla mutlak bir kontrol getiremeyeceğini fark etme ve dükkâna girmeden içeride ne bulacağımızı bilemeyeceğimizi anlama günleridir belirsizlik zamanları.

Hayatlarımızda çoğu kez endişelendiğimiz felaketler başımıza gelmez. Buna rağmen felaket senaryoları yazmaya devam ederiz. Kendimize sormamız gereken temel soru, bu tür senaryoların ne kadar işe yaradığı ya da ne kadar işlevsel olduğudur. Belirsizlikle karşı karşıya olduğumuz kesin, ancak mademki sonuçlar üzerine senaryolar yazıyoruz, belki de en kötü senaryonun yanı sıra, en iyi senaryoyu ve en muhtemel senaryoyu da gözden geçirebilmeyi öğrenmek gerekir. Evet, kaygı-korku gibi duygular bizlerin mevcut durumla uyumlu davranışlar sergilememizi ve hayatta kalmamızı sağlayabilir, ancak yalnızca en kötü senaryoya odaklanmak, hayatlarımızı endişeye teslim etmek olur.

Mesela geçirdiğimiz salgın dahil olmak üzere ülkemizde ve dünyada yaşanan olayları düşünelim. Sosyal medya aracılığıyla sürekli yeni haber alma çabası, belirsizliği azaltmak ve olaylar üzerinde kontrol sağlama ihtiyacı olarak düşünülebilir. Evet, bilgi güçtür ancak kaynağı uygunsa. Bilgi kaynağının güvenilirliği, aslında ulaşılabilirliğinden daha önemlidir. Teknolojinin küçülttüğü dünyada en kolayı yeni haber kaynaklarına ulaşmaktır. Ancak, yanlı ve yalnızca karamsarlık üreten kaynaklara değil, umut veren, belirsizlikle birlikte yaşamayı kolaylaştıran kaynaklar bulmaktır önemli olan.

Sosyal medya üzerinden bilgi edinme çabasının bir amacı da sergilediğimiz davranışlarımızın uzman görüşleri ile uyumlu olduğundan emin olmaktır. Ancak, belirsizlik zamanlarında gerçek uzmanlar ve uzman gibi görünenler arasında sağlıklı bir ayrım yapmak zorlaşır. Bu ayrımı yaparken verilerle konuşan, konuşulan konunun uzmanı olan, her sorunun cevabını bilmediğini söyleyebilecek kadar olgun, neyin kendi görüşü neyin bilimsel bilgi olduğunu açıkça söyleyen, söylemlerinin ardında bireysel çıkar taşımayan ve falcılık ya da kehanetten öteye bilimsel bilgi veren uzmanlara itibar etmek daha uygun olacaktır. Bu tür bir seçim, belirsizliği azaltabilir.

Aklımıza kaygı verici düşünceler geldiğinde, onları nasıl yöneteceğimize dair bir planımız olması gerekir. Kaygı bir duygudur ve gelecekle ilgili bir tehdit ya da tehlike algısı olunca ortaya çıkar. Endişe ise algılanan kaygı ve tehlikeyi önlemek ya da tehlikeye hazırlık yapmak için devreye giren düşüncelerdir. Endişe, güvenlik sağlamak için yapılan bir şey olduğuna göre, yalnızca bizi harekete geçirerek sorun oluşturan düşünceyi geride bırakan bir eylemle sonuçlandığı müddetçe yararlı olur. Eğer hasta olduğunuzdan endişe ediyorsanız doktora gidersiniz. Ancak endişe bizi harekete geçirmiyor, yalnızca soru üzerine soru sormamıza neden oluyorsa, işte o zaman güvence sağlama işlevini kaybeder. Başka bir deyişle, hasta olduğunuzu düşündüğünüzde bir doktora gidip muayene olmak yerine, sizde var olduğunu düşündüğünüz hastalıkla ilgili bir kurgulama süreci içine girerseniz, o zaman doktora gitme eylemini yapmak yerine bol bol kurar ve çeşitli felaket senaryoları yazarsınız. Eğer sık sık endişelenip zihninizde kuruntu yaparak yaşayan birisiyseniz, belki aklınıza gelen kaygı verici düşünceleri bir yere not etmek ve onlara izin vermeyi, ancak kavga etmemeyi öğrenmeniz gerekebilir. İnsanın kavga ettiği şey kendi düşünceleri olduğunda, kavgasının kazananı olması mümkün değildir.

Düşünceler, tepki verilmediği zaman gücünü kaybeder ve geldikleri gibi giderler. Düşüncelere tepki vermemeyi öğrenmek ise uygulama ile geliştirilen bir beceridir. Onlara "Hoş geldin" deyip, düşünceye değil de yaptığınız işe odaklanabilirseniz, düşüncelerin yoğunluğunu kaybettiğini görürsünüz. Bir an için aklınıza gelen düşüncenin size ya da sevdiklerinizden birine gelebilecek bir zarar olduğunu farz edelim. Bu düşünce sizde kaygı oluşturacağından, kaygıyı azaltmak için "güvenlik arama" diye tanımlanan düşünce ve davranışlar devreye girecektir.

Güvenlik arama davranışı, sizin bu düşünceye teslim olup sevdiklerinizi tek tek arayıp iyi olduklarından emin olma çabası içine girmenize neden olacaktır. Bu anlaşılır bir davranış olabilir, ancak unuttuğunuz bir şey var. O da listenizin başında aradığınız kişi ve sonunda aradığınız kişi arasındaki zaman diliminde ilk aradığınız kişinin hastalanmış olabileceği gerçeğidir. Emin olmak için aynı süreci tekrar başlatıp sevdiklerinizi tekrar aramaya yeltendiğinizde, bu kısırdöngünün teorik olarak sonsuza kadar devam edeceğini kolaylıkla görebilirsiniz. Sonunda hastalanan kişi başkaları değil siz olacaksınız. Ancak hastalığınız Covid-19 değil, endişe hastalığı olacak. Oysa aklınıza böyle bir düşünce geldiğinde bunun gerçek değil yalnızca bir düşünce olduğunu fark eder ve ondan kaçmak yerine düşünceye izin verebilirseniz, sizi rahatsız etse bile zarar veremeyeceğini de anlayabilirsiniz.

Bu yaşadığınız ne ilk ne de son kaygı olacak, ancak belki de ilk kez düşüncelerinize ve onun oluşturduğu kaygıya izin verdiğiniz yeni bir deneyim yaşayacaksınız. Kendinize "Bu yalnızca bir düşünce, bugüne kadar bu tür düşünceler aklıma defalarca geldi ama hiçbiri bir felaketle sonuçlanmadı. Düşüncelerine yakalanma!" dediğinizde, akla gelen her düşüncenin gerçek olmadığını fark edebilir ve hızla tepki verdiğiniz şeyin gerçek bir olay değil, yalnızca düşünce olduğunu anlayarak kaygıyı daha iyi yönetebilirsiniz.

Bir kısmınızın "Ya bu sefer farklı olursa, ya bu sefer aklıma gelen gerçek olursa?" dediğini duyar gibiyiz. Olabilirliği sıfıra indirmenin imkânsız olduğu bir dünyada yaşadığımızı unutmayalım. Akla gelen düşünceyi engellemek mümkün olmasa da akla gelen düşünceye tepki vermemek mümkündür. Düşünceyi bir olta gibi düşünecek olursanız balık olmaktan vazgeçer ve atılan her oltaya atlamanın yaşamlarınızın en azından kalitesini düşüreceğini fark edersiniz.

Özetle, fazla endişelenmek bazen sorumlu değil, sorunlu bir yapımız olduğunun işareti olabilir. Elbette hepimizin kişilik yapılanmasında bazı sorunlar olacaktır. Sağlıklı olmak, mükemmel olmak değil, eksikliklerimizin farkına varıp onları düzeltmek için çaba sarf etmek demektir. Bu çabayı kendiniz için yapmıyor olsanız bile, mevcut endişelerinizle kaygılandırdığınız sevdikleriniz için yapmalısınız, çünkü endişe ve kaygı bulaşıcıdır.

Belirsizlikleri ve Endişeleri Puslu Mantık Cilalar!

> “*Puslu mantık, 20. yüzyılın felsefe ve mantık bakışının bir timsali olarak klasik mantığın farklı bir derecesidir. Puslu mantıkta A her zaman doğru, B her zaman yanlıştır. Sorgulamaya açık değildir. Karşıtlıklar vardır. Klasik mantıktaki yargılar ise hareket halindedir. Manipülatif yargıların dünyasıdır bu. Duruma göre gerçekliktir. Konjonktüre göre yargılamadır. Bu fikirlere o kadar tutkun bir kitle vardır ki fikir ne söylerse söylesin, salonlar alkışlarla yıkılır, mitingler dolar taşar. Tabiri caizse bu mantık ruh okşayıcıdır. Puslu mantıkla günün ihtiyaçlarına cevap vermek son derece mümkündür. Mesele, sadece böylesi bir kitleyi bulmaktadır.*

▶

Değişimler insan ve toplumların yaptığı ya da yapmadıkları seçimlerle başlar. Her seçim ödül ve bedelleriyle birlikte gelir. Seçim yaparken bedelleri azaltmanın tek yolu güncel ve kaçınılmaz değişimler yaparken, yani moda ve eğilimleri değiştirirken, özü koruyabilmekten geçer. Özü korumak ise sevgi, şefkat, kabul, farkındalık ve bağ kurmak gibi temel değerlere sahip çıkabilmekle mümkündür. Altını çizdiğimiz üzere; endişe, olabilecek en kötü senaryoyu önlemek, eğer önlemek mümkün değilse olabildiğince hazırlık yapmak için devreye giren bir süreçtir ve arkasında "Şimdi endişelenmezsem ilerde daha çok endişelenir ya da pişmanlık duyarım" şeklinde bir düşünce vardır.[14]

Şimdi, akla gelen ve endişe veren düşünceye izin verdiğimizi ve o düşünceden uzaklaşma çabası içine hiç girmediğimizi düşünelim. Düşünceyi zihnimizin ürettiği ve bize zarar vermeyen bir zihinsel üretim, yani "gerçek bir olay" gibi değil de yalnızca herhangi bir fikir olarak görelim. O zaman kendimizle düşüncelerimiz arasına mesafe koymuş ve düşüncelere tepki vermemeyi öğrenerek onunla kavga etmemiş oluruz. Özetle, düşünceler bizim özgürlüğümüzdür. Onlarla savaşmak ya da onlardan kaçmak insanın kendi ürettiği ile savaşması ya da ürettiğinden kaçması anlamına gelir. Dahası, bir şeyi düşünmemeye çalışmak aslında onu daha çok düşünmemize neden olur.

Kişi bu kısırdöngüyü göremezse düşüncelerini kontrol edemediği için daha da çok endişelenir. Esas olan düşünce ile gerçek ayrımını fark etmek, düşünceye gerçek gibi tepki

14. Endişe çoğu kez kaygı ile eşanlamlı kullanılıyor olsa da aslında kaygıdan farklı bir kavramdır. Kaygı, geleceğe yönelik bir tehdit ya da tehlike algısı oluştuğunda ortaya çıkan bir duyguyken, endişe oluşan bu rahatsız edici duyguyu azaltmak amacıyla devreye giren düşüncelerdir. İnsan endişelenerek güvenliğini sağlayan ya da sağladığını zanneden bir varlıktır. Bu nedenle, endişe kaygıyı azaltmak için yapılan ve kaygı azalıncaya kadar devam ettirilen bir düşünce üretme sürecidir. Endişe bu bağlamda hepimizin yaptığı zihinsel bir aktivite olup amacı, geleceğe yönelik tehdit etkenini kontrol altına alabilmektir.

vermemek ve kendimizi endişeli düşüncelerle hapsettiğimiz kapandan çıkararak yaşamı o andaki akışına bırakmak, yani ne yapıyorsak ona odaklanabilmektir. Düşünceye tepki vermeden izin veren insan, aslında hayatında nelere önem verdiğini fark eder. Fark ettiği şeylerin hayatındaki değerini anlar ve anlık bir tepki yerine devamlılığı olan bir şefkat odağı olmayı becerir. Yani büyüklerini, yalnızca sağlıklarından endişelendiği için arayan olmaktan çıkıp belirli aralıklarla düzenli olarak arayan ve bunu kendini rahatlatmak için değil, büyüklerini sevdiği için yapan bir insana dönüşür.

Endişeler doğal olarak yalnızca sağlık konusunda değil, iş kaybı, mevcut koşullar altında çalışma zorunluluğu ya da ilerde oluşabilecek ekonomik kayıplar gibi konularla da ilgili olabilir. Belki bu tür konularda sağlıklı bir endişe aracılığıyla yapabileceklerinizi planlayabilir, planlarınızı harekete geçirecek adımları tasarlayabilirsiniz. Ancak, sağlıklı endişeyi yıkıcı biçime dönüştürmemek için olası zorlukları gözden geçirirken, aklınıza gelenleri birer gerçek gibi değil, birer düşünce olarak değerlendirirseniz daha soğukkanlılıkla plan yapmayı başarabilirsiniz.

Hayatın her daim güneşli ve aydınlık olacağını düşünmek pek gerçekçi olmayabilir, ancak bu yalnızca kötü şeyler olacağı anlamına da gelmez. Her gün güzel olmasa bile, her günde güzel ve anlamlı bir şey bulunabilir. Gökkuşağını görebilmek, ancak bir miktar yağmuru göze almayı gerektirir. Kaygının arttığı yerde kontrol etme ihtiyacı da paralel olarak artar, ancak insan yalnızca yapabileceği kadarını kontrol edebilir. Kontrol edebileceklerimiz bize, ötesi belirsizliğe aittir. Belirsizlik ise her zaman olumsuzluk ya da tehlike anlamına gelmez. Bazen güneş, belirsizliğin penceresinden girer hayatlarımıza.

Yaşadığımız duyguların ve gösterdiğimiz tepkilerin anormal bir olaya verilen normal tepkiler olduğunu kabullenirsek, duygularımıza daha çok izin verebiliriz. Yaşadığımız duygularda yalnız olmadığımızı fark ettiğimizde ise kendimize ve çevremizdekilere daha şefkatli davranabiliriz. İnandığımız değerler ve insanlar için anlamlı olabilecek davranışlar sergilemek, yalnızca iyi hissettiğimiz zaman yapılabilir şeyler değildir. Aksine, yaşamlarımızda zorlandığımız ve konfor alanından çıktığımız zamanlar gelişim sağlamak için en iyi ve en uygun zamanlardır. Değerlerimizle uyumlu her davranış, başkalarının acılarına gösterdiğimiz her duyarlılık ve onları azaltma yönünde aldığımız her sorumluluk, yalnızca ruhlarımızı değil bedenlerimizi de besler ve bağışıklık sistemimizi güçlendirir.

Kaygı ve endişe, tartışmasız bulaşıcı duygulardır. Geçirdiğimiz virüs salgını gibi küresel bir kaygı elbette hepimizi bireysel olarak etkileyecektir. Ancak bu koşullarda sadece yakınan bireyler olmaktan çıkıp dostlarımızın ve diğer insanların da yakınmaları olabileceğini görebilirsek, onları rahatlatmayı beceren insanlara dönüşürüz.

Herkesin verici olmaya gayret ettiği bir dünyada kaybeden olmaz. Belki ileride hepimiz birliktelik ve dayanışmanın gücünü görür, yalnızca birbirimizle değil, kendimizin dışındaki türlerle de daha barışık yaşadığımız yeni bir dünya oluşturabiliriz. Başkalarının varlığını ve değerini gören insan, ihtiyacından fazlasını arzulamaz. Bu onları şefkatli insanlar yapar. Şefkat ve duyarlılık çok değerlidir, çünkü kaygı ne kadar bulaşıcı ise şefkat ve duyarlılık da aynı düzeyde bulaşıcı, yani iyileştirici olabilir.

İçerik Sonu

BÖLÜM 0103

Tesadüf mü? Özgürlük mü?

"Kadere inanan insan tesadüfe inanmaz. Tesadüfe inanan adamsa kaderini kendi elinde tutamaz."

– Tuncel Kurtiz (Ramiz Dayı)

Tesadüf kelimesini hayatta çok kullananlardan mısınız? Etimolojik tanımıyla birbiriyle alakasız, aralarında bir ilişki bulunmayan veya tanımlanamayan olayların sıklıkla eşzamanlı olarak ortaya çıkması, oluşması, meydana gelmesi demek olan tesadüfün kendisi de bir tesadüf müdür?

Olanlar belki de tesadüf değil, birbiri içine geçmiş yansımalardır. "Yansımada sen, sende de ben varım biraz." Aynı ışığın yansımalarıydık belki de tesadüf olmaktan ziyade.

Derler ki: "Tesadüf, Tanrı'nın adlarından biridir." Olması imkânsız gelen bir "şeyin" olması halinde, derinlikte vurgun yeme korkusu adına "kabullenme" kolaylığı sağlayan kelimedir tesadüf. O nedenle, "Tesadüfler Tanrı'nın -hayatın- göz kırpışlarıdır" derler. Bir de kendi yarattığınız tesadüfler vardır ki onlar hayata göz kırpışlarınızdır, göz göze gelip de küçük bir çocuğa göz kırpmanızdır hayatın sunduğu tesadüfler.

"Ne tesadüf" dediğiniz anlara sizi bağlayan bir gülümsemedir. Hayat tesadüflerde gülümser işte!

Peki, tesadüfler aslında tesadüf değilse, biz neden öyle zannediyoruz?

Görmemiz gereken şeyleri görmek istemediğimiz için.

Tesadüf, şans ya da tevafuk... Ne dersek diyelim. İnsanlar da biraz balık gibidir. Bir balık, nasıl denize yayılmış ağda yakalandığı yeri bilir, ağın geri kalanını algılayamazsa, tesadüf dediğimiz olgu da kader örgüsünün hayatımıza değen parçalarıdır.

> “*Hoş bir anekdot vardır:*
>
> *Nobugara adlı bir general, kendi güçlerinin düşmandan kat kat zayıf olmasına karşın saldırı kararı almıştı. Kendisi zaferden emin olduğu halde askerleri şüphe içindeydi. Yol üzerindeki bir Şinto tapınağının önünde durdular. General: "Bir süre tapınağa çekilip Karnilerden yardım dileyeceğim. Sonra da yazı tura atacağım. Yazı gelirse kazanırız, ancak tura gelirse kaybedeceğiz demektir. Artık kaderin elleri arasındayız" deyip tapınağa girdi. Bir süre dua eden Nobugara dışarı çıktı ve eline madeni bir para alıp havaya attı. Yazı gelmişti. Askerlerin morali düzeldi.*
>
> *Savaşçılar kazanacaklarını bilerek tüm güçleriyle zafere koştular ve şaşılacak bir süre içinde düşmanı yendiler.*
>
> *Zaferden sonra yaveri generalin yanına gelip heyecanla: "Demek ki kimse kaderi değiştiremezmiş. İşte bunu ispatladınız" dedi.*
>
> *General elinde tuttuğu hileli parayı göstererek sadece, "Kim bilir?" demekle yetindi.*

Jean Pierre Jeunet'in yönettiği *Le Fabuleux Destin D'amelie Poulain* (Amelie) filmi, tüm insanların mutlu olmasını isteyen, bu nedenle de daha çok tesadüflerle de olsa insanlara yardım eden genç bir kızın başından geçen ilginç olaylar dizisini anlatır. Küçücük detaylar bir araya geldiğinde nasıl güzellikler olabileceğini gösteren film, insanları mutlu ederek mutlu olmanın ne kadar basit ve bir o kadar da zor olduğunu gösteren, duyarlı, sessiz, sakin, enerjik, doyurucu bir hikâyeye sahiptir. Film, bir nevi imgelerin büyülü dansıdır. Cam adam gibi sıra dışı varlıklar, cüce, süper güzel kediler, renoir, sebze tipi insan, aşk mektupları, kutuya sığmış mutlu bir çocukluk, mektup kokusundan yayılan sınırsız bir aşk ve insana dokunan bir sonsuz iyilik hikâyesi olan film, iyi olmanın ve en çok hayatın tesadüflere dayalı olmasının nöropsikolojik anlatımı gibidir.

Peki, gerçekten hayatta her şey *Amelivari (!)* bir tesadüfler zinciri olabilir mi?

Mesela ilk nefesten son nefese yaşamın formülü şu olabilir mi: "N sonlu bir sayı olmak üzere n adet şeyden oluşan bir örnek grubu içinde belirli bir a özelliğe sahip olan eleman sayısı, w ise eşit şanslı ya da tesadüfi seçilmek şartı ile bir şeyin a özelliğini içermesidir: P(a)=w/n."

Benjamin Button'un Tuhaf Hikâyesi filminde bir anekdot vardır:

"Bir gün Paris'te bir kadın alışverişe gidiyordu ama mantosunu unutmuştu ve onu almak için geri döndü. Mantosunu alırken aniden telefon çaldı, cevaplamak için durdu ve birkaç dakika kadar konuştu. Kadın telefonda konuşurken Daisy de Paris Opera Binası'nda prova yapıyordu... Sadece tek bir şey farklı olsaydı, mesela o ayakkabı bağcığı kopmasaydı, kamyon daha önce çekilseydi, dükkândaki kız sevgilisinden ayrılmasaydı ve paket hazır olsaydı, o adam alarmını kursaydı ve beş dakika önce kalkabilseydi, taksi şoförü kahve molası için durmasaydı, Parisli kadın mantosunu unutmayıp taksiye daha önce binseydi, Daisy ve arkadaşı karşıdan karşıya geçebilecek ve o taksi ona çarpmayacaktı. Ama hayat böyledir işte, kimsenin kontrol edemediği kesişen hayatlar ve yollar zinciri. O taksi dümdüz gidemedi. Ve şoförün bir an dikkati dağıldı. O taksi Daisy'ye çarptı. Ve bacağı kırıldı. İşte hayat öylece aktı gitti..."

Peki ama tesadüf nedir?

Ya da hayat gerçekten tesadüflerden mi ibarettir?

Rastlantı, yalnız olasılıklara bağlı olduğu düşünülen olayların görece nedenidir. Sebepler ve olaya dahil parametreler görülemediğinde yapıştırılan etikettir tesadüf. Her şey ve hiçbir şey olması halinde aradaki farkın hiçbir şey olduğu tek şeydir.

Örneğin, bir yumurtayı 1 metre 65 santimetre yükseklikten betona doğru bıraktığımızda yerçekimi ivmesinin 9,81 civarında olduğu herhangi bir bölgede kırılma ihtimali %97,6'dır. Kırılmamasına tesadüf denir.

Tesadüfü kuantum fiziği reddeder. O nedenle tesadüf, materyalizmin kadere verdiği isimdir. Tesadüf, algısı dar insanların sahiplendikleri yanılgıdır. Evrendeki her "şey"in, "her şey"e bağlı olduğu anlaşıldığında, gerçekte sadece bir yanılsama olduğu fark edilen vehimdir.

Ya da belki de tesadüf yoktur, tevafuk vardır. Bütün tevafukların da bir anlamı, amacı vardır. Rastlantı dediğimiz tesadüf, aslında planlanmıştır. O zaman tesadüfler de hak edilir, çünkü tesadüfler tesadüf değildir.

Özgür irade kavramı felsefeden psikolojiye, sosyolojiden mantığa, matematikten fiziğe pek çok alanda tartışma konusu oldu, ama nörofizik buna önemli bir katkıda bulundu: Bir kişinin eylemlerini, arzu, niyet ve amaçlarına göre yönlendirme ve karar verme bütünü olan özgür irade, her düşüncenin, duyunun, idrakin, duygunun, algının ya da hareketin, biz farkına varmadan önce gerçekleşmesi nedeniyle büyük oranda bir yanılsamadır. İnsan bilinci ve özgür irade arasındaki ilişki üzerinde önemli araştırmalar gerçekleştiren Kaliforniya Üniversitesi nörofizyologlarından Benjamin Libet, tanımlı fiziksel hareketlerde beynin ön hazırlık yaptığını ileri sürüyordu. Profesör Libet'in gerçekleştirdiği EMG kasa analizleri ile desteklenen EEG beyin analizlerine göre, insanlar bir kararı vermeden önce beyin hücreleri faaliyete geçiyordu. Kişiye önce "Yap!" emri gelmekte, hareketi yapmak üzere beyin hazırlanmakta idi. Kişinin bunun bilincine varma süresi ise ancak 0,5 saniye sonra oluyordu. Tam bu esnada beynin bir mucizesi ortaya çıkıyordu ve beyin bir zaman ayarlaması gerçekleştirerek, kişinin aslında geçmişte yaşadığı hissini ortadan yok ediyordu. Bu da tam olarak şu anlama geliyordu: "Şu an" dediğimizde, aslında her daim geçmişte belirlenmiş bir olayı yaşıyoruz.

Libet'in çalışmalarında bu olgu defalarca sınandı ve deneklere sonradan ilk verdikleri kararı farklılaştırmaları yönünde yönlendirme yapıldı. Sonuç şuydu: Geçmişte yaşıyorduk ve bilincimiz tüm yaşananları yarım saniye sonra gösteren bir "monitör" gibiydi. Çeşitli defalar ortaya çıktı ki beynimiz bizden önce karar veriyordu. Benjamin Libet, bu çalışmaların sonucunda özgür iradeye en çok yaklaştığımız anı ise şu şekilde ifade ediyor:

"Her ne kadar kendi hareketlerimizi seçemiyorsak da en azından onları 'bilinçli veto' etme hakkına sahibiz, başlangıçlarını kontrol edemiyoruz, evet ama sonuçta onları yapıp yapmamak bizim elimizde, pekâlâ yapmayı reddedebiliriz."

Vilayanur S. Ramachandran *Phantoms in the Brain* (Beyindeki Hayaletler) adlı kitabında, beyindeki özgür irade bir illüzyon mu konusunu tartışıyor. Pek çok araştırma, beynimizdeki kaotik elektrik aktivitesinin "arka plan gürültüsü" adı verilen sinyalleri içerisine gömülmüş bazı sinyallerin, özgür iradeye sebep olabileceğine ilişkin ihtimaller gösteriyor. Kaliforniya Üniversitesi'nden nörobilimci Jesse Bengson durumu şöyle açıklıyor:

"Her ne kadar amaçlı niyetler, istekler ve hedefler bizlerin kararlarını doğrudan bir neden-sonuç ilişkisi şeklinde etkiliyor olsa da araştırmamız, kararlarımızın aynı zamanda herhangi bir anda beynimizdeki sinirlerde bulunan sinyal gürültüsünden etkilendiğini de gösteriyor. Bu rasgele ateşlemenin (ya da 'gürültü'nün), bizlerin bilincinin üzerinde taşındığı sinyal bile olma ihtimali var. Tıpkı bir radyo istasyonunun verilerinin radyo dalgasının statiği tarafından taşınması gibi... Bu arka plan gürültüsü, insanların yepyeni durumlara yaratıcı bir şekilde tepki üretmesine neden oluyor olabilir. Hatta insanların 'özgür irade' algısının nedeni bile olabilir!"

Bitirtirken efsanevi film *Matrix*'teki kâhini anımsayalım:

"Hayır, sen seçimini yaptın, Şimdi yaptığın seçimi anlamak zorundasın."

Kâhin akıl oyununda Neo'ya, o bilmese bile kararını verdiğini söylüyordu. İnsanın farkındalık alanı dışında çeşitli işlemler vardır. İhtiyaç duyulduğunda, bu işlemler aracılığıyla veriler bilince sunulur. Beyindeki süreçler, insanın "dikkati" için yarış halindedir. Bu farkındalık ya da seçicilik gibi bir şeydir. Sohbette futbol konusu geçince sohbete dikkat kesilmek gibi bir şey. Beyin, bilinçli gibi görünen kararlar verdiğinde, aslında bunu bilinçaltındaki süreçlerin etkisinde gerçekleştiriyor, alttaki işlem sürecinde ilgili kararı bizim "dikkatimize" sunuyor.

İçerik Sonu

BÖLÜM 0104

Şu Hayatta Sadeleşmek Mümkün mü?

"Bence sadeleşmek...
Enerjimizi tüketen veya
düşüren istekleri azaltmak hatta yok etmek.
Canlılık sağlayacak olanları da ortaya çıkarmak..."
– Jules Payot, *İrade Terbiyesi*

"Sadeleşme" dediğimiz akım son yıllarda çok popüler. Aslında belli bir kuralı da yok. Vedalaşma vakti diyelim ona. Ama onun bir prensipler seti olduğundan söz edebiliriz. Sadeleşme kavramının içinde fiziksel, dijital ve zihinsel sadeleşmeyi sayabiliriz. Fiziksel sadeleşme, çoğu zaman sadeleşmenin çekirdeğidir. Kıyafetlerinizden kişisel eşyalarınıza, mobilyalarınıza kadar hayatınızda fiziksel olarak yer alan her şeyin azalması anlamındadır. Dijital olarak sadeleşme; sosyal medyadaki varlığımız olan kişisel hesaplarımız, paylaşımlarımız, dostluklarımız ve kullanım alışkanlıklarımızı içeriyor. Zihinsel olarak sadeleşme ise aslında bu sürecin her aşamasında mevcut ve diğerlerinden ayrılabilecek bir yapıya sahip değil. İlişkilerimizde ve düşüncelerimizde sadeleşme olarak özetleyebiliriz. Nihai amaç her zaman zihinsel olarak daha özgür olmaktır. Sadeleşmek, aynı zamanda derin anlam arayışıdır. Buna ilişkin güzel bir hikâyeyle devam edelim:

Dağlarda gezen bir bilge kadın, nehirde değerli bir taş bulur. Ertesi gün kendisi gibi bir seyyahla karşılaşır. Ama seyyahın karnı açtır. Bilge kadın torbasını çıkarır ve yemeğini onunla paylaşır. Aç seyyah, bilge kadının torbasındaki değerli taşı görür ve taşı çok beğendiğini söyleyip onu kendisine vermesini ister. Bilge kadın hiç tereddüt etmeden taşı ona verir. Seyyah karşısına çıkan bu şansa çok sevinip, bilge kadının yanından ayrılır. Taşın, yaşamının geri kalan kısmını güvence altına alacak kadar değerli bir taş olduğunu biliyordur. Fakat bundan uzun yıllar sonra seyyah, uğraşların sonunda bulduğu bilge kadının karşısına yeniden çıkar. Seyyah, bilge kadına, "Senden bu taşı değil, bundan daha değerli bir şeyi istiyorum. Bana onu verebilir misin?" der. Bilge kadın, seyyahın kendisinden ne istediğini sorunca, seyyah yanıtlar: "Bu taşı bana vermeni sağlayan şeyi."

"Less is more" yani "Az, çoktur" söylemini duymuşsunuzdur. Netflix'te *The Minimalists (Minimalizm)* adlı bir belgesel var. İki kafadar Joshua Fields Millburn ve Ryan Nicodemus'un çaresizce mutluluk arayan, başarılı iş insanları olmalarına rağmen zamanla depresifleşen, stresli ve mutsuz hayatlarını anlatan bir belgesel bu. Soru şuydu: "Her şeye sahibiz ancak neden mutlu değiliz?"

Bu soruyu zaman zaman siz de soruyor olabilirsiniz.

Joshua ve Ryan, daha minimalist yaşamak ve daha azına sahip olmakla mutluluk, sakinlik ve zenginlik bulmayı öğrenmek için başarılı kariyerlerinden vazgeçiyorlar ve ortak kaleme aldıkları kitapları *Minimalizm*'i tanıtmak için ABD'yi dolaşıp hikâyelerini paylaşıyorlar.

Minimalizm (sadeleşmek) yavaşlamak, yavaşlayarak ve farkına vararak hayatı daha nitelikli yaşamak demektir. Size tam da bu konuyla alakalı bir tavsiyemiz var: "Yavaş yavaş azalın, azalarak çoğalın."

Peki ama nasıl sadeleşebilir, nasıl azalabiliriz? Azaldıkça nasıl çoğalabiliriz?

Belki de daha çok şeyin sahibi olma arzusundan ziyade daha az şeye ihtiyaç duyarak yaşamayı becererek!

Minimalizm kişiye özeldir, herkes kendi minimal yaşamını kendi belirleyebilir. Çünkü insan ihtiyaçlarına, hayata yaklaşımına, uğraşlarına ve hatta sevdiklerine göre farklılık gösterir ama kendine özel olmaktan uzaklaşırsa da tek tip olmaktan kurtulamaz, kendi yolunda bir başkasının kopyası gibi oluverir. Oysa bizim minimalizm yani sadeleşmekteki amacımız; daha basit yaşayarak fazlalıklardan arınmak ve kendimize daha da yaklaşıp özümüze yetebilmektir.[15]

Sadeleşmek Bizi Zamanla Zenginleştirir

> “*Nörobilimciler, farelerde pozitif ve negatif öğrenme arasındaki işbirliğini kodlayan bir beyin devresi olduğunu yakın zamanda keşfetti. Korku ve ödül bilgisini takip eden zıt aktiviteleri gösteren iki devreyi bulduktan sonra bilim insanları, bu birbirinden farklı devre aktivitesinin hem kaçınma hem de ödüle doğru yönelme davranışlarına neden olduğunu da kanıtladılar. Üstelik bu iki devre, beyin zorlu durumlarla karşılaştığı zaman daha aktif çalışıyor. Bu devrelerin en iyi çalıştıkları zaman sadeleşme ve dinginlik evresiydi. Beyinde olabildiğince sadeleşmek ve özgürleşmek lazım. Buna hayatımızdaki fazlalıkları bırakmak ile başlayalım. Bizi yoran her şeyi elimizden çıkarmamız gerekiyor. Çünkü özgürlük, yüklerden kurtuldukça başlıyor.*

15. Kim John Payne'in *Daha Sade Bir Hayat* kitabında söz ettiği gibi: “Çok fazla seçenek ile karşı karşıya bırakılan çocuklar, ellerindekinin değerini bilmezler ve her zaman elde edilmesi zor şeylerin peşinde koşarlar.”

Başta anlattığımız hikâye sıra dışı bir durumu anlatıyor. Maddi olandan vazgeçebilme olgunluğunu ve buna verilen değeri... Sade olana, bilgiye, görgüye verilen değeri. Sadelik ve sıradanlığın değerini fark etmem[16] yıllar önce bana danışmaya gelen son derece popüler bir insanın sorduğu şu soruyla başladı:

"Eminim size oldukça ağır rahatsızlıkları olan kişiler, tedavisi güç sorunlarla başvuruyordur.[17] Ben sizden oldukça basit bir şey isteyeceğim. Yalnızca, beni sadeleştirip sıradanlaştırmanızı istiyorum. Bunu yapabilir misiniz?"

Biraz şaşkınlık, biraz da coşkulu biçimde kendisine "Siz benden en zor olanı istiyorsunuz. Bunu henüz kendisi için tamamıyla başaramamış bir kişi olarak, olsa olsa bu yolculuğa birlikte çıkabileceğimizi söyleyebilirim" demiştim.

Cevabı tereddütsüz "Evet, çıkalım" olmuştu.

Görüşme seanslarımızın ikincisinde kendisine, "Bankalar, paraya ihtiyacınız olmadığını kanıtladığınızda size borç veren kurumlardır" diyen, 2003 yılında 100 yaşında iken hayata veda eden, 1500'den fazla ödülle onurlandırılan ünlü Amerikalı komedyen (aktör) Bob Hope'tan bahsettim. Bob Hope, ününün zirve yaptığı bir zamanda bir televizyon programına davet edilir. Program sunucusu kendisine "Tekrar yaşama sansı verilse, yine böylesine ünlü bir aktör olmak ister miydiniz?" diye sorar. Bob Hope hiç düşünmeden "Eğer ikinci bir yaşam şansı verilseydi daha sade bir yaşamı seçerdim. Yaşamı başkalarını

16. M. Zihni Sungur anlatıyor.

17. Cevabını burada vereyim: Hayatımıza uygun alanlar yaratmak yerine hayatımızı alanlara göre yaşıyoruz. Aslında minimalizm yüzlerce yıldır var olan bir şey. Antik Yunan filozofları minimalist bir yaşam sürmeye yemin ederler, Stoacılık felsefesi daha sade, anlamlı bir yaşamı benimser ve Budizm, Taoizm gibi Doğu'daki ruhani öğretilerin çoğu daha farkındalıklı ve minimalist bir yaşam sürmeyi hedeflerler. Bu nedenle size keyif veren insanlarla daha çok zaman geçirin. Felaket tellallığı yapanları hayatınızdan çıkarın. Karnınızı abur cuburlarla değil sağlıklı yiyeceklerle doldurun. İhtiyacınızdan fazlasını aldığınızda onu sakince yerine bırakın. Uzun lafın kısası, Platon'un da dediği gibi: "Önemli olan, hayatta en çok şeye sahip olmak değil, en az şeye ihtiyaç duymaktır."

eğlendirmek için rol yaparak değil, hissederek yaşar, muhtemelen balıkçı olurdum" diye yanıt verir. Sunucu "Ben zaten sizin böyle bir yanıt vermenizi bekliyordum, giderek filozoflaştığınızın farkındayım. Balıkçılık yaparak daha sade yaşamak çok anlamlı olsa gerek" diyerek Bob Hope'u övmeye devam ederek programı bitirmeye geçiş yaparken Bob Hope elini alnına koyar ve şöyle der: "Biraz evvel bir sonraki yaşamımda balıkçı olmak istediğimi söyledim, değil mi? Biraz düşününce aklıma şöyle bir soru geldi. Balıklar alkışlayamaz değil mi?"

Ardından danışanıma söylediğim şu cümleyi bugün gibi hatırlıyorum:

"Çoğumuzun içinde başkalarının alkışlarıyla doldurulamayan bir boşluk vardır. Ancak içini anlam, sadelik ve tevazu ile doldurduğumuz bir hayat alkışlanmaya değer olabilir. Başkalarını daha az ancak kendinizi daha çok alkışladığınız bir yaşamöyküsü sizin için kabul edilebilir mi?"

Birlikte başladığımız bu yolculuk hâlâ devam ediyor, ancak her ikimiz de bu yolculukta bir son durak olmadığını biliyoruz artık. Gökyüzündeki bir yıldıza doğru yolculuk yapmak gibi bir şey bu. Ona asla ulaşamayacağınızı biliyorsunuz ancak yolculuğunuzun doğru yönde olduğunun farkındalığı içinde yola devam ediyorsunuz. Belki de zamanla yolculuğun kendisi oluyorsunuz.

Şimdi soralım: Sadeliği, sıradanlığı ve kusurluluğu nasıl kucaklarız?[18]

Belki de elimizde sıkısıkıya tuttuklarımızı bırakmayı başararak.

İnsanın içdünyası, onun hem en yalnız hem de en kalabalık olduğu yerdir. Dünyada olup bitenler bizlerin kontrolünde

---

18. Diyojen, başından büyük belalar geçmiş hatta esir olarak satılmış bir filozoftur. Yanında sadece bir torbası, bir çanağı, bir de sopası vardır. Çok fakir olmasına rağmen tüm eşyasını dağıtmıştır. Diyojen bir gün eliyle su içen bir çocuğu görünce, bu da gereksizmiş diyerek elindeki çanağı da atar. Böylece, eşyalar olmadan da yaşanabileceğini göstermiş olur insanlığa.

olmayabilir. Ancak içdünyamızda olup bitenler bizlerle ilgilidir. Yaşam bize olanlarla değil, bize olanlara verdiğimiz tepkilerle belirlenir. Mutluluk da zaten dişarıdan içeriye yapılan bir inşaatla başlar. Beklediğin gemi sana yönelmiyorsa sen gemiye doğru yüzmeyi öğrenebilirsin.

Bilgi yolculuğu bitebilir ama bilgelik yolculuğu hep devam edecektir. Önemli olan bu yolculuğu anlamlı kılabilmektir. Çünkü nereye gittiğini bilmiyorsan hangi yolu seçtiğinin de bir değeri yoktur. Dipsiz bir kuyuya düştüğünde ancak tutunduğun iplerin uzunluğu ve gücü kadar tırmanabilirsin.

Peki sadeleşmek, zenginleşme olabilir mi?

Zamanda Sadeleşmek, Zihinde Sadeleşmek

> “*Homo sapiensin beyni bir zaman makinesidir. Geçmişi yeniden kurgular ve geleceği projekte eder. Bundan dolayı bir gün öleceğini de bilir. Hatta bunu bilen tek canlıdır. Hayvanlar sadece anı yaşadıkları için onlara ölümsüz de denebilir. Sonuçta bir gün öleceklerini bilebilecek bir bilinçleri yoktur. İnsan evladının bu gerçek ile bir gün yüzleşecek olduğunu bilmesi, onda eşi benzeri görülmemiş bir korku ve onu örtbas etmek için savunma mekanizmasına sebep olmuştur. Bu da onun zihninin karmaşıklaşmasına sebep olur. Bu korkunun tıbbi anlamda en çok manifesto olduğu duruma panik atak denir. Yani kişi ani bir ölüm korkusu yaşar ve bu o kişi için o an saçma bile olsa gerçekliğinin bir parçasıdır.*

▶

Yapılan birçok çalışma, farkındalık meditasyonu egzersizlerinin bu korkuyu yenmek için başarılı olduğunu göstermiştir. Ne de olsa şöyleydi: "Irmaktan sürekli bir şeyler öğreniyordu. Dinlemeyi öğreniyordu en başta, sessiz bir yürekle, isteklere kulak vermeyi öğreniyordu, yargılara, görüş ve düşüncelere yer vermeden." Doğabilimlerinin temel felsefi de budur. Bir şeyi öğrenmek için doğayı incelemek çok etkin bir yöntemdir. Gözlemci olarak kesinlikle deneysel bir müdahale yapılmaz. Güneşin ve yıldızların konumu buna en uç örnektir, zira şimdilik buna müdahale edemiyoruz. Dağların, ırmakların incelenmesi ile coğrafya daha çok ilgilenirken biyoloji canlıları gözlemler. Gözleme dayalı edinilen bilgiler, bugün bilim dediğimiz dünyanın en temel sütunudur. Deneyler bu tarz bilgiler elde edildikten sonra sebep-sonuç ilişkilerinin ortaya çıkarılması için yapılır.[19]

Kusurlarımız ve duyarlılıklarımızla birlikte daha sade yaşamak cesaret, şefkat ve bağ kurabilmeyi gerektirir. Bu, cesaret ile başlar. Cesur bir yaşam, kahraman olmayı gerektirmez. Şüphesiz tüm toplumların zaman zaman kahramanlara ihtiyaçları vardır. Ancak burada sözünü edeceğim cesaret, olağandışı zamanlarda ortaya çıkan değil, sıradan ve sade insanların günlük yaşamlarında sergilediği cesarettir. Saygınlığı korumak adına her sorulan soruya yanıt vermek yerine "Bilmiyorum" diyebilme cesareti gibi ya da yatağınıza gelip "Size söylemeye utanıyorum

19. Bir Einstein rejenerasyonu yapalım hayatla ilgili: A = X + Y + Z Eğer A hayatta başarıyı gösterirse formül şu şekildedir: A = x + y + z. Bu formülde x çabayı, y cesareti gösterir. "Peki, z neyi gösterir?" diye sorduklarında, büyük fizik bilgini, formülü şöyle tamamlar: "Z de çenenizi tutmayı..."

ama bu gece yalnız yatmaktan korkuyorum" diyen 10 yaşındaki çocuğunuza, "Benim de korkuyla uykusuz geçirdiğim birçok gecem oldu" diyebilmenin cesareti. Eksiklerimizi, duyarlılıklarımızı gizlemeye çalışmak yerine kim ve ne olduğumuzu, neler hissettiğimizi ve yaşadıklarımızı dürüstlükle ifade edip, açabilme cesareti.

Dikkat edilecek olursa sıradan bir yaşamın güncesinde, bu tür bir cesaret gösterebilmek için çokça fırsat vardır. Kendimden bir örnek vereyim.[20] Yoğun meşguliyetler nedeniyle oğlumun koro performansını izlemek için okuluna ulaştığımda gösterinin bitimine 10 dakika kalmıştı. Salon kapısından içeri girdiğimde anne babaların bir kısmının öfkeli bakışlarıyla karşılaştım. Çünkü oğlum koro performansından önce benim orada olup olmadığımı annesine ve çevresindekilere sormuştu. Bakışlardan çıkarabildiğim tek anlam "oğlunun yılda bir olan gösterisine bile gecikmeyi başaran bir babaya" biraz kızgınlık biraz da aşağılayıcı yüz ifadeleri idi.

Utandım ve sessizce bir köşeye çekildim. O sırada yanımda beliren hiç tanımadığım bir baba elini omzuma koyarak "Üzülmeyin hepimiz aynı gemideyiz, siz yalnızca geciktiniz. Ben oğlumun bundan evvelki koro performansının varlığını bile unutmuş ve hiç gelememiştim" demişti. Bunu söyleyebilmek bir cesaretti. Tabii ki söylediğiyle övünmüyordu. Özetle bana, "Yalnız değilsin, hepimizin bu tür öyküleri var" diyordu. Cesaret, dalgaların yayılması gibidir. Cesareti seçip, olumsuz öyküye ortak olmak çevremizdeki insanların daha iyi hissetmesini ve daha cesur olmasını sağlar. Hepimiz biraz daha cesaret gösterip kusurlu ve eksik yanlarımızı daha çok paylaşmayı seçebiliriz. Yaşadığımız yeri daha cömert ve daha cesur bir ortama dönüştürebiliriz. Bir hikâye ile başladık, yine bir hikâye ile bitirelim:

---

20. M. Zihni Sungur anlatıyor.

Çok eski zamanlarda, bir hükümdar varmış, zenginliği tüm dünyaca bilinirmiş. Hükümdar her gittiği yere, hazinesinin bir bölümünü götürür ve bunları sergilemekten büyük onur duyarmış. Hükümdarın yaşamda en çok güvendiği, tek akıl hocası bir bilge kişiymiş. Günlerden bir gün bu bilge kişiyle otururken hükümdar şöyle bir soru sormuş:

"Sen ki göğün gizemine ermiş, bilime yön vermiş bir adamsın. İnsanlar ister hükümdar denli güçlü ister savaşçılar denli onurlu olsun, ayağına kapanır ağzından çıkacak bir sözü beklerler. Şimdi senin gibi bilge bir adamın fikrini merak etmekteyim, benim hükümdarlığım ve servetim hakkında ne düşünüyorsun?"

Bilge bu soru karşısında, hükümdarın gözlerine bakarak şu sözleri söylemiş:

"Diyelim ki hükümdarım, kızgın ve uçsuz bir çöldesiniz. Ölmemek için size uzatacağım bir bardak suya servetinizin yarısını verir miydiniz?"

Hükümdar:

"Verirdim tabii."

Bilge kişi:

"Zaman geçti diyelim, susuzluğunuz arttı, size uzatacağım bir sonraki bardağa servetinizin öteki yarısını da verir miydiniz?"

Hükümdar biraz düşünmüş ve ardından, "Ölmemek için evet" demiş.

Bunun üzerine bilge kişi gülerek şu sözleri söylemiş:

"Madem öyle, o zaman övünmeyin fazlaca. Çünkü haşmetlim, sizin servetiniz aslında yalnızca iki bardak sudur."

İçerik Sonu

BÖLÜM 0105

İnsan Zamanı Nasıl Değerli Kılar?

"Zamanla yerleşir yaşadıkların, yeniden konumlanır,
çoğalır anlamları, önemi kavranır.
Bir zamanlar anlamadan yaşadığın şey, çok sonra değerini
kazanır. Yokluğu derin ve sürekli bir sizi halini alır.
Oysa yapacak hiçbir şey kalmamıştır artık.
Mutluluk geçip gitmiştir yanınızdan.
Her şeye iyi gelen zaman sizi kanatır..."
– Murathan Mungan, *Yalnız Bir Opera*

Zaman kavramı üzerine konuşmamız gerekiyor. Yaşamın ve ölümün yapıtaşıdır zaman. İnsanı oluşturan temel malzeme adeta zamandır. Ömür de varlık ile yokluk arasındaki izafi bir zamandır. Ölüm ile yaşam arasında tuhaf bir uyku hali diyerek anlatalım bunu. Zaman algısı, zamanın akıp gidiyor hissi, zamanı anlama çabası gibi konular bu sonuncusuna örnektir. Bunlara beynimizin çıktıları denir. Metodolojik olarak beynimizin çıktıları ile ilgili fikir yürütmeye ya da hakikati bulmaya çalışmak en zorudur. Çünkü dediğimiz gibi beynimizin birer çıktısı, ürünü bunlar. Yani beynimizi kullanarak yine beynimizin ürettiği bir ürün hakkında ahkâm kesmeye çalışıyoruz.

Zamanı anlamaya çalışmak bir futbol maçına 10-0 yenik başlamak gibi bir durum. 1600 yıl önce Aziz Augustinus bu durumu güzel özetlemiş:

"Öyleyse nedir zaman? Eğer bana kimse ne olduğunu sormuyorsa, o zaman bilirim. Ama birine anlatmak istersem de o zaman artık bilmem."

1600 yıldır aslında çok da bir şey değişmedi.[21] Hemen girişte açık açık söyleyelim, gerçek sürekli kekelendiği zaman daha inandırıcı olmuyor. Evet, aynen öyle. Bu nedenle dünyada bugünün gündemini belirleyen herkese sesleniyoruz:

"Harcadığınız zamanlarımızla an kaybından ölüyoruz... Zaman sizin yüzünüzden artık daha önemli!"

> "Bir hikâyeyle yumuşatalım zihnimizi:
>
> Günlerden bir gün, zamanın ünlü bir bilgesi hükümdarın sarayının kapısına gelir. Muhafızların hiçbirisi saygıları nedeniyle onu durdurmaya çalışmaz. Bilge, sonunda hükümdarın tahtında oturduğu odaya girer. Ziyaretçisini hemen tanıyan kral saygıyla ayağa kalkıp sorar:
>
> *"Ne istiyorsun? Sana nasıl yardım edebilirim?"*
>
> *"Bu handa uyuyacak bir yer istiyorum"* cevabını verir bilge.
>
> *"Ama burası han değil ki"* der kral hafif kızgınlıkla. *"Benim sarayım."*

21. Neticede temel olarak zaman algısından söz ediyoruz. Dünya'nın yaşı içinde azımsayabileceğimiz bir zaman diliminde hayatımızı sürdürüyoruz. Şu ana kadar hesapladığımız evrenin yaşı 13,8 milyar yıl, üzerinde yaşadığımız Dünya'nın ise 4,5 milyar yıl. Canlılık 4,2 milyar yıldır var. Güneş'in Dünya'yı yutması da 5 milyar yıl içinde kesinlikle gerçekleşecek. Bilim öyle diyor. Şu son asırda yaşayan milyarlarca insan, belki de Dünya'nın bundan sonraki 4 milyar yılını şekillendiriyor. Doğayı bozuyor, toplumsal sistemleri altüst ediyoruz. İnsanlığın yok olması için muhtemelen çok daha az bir zaman yeterli olacak. İçinde bulunduğumuz Güneş Sistemi'nin dışına çıkmamız neredeyse imkânsız olduğu gibi, bir gün yok olacak olan Samanyolu Galaksisi'nin dışına çıkmamız daha da zor. Sonuç mu? Yok olacağız gibi görünüyor, en azından şimdilik. Bunu düşününce aslında insanlık adına yaptığımız hiçbir şeyin anlamı yok. Kendinizi düşünmeyi bırakın, tüm insanlığı, hatta canlılar âlemini düşünsek bile, Güneş, Samanyolu, galaksi, evren gibi kavramların yanında önemimiz yok gibi görünüyor. Bunu unutmayı tercih ediyoruz. Bu elbette mantıklı. Fakat buna rağmen kafayı yeniden yeryüzüne indirdiğimizde, evrenin merkezinde kendimiz varmış gibi yaşamayı tercih ediyoruz.

> *"Sorabilir miyim, senden önce bu sarayda kim yaşıyordu?"*
>
> *"Babam. O öldü ama."*
>
> *"Ondan önce kim yaşıyordu?"*
>
> *"Büyükbabam. O da öldü."*
>
> *"O zaman burası insanların kısa bir süreliğine gelip kaldığı, sonra da terk edip gittiği bir yer demek ki. Neden ona han demeyeyim?"*

Gerçekten de öyle. Bugüne bir bakın. Fanatizm bilginin sağalttığı bir yara! Yaşamın eşsiz imkânlarında duyumsamak, bilginin hazzıyla tekâmül dolu bir yaşam ihtimali varken, kirletilen zihinlerimizle birlikte biz de siyasetin dehlizlerinde an kaybından ölüyoruz. Biz aslında sadece güzel yaşamak istiyoruz! Derler ya hani, "Hayatta her şey inceldiği, insan ise incindiği yerden kopuyor" diye. Bu da doğruymuş. İnsanlara kırılıyoruz. "Neden böyleler?" diye düşünüyoruz.

Sonra zamanla ilgili sorular soruyoruz:

- İnsanın yaşadığı mekânla aidiyet bağı var mı?
- Mekân bizim için coğrafik bir yer ya da zemin olmanın ötesinde bir şey midir?
- Peki zaman, insanı her gecen gün yavaş yavaş öldüren topumuzun katili midir?
- Zaman bizi nereye alıp götürdüğünü bilmediğimiz rüzgâr mıdır?
- Zaman değişime bağlı kavramdır ve değişim diye bir şey olmazsa zaman da olmaz. Ölçülemez. O durur, biz içinden geçeriz, değil mi?
- Kâinata giydirilmiş şekilsiz bir elbise midir zaman?

Zaman aslında sonsuz olandır ama bir günde geçer. Hiç olandır ama her şeyi belirler. Dünyada izafiyetin zirvesidir. Zaman, sahilde top oynayan bir çocuktur ve uzunluğu güneşe, genişliği zihinlere bağlı olan bir kavramdır. Bazen ve sıklıkla her şey buna endekslidir. Aklımıza Siddhartha'nın bir sözü geldi, harika bir katkıda bulunur tam bu noktada:

"Zaman gerçek değildir, Govinda, ben sık sık yaşadım bunu. Zaman da gerçek değilse, dünya ile sonsuzluk, acı ile mutluluk, kötü ile iyi arasında var gibi görünen çizgi de bir yanılgıdan başka bir şey değildir."

İnsanoğlunun yarattığı bir olgu olan zaman, ölümlü insanın ömrüne endekslediği madde değişimlerinin periyodik tutarlılığına kendince verdiği addır. Saatler, kum, takvimler, ölçü aletleri ona kesinlik katmak için uydurulmuşlardır, fakat anlamını yine insanda bulur. Mesela, ölümsüz olsaydınız saat takar mıydınız?

Zaman, tohumların birleşmesidir. Sonsuz geçmiş ve gelecek okyanusunda küçücük bir zamandır. İki mekân arasındaki en uzun mesafedir. Zaman, hafızanın ters yönüdür. Akıntısı zor olan geçici hadiseler ırmağıdır. Bizim görevimiz zamanı öldürmek, onun görevi ise bizi öldürmektir.

Bir kelebek ayları değil, "an"ları hesaplar ve yeterince de zamanı vardır. O zaman bugün için yaşa, yarın için hayal kur, dünden öğren!

Ne geçmiş, ne gelecek, ne de şimdi vardır. Sadece "an" vardır ve hayat da bu anların birbiri ardına takip etmesidir. Evrenin dengesidir zaman. En uzun ve en kısa o'dur; en çabuk ve en yavaş o'dur, en dar ve en geniş olan da o'dur. En az düşünen, olmadığında en çok aranan, çocukluğu yok eden ve yetişkinliği canlandıran şeydir. Zaman; sonsuzluğun ölçüsüdür. Bekleyen için yavaş, mutlu olan için çabuk, sonsuzluk kadar geniş ve bir an kadar dardır. Bireyler onu önemsemez, ama yitirilen zaman her zaman aranır.

Hayata baktığımızda görürüz ki bazı insanlar onun akıp gitmesini izler, bazılarıysa bir gün bir yerde onu yakalar ve o insanları izler. Bu dinamik hiç değişmez. Peki, yaşamış olduğumuz zamanı salt bugün, halihazırda içinden geçtiğimiz bir an olarak mı yaşıyor ve görüyoruz ya da zamanın dün ile yarın arasında bugün ifade ettiği anlamının üzerinde yeterince tefekkür ediyor muyuz? Peki, anda zaman ve mekânın içinde yaşayan olarak biz kimiz; kendimiz olarak mı yaşıyoruz, yoksa zamanın ve mekânın içinde kendimizden uzakta bir başkası olarak mı bulunuyoruz?

Beynimiz 100 milyar nöronu ve 100 trilyon sinapsıyla şimdilik evrende bildiğimiz en büyük gizem. Son birkaç on yıldır, bilim insanlarının azımsanmayacak bir kısmı bu gizemle uğraşıyor. Birçok soru soruyoruz. Kimisi yapısı ile uğraşıyor yani hangi bölge ne büyüklükte; acaba şu bölge küçülürse ne olur gibi. Kimisi etkileşimleri ile uğraşıyor ve diyor ki: "Şunu yersek bak beynimiz şöyle çalışır. Küçük yaşta yeteri kadar sevgi görmezsek şu bölgeler çalışmaz." Kimisi ise beynimizin çıktıları ile uğraşıyor. "Bilinç nedir, serbest seçim hakkı var mı?", "Duygularımız ve davranışlarımız nasıl oluşur?", "Gerçeklik algısı harbiden gerçek mi?" gibi sorularla ilgileniyor. Tüm bu konuların içine zamanın paradoksal olma durumu da giriyor.

Büyük Bir Paradokstu Zaman

> “ *Büyük bir paradokstu zaman; Yunanlıların Khronos, Latinlerinse Tempus dedikleri. Zaman paradokstu, ölüm tümdengelim, mesela aşk ise tümevarım...*
> *Borges der ki:*

▶

> *"Beni boydan boya kaplayan bir nehirdir zaman, ama o nehir de ben'im. Zaman beni mahveden kaplandır, ama o kaplan da ben'im. Beni tüketen ateştir zaman, ama o ateş de ben'im. Ne yazık ki dünya gerçek; ben de ne yazık ki Borges'im."*

Ancak şunu da söylemek gerekir. Bu yüzyılda pek çok konuda olduğu gibi; 10-0 yenik başlamaya rağmen maçı kazanma ihtimalimiz yine de var gibi. Bu maçta en büyük silahlarımız Ronaldo'lar ya da Messi'ler değil, bilim ve teknoloji!

Hartmut Rosa, insan hareketinin modern öncesi zamanlardan ve günümüze kadar olan hızının 100 kat arttığını anlatıyor. Haberleşme hızının da buna bağlı olarak 10 milyon kat arttığı belirlendi. 20. yüzyılda veri iletişimi yaklaşık olarak 10 milyar etkenle bir artış gösterdi. Bugün sabırsızlık bizi harekete geçirmediği zaman açlık çekiyoruz.

Toplumun artan hızı iç zamanlayıcılarımızı sıfırlar. Bu durum yavaş şeylere cevap olarak bizi devam eden bir öfke ve dürtüsellik döngüsüne sokar. Bu sebeple Franz Wiedmann, giderek itici bir topluma dönüşeceğimizi söyler. Diğer taraftan, sabır konusunda zaman ve algı meselesine de bakmalıyız.

Zaman bugün çabuk geçiyor; çünkü deyimlerimiz çok yoğun. Korktuğumuzda ya da endişelendiğimizde zaman uzuyor. Araknofobisi olan biri, odada bir örümcekle zaman geçirdiğinde süreyi gerçekte olduğundan uzun algılar. Bunun sebebi beyin faaliyetlerinin bu gibi durumlarda hızlanması değil, deneyimlenen anın yoğunluğudur. Tehdit altında hissettiğimiz her an olaylar canlı görünür. Fizyolojik olarak hayatta kalma mekanizması farkındalığımızı artırır ve normal zamandan daha kısa bir sürede hatırayı toplar. Beyinlerimiz daha fazla zaman geçirdiğini düşünerek kandırılır.

Einstein'ın görelilik teorisi, bize ne mutlak zaman diye bir şeyin olduğunu ne de beyinde zaman ölçmek için mutlak bir mekanizma olmadığını söylüyor. Böylesi bir zaman-mekân ilişkisinde eğer şans tanırsak doğa kendini içine düştüğü düzensizlikten kurtarmayı bilecektir. Her şeyi mahveden endişelerimiz ve sabırsızlığımız.

Zaman kelimesi olgu olarak; bir iş ya da eylemin gerçekleşmesi için geçmesi beklenen süre olarak tanımlanır. Bu süre, bir günün 24 saat olması kadar nesnel olabileceği gibi, zorlu geçen 45 dakikalık bir toplantının 12 saat geçmiş gibi hissedilmesi kadar da özneldir. Zamanın nasıl geçeceği, geçerken size nasıl hissettireceği ve sonucun sizi başarıya götürüp götürmeyeceği onu nasıl yönettiğinizle doğrudan ilişkilidir.[22]

"Zamanı nasıl iyi kullanırız?" sorusunun en iyi cevabı, onun farkında olaraktır. Latin edebiyatının ünlü ozanı Horatius'un bir dizesinde geçen "gününü gün et", "zamanın tadını çıkar" ya da "günü yakala" anlamındaki "carpe diem" özdeyişinin tüm odağı, üzüntü ve esaretten ırak, özgür bir yaşamın değerine işaret etmektir.

Zamanı iyi kullanmak için karşılıklı hedeflerimiz doğrultusunda yapmamız gerekenler vardır. Bunun belki bilincindeyiz. Buna rağmen zamanı çoğu kez planlamadığımızdan hem yapmamız gereken şeyleri ihmal ediyor hem hayatı kaçırma hissini derinden taşıyoruz. Peki, zamanımızı nasıl planlamalıyız?

Bunları madde madde verip konuyu bağlayalım:

---

22. Zamanı etkin bir biçimde kullanmak için öncelikle bir günde, yani 24 saatte ne yapıyoruz? Araştırmalara göre genel olarak yaşamımızın:

- %32'sini uyuyarak
- %20'sini çalışarak
- %10'unu yemek yiyerek
- %9'unu seyahat ederek
- %8'ini kişisel bakım yaparak
- %8'ini öğrenerek
- %7'sini bekleyerek
- %6'sını diğer faaliyetlerle geçiririz.

1) İstediğiniz şeyleri yaparak. Bu mümkün değilse yaptıklarınızda anlam bulmaya çalışarak.
2) Yapılacak işlerin öncelik sırası belirlenerek doğru bir planlamayla ve zamanlamayla yerine getirilmesine gayret ederek.
3) Yapmak istediğiniz ve yapmak zorunda olduğunuz işleri birbirinden ayırarak.
4) Motivasyonunuzun en yüksek olduğu zaman işe ilk başladığınız zamandır. Yüksek motivasyondan faydalanarak zor işlere öncelik vererek.
5) Bazı işleri listeden çıkararak ve öze yönelerek detaylardan uzak durarak. Sizi hedefe götürmeyecek her eylemi fark ederek.
6) Her işi kendiniz yapmak yerine işbölümünü uygun bir şekilde yapıp inandığınız kişilerle ekip çalışması yürüterek.
7) Zaman hırsızlarını belirleyerek. Çok zaman kaybettiğiniz ve gereksiz gördüğünüz şeylerden uzak durun. Mesela cep telefonu, internet, futbol maçı, sinema, tiyatro gibi ilgiyi çelen ve o anda çok gerekli olmayan, sizi hedefinize yakınlaştırmayacak eylemlerden uzak durarak.
8) Ertelemeyerek hatta erteleme girişiminde bile bulunmayarak.
9) Kendi özellikleriniz ve zaaflarınızın adını koyarak.
10) Boşa geçen zamanı fark edip daha etkili kullanarak.
11) "Blok" çalışıp, parçalara bölmek yerine bölümlere ayırarak çalışarak.
12) Gerektiğinde "Hayır" demeyi becererek.
13) Otomatikleştirilebilenle, otomatik yapılamayacak olanı ayırt etmeyi öğrenip nerede kısa yollar, nerede zihinsel çaba gösterilmesi gerektiğini ayırt ederek.
14) Dengeli ve gerçekçi olup iş ve dinlenme arasında denge kurarak.

İçerik Sonu

BÖLÜM 0106

Hayatımızın En Parlak Dönemi Hangisidir?

"Her şeyde,
hatta çoğu şeyde
tümden iyi olduğumuz bir yaş yok."
– Josh Hartshorne, Harvard Üniversitesi

Ray Bradbury okurken aklımıza "Hayatımızın en parlak dönemi nedir?" sorusu geldi, onu açmak istedik. Bradbury, *Fahrenheit 451*'de şöyle der:

> *"Şu an yaşın kaç olursa olsun en güzel yıllarıdır o ömrünün. 'Herkes ölünce ardından bir şeyler bırakmalı' derdi dedem. 'Bir çocuk, bir kitap, bir tablo, inşa edilmiş bir ev veya duvar. Yapılmış bir çift ayakkabı veya ekilmiş bir bahçe. Elinin bir şekilde dokunduğu bir şey, öldüğünde ruhunun gideceği bir yer olsun diye; böylece insanlar ektiğin o ağaca veya çiçeğe baktığında sen orada olursun. Ne olduğu önemli değil dokununca onu değiştirdiğin ve ellerini çektiğinde sana benzeyeceği bir şeye dönüştürdüğün sürece' derdi. 'Sadece çim biçen adamla bahçıvan arasındaki fark, dokunuştadır' derdi. Çimleri biçen adam orada hiç olmamış gibidir; bahçıvansa bir ömür boyu orada olacak."*

Bradbury'nin romantik yaklaşımından sonra olaya fizyoloji açısından bakarsak, yaşlanma aslında çok erken dönemlerde, 20'li yaşlarda başlar. Bu kadar genç yaşlarda başlayan değişiklikler yaklaşık 35-40'lı yaşlardan itibaren vücutta iş gören hücre grubunda kayıplara dönüşür. Söz konusu hücre kayıplarına bağlı olarak hücrelerin yaptığı görevlerde aksamalar, bozulmalar, kesintiler ortaya çıkar. 80'li yaşlardan sonra vücut bu kayıplara karşı iç dengesini koruyamaz ve bunun ilerlemesiyle de ölüm gerçekleşir.

Hayatın seni duymasını istiyorsan konuşmayı bırak. Hayatın kendine göre bir seyri vardır ama ona ne verirsen alacağın o değildir. Bu evrensel bir yalandır. Yılları arkanda bırakıp da bunun yanlış olduğu anlaşıldığında ise artık iş işten geçmiştir. İnsanın anlaması gereken belki de kendi küçüklüğüdür. Bunu anladığında yaşamın kalpten fışkıran ve huzurun yumuşacık havasını yutan bir mucize olduğunu anlayabiliriz.

Peki, insanın ömrünün anlamı nedir?

Fransız filozof Sartre, "İnsan yaptıklarından ibarettir" derken insan olabilmenin değerine vurgu yapıyordu. Yaşam eşittir doğmak, ölmek, emeklemek, sevmek, sevilmek, nefret etmek, nefret edilmek, evlenmek, boşanmak, anne olmak, baba olmak, gülmek, ağlamak. Aynı zamanda hatırlamaktır; geçmişi, geleceği, geride bırakılanları, sevgiliyi, kaybedilenleri... Hiç bitmeyecek gibi yaşamaktır, umut etmektir ama duyumsayarak. Bedeni taşımak, taşmaktır. Dokunmaktır, doğaya, ağaca, çiçeğe, böceğe, diğerlerine... Doğduğun andan beri sevmektir, hem de hiç tükenmeyecek bir potansiyelle. Başka varlıklarla paylaştığın bir şeydir. Görmek, işitmek, yemek yemek ve su içmektir bütün hayvanlar gibi. Birçok hayaldir. Birçok başarıdır ve tabii ki başarısızlık. Ama aslında birçok hayattır. İnsan için yaşam; tutumlarını, duygularını, amaçlarını, düşüncelerini, eylemlerini içeren bir süreçtir.

Peki, yaşamın en parlak dönemi ne zamandır?

Arada bir hayatınızın en güzel dönemi geçip gidiyor diye endişelendiğiniz oluyor mu? "Genciz" deriz, 20'li yaşlardan söz ederiz. 35 yolun yarısıdır. 40'lı yaşlar hâlâ gençtir. 50'li yaşlar için ise en verimli, deneyimin en yüksek olduğu yaşlar deriz. MIT bilişsel bilim araştırmacısı Joshua Hartshorne "Neredeyse her yaşta bazı konularda daha iyi bazılarında ise daha kötü hale geliyoruz" diyor.

Modern tıp literatürüne bakarak, hafızadan cinselliğe kadar insanın yaşamı boyunca geçirdiği değişimi ele aldığımızda, karşılaştığımız verilerin bir kısmı oldukça şaşırtıcı. Mesela fiziksel performansa bakalım. 100 metre koşu, ağırlık, gülle gibi kısa ve ani enerji harcaması gerektiren sporları 20'li yaşlarda yapmak en doğrusu; çünkü bu yaşlardan sonra vücutta hızlı bir iniş süreci yaşanıyor. Profesyonel futbolcular ise doruk noktalarına daha da erken yaşta ulaşıyor. İlerleyen yaşlarda atletler, uzun erimli performans gerektiren maraton türü sporlarda çok daha başarılı oluyor.

30'lu hatta 40'lı yaşlardan sonra ani değil, kademe kademe bir performans düşüşü oluyor. 60'lı yaşlardaki atletler triatlonlarda yarışıyor hatta 70'li yaşlarına kadar devam eden atletler var. Kesin olan ise her yaşın kendisine has özellikleri olduğudur, buna bakalım:

Yapılan bir çalışmaya göre, 20'li yaşların başındaki kişiler yeni isimler ezberleme konusunda diğer herkesten çok daha iyi. Yüz algılama yeteneği ise 32 yaş civarında zirve yapıyor. İnsan beyninin yüzleri algılama ve hatırlama konusunda üstün bir yeteneği var. Bilimciler de bu yeteneğin sebebini yeni yeni anlamaya başlıyor. Ortalama olarak, yeni yüzleri öğrenme ve hatırlama yeteneğimizin 30. doğum günümüzden hemen sonra zirveye ulaştığını biliyoruz. Araştırmacılar "süper-algılayıcılar" olarak adlandırılan ve tanıdık bir yüzü hatırlamada oldukça iyi olan kişiler üzerine çalışıyor. Tahmin edileceği gibi bu kişilerin çoğu 30'lu yaşların başlangıcında.

Konsantrasyon yeteneği 43 yaşında zirveye ulaşıyor. 2015'te Harvard Üniversitesi'nde yapılan bir araştırmaya göre, dikkatimizi tek bir noktada odaklama yeteneğimiz 43 yaş civarında en üst seviyesine ulaşıyor. Daha genç yetişkinler, bilgi işleme alanında hız ve esneklik konularında daha başarılı olurken orta yaşlı yetişkinler, odaklanma konusunda en üst kapasiteye sahip.

Başkalarının duygularını anlama konusunda en iyi olduğumuz yaş ise 48. Sevgili bulmanın zor bir iş olmasının önemli sebeplerinden birisi, 40'lı yaşların sonuna yaklaşmadan başkalarının duygularını anlama konusunda çok iyi olmamamız. Hartshorne ve ekibi, sadece göz çevresi kesilmiş fotoğrafları katılımcılara gösterir ve fotoğraftaki kişinin duygusunu tespit etmelerini ister. Katılımcılar arasından 48 yaş civarında olanların en yüksek performansı gösterdiği görülür.

Temel aritmetik yeteneğimiz ise 50 yaşında zirveye ulaşıyor. Pek çok kişi matematik yeteneklerinin okul bittikten sonra yavaşladığını düşünür. Ancak bir hesabı bölüştürmeye çalıştığınızda aklınızda bulunsun; çıkarma ve bölme işlemlerinde en üst seviyeye ulaşmamız için 50. doğum günümüzü beklememiz gerekiyor. Yeni bilgileri öğrenme ve anlama yeteneğimiz 50 yaşında zirve yapıyor. Temel matematikte olduğu gibi, yeni bilgileri öğrenip anlamak 50 yaşında en kolay hale geliyor. Tarihi olaylar ve siyasi fikirler gibi genel bilgileri anlama konusunda en iyi yaş da 50 civarı.

Kelime bilgisinin zirveye ulaştığı yaş 67. "Neden kelime oyunlarında hep kaybediyorum?" diye düşündüğünüz oldu mu? Belki de bu alanda en verimli yaşınıza daha ulaşmamışsınızdır. Çoktan seçmeli kelime testlerinde, 60'ların sonu 70'lerin başındaki kişiler diğer katılımcılara göre çok daha başarılı olabiliyor.

Hartshorne, "Her alanda zirvede olduğumuz tek bir yaş yok" diyor. "Her yaşın ayrı güzelliği var" şeklindeki deyişimiz de böylelikle bilim tarafından onaylanmış oluyor.[23]

Diğer taraftan zihinsel faaliyetlerde durum ilk bakışta bu kadar iç açıcı görünmüyor. Aslında bakıldığında insan beyni, 18-20 yaşına kadar sürekli beyin hücrelerinin sayısını artırıyor. Bu sayıyla beyin hacimsel olarak da büyüyor. Durmuyor. Beyin hücrelerinin kullanılarak hücreler arası bağlantıların oluşması gerçekleşiyor. Beynimizde 80-100 milyar arası nöron var. Bunlardan 15 milyarı öğrenme, yaratıcılık, duygulanım gibi süreçlerle ilgileniyor. Enstrüman çalmak, spor, satranç ya da matematik... Hücreler ilgili konuda öğrenmeye devam ettiği sürece beyinde bir kod çözülüyor. Hücreler uzmanlaşıyor. Kabaca o alandaki öğrenmeye, yaratıcılığa, mükemmelliğe yelken açılıyor. Beyindeki bağlantıların çeşitliliği arttıkça, daha önce kurulmamış zihinsel bağlantıların da kurulması kolaylaşıyor. Bu da genellikle birdenbire, düşüneni dahi şaşırtan bağlantı ve yeniliklerin zihinde doğmasını kolaylaştırıyor. İşte bu, yaratıcılık demektir.

Yirmili yaşlardan sonra beyin sadece var olan beyin hücreleri arasındaki bağlantıları artırarak gelişir ve bir taraftan da yavaş yavaş hücrelerin kendini yenileme kapasitesi azalır. 20'li yaşlardan sonra yeni bilgileri hafızaya kaydetmek eskisi kadar kolay olmaz. Kısa dönemli hafızada da benzer durum olur. Bu hafıza türü 40'lı yaşlara kadar yüksek bir kapasitededir. Sonrasında ise hızlı bir şekilde inişe geçer.

Bir saptama yapalım o zaman: Yaratıcılık bakımından 30'lu yaşlar bu nedenle en iyi yıllardır. Birçok önemli mucit, icatlarını bu yaşta yapmıştır. Uzun dönemli bağlantıları yapan ve beynin anayollarını oluşturan beyaz beyin dokusu da yavaş yavaş inişe geçmeye başlamış, yani beynimizin işlem süresi yavaşlamıştır.

23. https://www.dunyahalleri.com/beyin-hangi-yasta-neye-yetenekli

Yapılan son araştırmalar, insan beyninin ve davranış kalıplarının sabit olmadığını gösteriyor. Takım olma, motivasyon, birlikte yapma gibi pratikler, hipokampus ve beyincikte yeni hücreler oluşturuyor ve bunlar sinyal ağlarını değiştirerek öğrenmeyi güçlendiriyor. Ve bu nedenle yeni şeyler öğrenmesi daha uzun zaman almakla birlikte, okuduğunu algılama ve aritmetik gibi başka beceriler, orta yaş dönemine kadar gelişmeye devam ediyor. Sosyal karşılaştırmalar, muhakeme, ilişki değerlendirmeleri, yani arkadaşlıklarımızdaki karmaşık durumlarda çözüm bulma becerisi ise daha ileri yaşlarda doruğa ulaşıyor.

Diyeceğimiz o ki zihinsel becerilerimiz zaman akışında iniş çıkış gösterir. Lakin bizi genç tutan, her yaşın kendine özgü olanaklarının farkında olup dolu dolu yaşamaktır.

Gençlik İksiri

> “ *Peki, bu bulgulardan ne tür sonuçlar çıkarmak gerekir? Kaba hatlarıyla söylemek gerekirse: 20'li yaşlarda cinselliğin, 30'lu yaşlarda fiziksel gücün, 40'lı ve 50'li yaşlarda zihinsel kapasitemizin, 60'lı yaşlarda ise mutluluğun doruğuna ulaşırız. Fakat bunlar sadece ortalama insanı ifade eder; sizin kendi yaşam çizginiz farklı bir yol izleyebilir. Ama genel sonuç olarak şunu diyebiliriz ki yaş ilerledikçe yükselen ve inişe geçen özellikler eşit dağılmış gibidir. Yani yaşamımızın bir bütün olarak ve her yönüyle dorukta olduğu bir dönemi yoktur. Yaşla birlikte gelen bazı olumsuz gelişmeler de sandığımız kadar kaçınılmaz değildir. Egzersiz yaparak fiziksel*

▶

zindeliğimizi daha uzun süreli kılabilir, diyabet ve kanser gibi yaşla ilgili hastalıklara karşı mücadele edebilir, zayıflayan hafizamızı güçlendirebiliriz. Sağlıklı insanlar cinsel yaşamlarını da beş yıl daha uzatabilir. İşte, gençlik iksirine en yakın şey de budur. Psikologlar hayata yaklaşımımızın da önemli bir rol oynadığına inanıyor. Yani bazı sınırlarımız, vücudumuzun yıpranması sonucu değil kendi hissiyatımızla ilgili olabilir.[24]

Şunu söyleyelim: Yaş gruplarında bir beceri inişe geçerken bir başkası tırmanışa geçmeye başlar. Cinsellikten yola çıkalım. Cinsellik yönünden bakıldığında erkeğin 20'li ve 30'lu yaşları cinselliğin yüksek olduğu yaşlardır. Bu yaşlarda uyarılma daha hızlıdır ve romantik duygularla daha az bağlantılıdır. Diğer taraftan ne cinsel arzular ne de cinsel aktiflik 50'li yaşlara dek hızlı düşüş göstermiyor. Bunu biliyoruz. Araştırmalar, bugün 50 yaşında olan bir erkeğin, 20 yıl daha düzenli cinsel yaşantısının olabileceğini gösteriyor. Kadınlarda ise bunun 10 yıl kadar devam ettiği biliniyor. Araştırmalar, 65-75 yaş arası sağlıklı insanların %30'unun en az haftada bir cinsel aktivitede bulunduğunu ortaya koyuyor.

Bu noktada cinsiyetle ilgili bir ayrımdan bahsedelim. Erkekler kadınlarla seks yaparken, onlara bu yolla sevgi sunduklarını düşünürlerken; kadınlar yaşadıkları sevginin sonucu seksi sunmayı tercih ediyorlar. Bu nedenle, seksin sıklığı azaldığında kadınlar eskisi gibi sevilmediklerini düşünüyorlar. Oysa erkekler için sorun gayet açık: "Seks artık eskisi gibi seksi değil..." Unutmayalım, çoğu kez kadınların seks için bir nedene, erkeklerin

24. https://www.bbc.com/turkce/haberler/2015/05/150528_vert_fut_yasamin_dorugu

ise yalnızca bir mekâna ihtiyaçları vardır. Ancak sevgi bağı gelişmeden oluşan seks, kadınlara yakın olmamakla birlikte bazı tutarsızlık ve belirsizliklerin yaşandığı da bir gerçektir. Akşam ilk kez yemeğe çıktığı erkeği kahve içmeye evine davet eden kadının öyküsü buna somut bir örnektir:

"Onu eve çağırdığımda gerçekten de yalnızca kahve içmeye çağırmıştım. Onunla yatmaya yönelik hiçbir niyetim yoktu. Ancak düşündüğümde; akşam yemeğe çıkmadan önce yatak çarşaflarını değiştirdiğimi, üzerine bir miktar parfüm sıktığımı, buzdolabına bir şişe şarap koyduğumu fark ettim. Tekrar ediyorum onunla yatmaya hiç niyetim yoktu ama buna rağmen dışarı çıkmadan çantama bir adet prezervatif bile koymuştum."

Pek çok alanda olduğu gibi cinsellik alanında da erkekler lastik gibidir. "Gidip-gelmeyi" yani yakınlaşıp, uzaklaşmayı tercih ederler. Kadınlar ise dalga gibidir. Kendilerini iyi hissettiklerinde pik yaparlar, daha sonra dalga yavaş yavaş çekilir ve bir sonraki rüzgârı bekler.

Bir başka durum da inişe geçen cinsel güdülerin yerini ikamelerin almasıdır. İleri yaşlarda yaşamdan zevk alma halinin arttığı görülüyor. Yani yaş almayla birlikte fiziksel rahatsızlıkların artış göstermesine rağmen yaşamdan daha fazla zevk alma durumu tam bir çelişki oluşturuyor. Bunun duygu dengelenme prensibi ile ilgili olduğunu düşünenler de var.

Fiziksel yaşlanma durdurulamaz. Fakat şu söylenebilir: Hayatın duraklarında gelişmelerle birlikte gelen iniş çıkışları bilirsek yaşamı kusursuz bir deneyim haline getirebiliriz. O zaman doruk hep ileridedir. Dolayısıyla hayatınızın en parlak dönemi, kendinizi çok sevdiğiniz her dönemdir.

İçerik Sonu

BÖLÜM 0107

Hep Kaybeden Gibi Hissetmek

"...İnanmışım kaybetmek esrarıdır olmanın
çıldırmış bir vaşak gibi kaybediyorum.
İpimden kurtulmuşum kaybediyorum..."
– Muhsin Ünlü

Kaybetmek hakkında konuşuyorduk. Alex Kanevsky'nin "Kaybedilenler" şiiri geldi aklımıza:

"İnsanoğlu bir gün; virgülü kaybetti:
Söyledikleri birbirine karıştı.
Noktayı kaybetti:
Düşünceleri uzayıp gitti, ayıramadı onları.
Ünlem işaretini kaybetti bir gün de:
Sevincini, öfkesini, bütün duygularını kaybetti.
Soru işaretini kaybetti bir başka gün:
Soru sormayı unuttu.
Her şeyi olduğu gibi kabul eder oldu.
İki noktayı kaybetti bir başka gün:
Hiçbir açıklama yapamadı.
Hayatının sonuna geldiğinde
Elinde sadece tırnak işareti kalmıştı.
İçinde de başkalarının düşünceleri vardı yalnızca."

Kaybetmek, ilginç bir olgu. İnsanın sürekli kaybetmesi... Sahip olunan bir şeyin ya da bir duygunun ya da duygunun işaret ettiği kişinin artık siz olmaması hali gibi bir şey. Düşünsenize ilkönce Havva ve Âdem cenneti kaybetti ve her şey belki de öyle başladı...

Bir şeyin değerini bilmemek, onu tutamamak, bir şeyin kaybolmasına neden olmak ya da hiç kazanamamak gibi tanımlanabilir. Kaybedilmesi için ilk şart kazanılması gereken, ama aslında hiç kazanılmamış olan da olabilir. Belki de sadece kazanamamaktır. Kaybetmek biraz illüzyondur; insan sanır ki onun dışında gelişmiştir her şey. Dövüş Kulübü felsefesi ile düşündüğümüzde: "Her şeyi kaybetmek, özgürlük olarak yorumlanabilir."

İnsanlar kaybede kaybede yaşamaya ve çoğalmaya devam etti. Kayıp, aynı zamanda bir farkındalık duygusudur. İnsanın egosunu törpüleme eylemidir. Acı verir ama hırslandırandır. Bıraktığın şeyin artık yerinde olmamasıdır. Kaybetmek bir şeyin başlamasının erken bitişidir. Bitişin işaretidir. Kaybetmek yitirmenin kendisidir, tükenişin aynısıdır. Elde edememenin eşanlamlısıdır. Korkunun işaretidir. Acının derinliğidir. Umudun azalmasıdır.

> “ *Büyük gazetelerimizin birinde yönetici semineri veren uzman, Türklerin dünyada en kötümser milletlerden biri olduğunu iddia etmiş. Peşinden küçük bir test yapmış. Bitişik sözcüklerden oluşan aşağıdaki cümleyi birkaç saniyeliğine gösterip yöneticilerden okumalarını istemiş: "THEGODISNOWHERE." Katılımcıların hepsi bu cümleyi: "The God is no where" diye okumuş.*

▶

Yani "Tanrı hiçbir yerde değildir" seklinde. Uzman acı acı gülümsemiş, "Tam beklediğim gibi" diye mırıldanmış. Batı ülkelerindeki seminerlerde katılımcılar bu cümleyi söyle okurlarmış: "THE GOD IS NOW HERE."

Yani: "Tanrı şimdi burada..."

Gerçekten kötümseriz. Kaybeden olmaya çok meyilliyiz.

Sıradan bir günde, artık olağan olan marazlarımızı izliyoruz. Tevellütten mütevellit olsa gerek, artık hayatın ilerlemek olduğunu düşünmüyoruz, olsa olsa geride bırakmak olabilir! Ve sanırım insanın gerçekten topraktan oluşunun mantığını da anlıyoruz, çünkü demir olsa kesin çürürdü!

Çok depresif oldu giriş, ama doğrusu çoğunuz zaman zaman da olsa az biraz böyle hissetmiştir. Uzatmadan konuya girelim. Teolojide Kabil'in Habil'i öldürmesi ile başladı kaybetmek. Tam olarak şöyle oldu: Habil hayatını kaybetti; Âdem oğlunu, Kabil kardeşini, insanlık da varlık duygusunu kaybetti. Bu sadece bir analoji, ama dikkate değer.

Gaip etmektir kaybetmek. Aramak, beklemek, ümit etmek, zaman harcamak, ummak ve umutlanmaktan vazgeçme olarak tamamlanan eylemdir.

Nerdeyse tüm sinema eleştirmenlerinin berbat olarak değerlendirdiği Türkçeye "Şövalye" olarak çevrilmiş *A Knight's Tale* adlı filmde yönetmen Brian Helgeland, bilinçli olarak güçlü bir anakronizm kullanır. Oldukça eğlenceli olan bu mizahi filmde, William Thatcher adlı bir köylünün, eğitimini bitiremeden ölmüş bir şövalyenin kimliğine bürünüp, sadece asillerin katılabildiği at üzerinde gerçekleştirilen dövüş turnuvalarına iştirak etmesiyle başlayan bir tarih kolajı yapılır. Film adeta kaybetmeye yapılan bir övgü gibidir. Filmde Anglosakson şivesiyle bizdeki "Yenilen pehlivan güreşe doymaz" tadında bir replik vardır ki her şeyi anlatır:

"You have been weighed, you have been measured, and you have been found wanting."

Kaybetmenin kendisinin zihindeki tezahürü zaten karışık, bir de bunun üstüne tekrar tekrar mücadeleye devam etmek istemek işi biraz daha zorlaştırıyor. Borsada zararda olmasına rağmen elindeki payların değeri düştükçe alım yapmaya devam eden yatırımcı ya da her kaybettiği tavla oyunundan üç dakika sonar "Gel hadi, bir kez daha oynayalım, bu rövanş olsun" diyen adamın trajedisi bu durumu anlatır. Daha vahimi de var. Hiç kazanamayan insan! Hep çabalayan, ulaşmaya çalışan, elde etmek isteyen, ama bir türlü olmayan!

Kaybetmek ve her kaybettiğinde tekrar başa sarıp mücadele etme isteğinin nöropsikolojisi ne ola ki acaba?

Samuel Beckett'ın, "Denedin, yenildin. Olsun. Yine dene, yine yenil. Daha iyi yenil" tarzında bir aforizması var. Aforizmada şık duruyor, kabul ediyoruz ama hayatta böyle olmuyor. Can acıtıyor. Bilirsiniz. Siz de hayatta her zaman kaybettiğinizi mi düşünüyorsunuz? Çok mu depresifsiniz? Kronik pesimist misiniz?

Umulan herhangi bir şey için, "%99 şansım var, kesin olur" diye düşünseniz bile, hep o %1 ihtimal mi gerçekleşiyor? En kötüsü de makûs talihinizi yendiğinizi düşündüğünüz anda, işler yine rayından mı çıkıyor?

O zaman Kaybedenler Kulübü'nün doğal üyesisiniz.[25]

---

25. Kaybeden olmamak için uygun bir zihinsel beceriler seti lazım. Hep derim: Bir şey öğren ve geri kalan her şeyi bu ilke üzerine bina et: Tüm insanların zekâsı eşittir, eşit olmayan beklentileridir! İlla arıyorsanız, mesela kitap zekâların eşitliğidir! İyi kitaplar okuyun! İyi programlar izleyin! İyi hissedin, sonrası size gelecektir.

Aslında bir iki kez yenildikten sonra, yani yenilmek tabiri caizse ardışıklaşıyorsa, kesinlikle "daha iyi yeniliyorsun". Bu bize, spor müsabakalarında Türk milli takımının ve kulüplerinin tavrını anımsatıyor. Özellikle futbolda. 8-0'lık İngiltere yenilgileriyle başlayan travmatik duruma, 3-0'lık gibi yenilgiler aldığımızda "Yenildik ama ezilmedik" gibi yorumlar geliştirir olmuştuk. Üzgünüz ama buna illa bir hastalık ismi bulmaya çalışsaydık, "eziklik sendromu" gibi bir şey olurdu. Yenilmek soyut bir kavramdır, kabul, zira bazen yenilirken yenersin. İyi de bu kavramın somut tarafını ne yapacağız? Çünkü bazen yenilmişsen de yenilmişsindir! Yani bazı durumlarda kayıpları unutmak kolay değil, belirtelim.

Beynin Kayıpları Unutması Çok Zor

> “ *Şimdi, hemen konuya nöropsikoloji açısından yaklaşalım.*
>
> *Tercih yapmak zaten zorlu bir eylem. Beyinde sürekli yenilenin, "daha sonraki" mücadelede şansı azalıyor. Bugün cinsiyet, ırk, dil, coğrafya vs. fark etmeksizin, 21. yüzyılda bir insanın hayatta kalma kabiliyeti, kişinin beynini nasıl kullandığıyla ilgilidir. Karmaşık sistemler yumağı olan dünyamızda, doğada türünü sürdürebilecek olanlar "en güçlüler" veya "en akıllılar" değil, değişime en iyi uyum sağlayanlar olabilecektir. Beyin hep hareket halinde.Bu satırları okurken bile değişiyor ama mutlaka iz kalıyor. Özellikle kayıpları beynin*
>
> ▶

unutması çok zor. Kaybetmenin panzehri özeleştiri ve yenilenme olmasına rağmen, kaybeden zihin bunu çok nadiren akla getiriyor.

Beyin açıkça statükocudur ve kolay kolay değişmek istemez. Kendisi değişimi istemiyorken şartların da değişmesini istemez.

Cornell Üniversitesi'nden Psikolog Martin Selingman'dan örnek vereceğiz. Selingman şunu merak etmişti: Neden bazı insanlar ümitlerini kaybetmezler, bazıları ise hemen ümitsizliğe kapılırlar?

Bu merakını gidermek için köpekler üzerinde bir dizi deney yapmaya karar verdi. Selingman ve arkadaşları aynı cins ve fiziki özellikleri birbirine çok yakın köpekleri iki gruba ayırarak bir kafese koydu. Birinci gruptaki her bir köpek, ikinci gruptaki başka bir köpekle eşleştirilmişti (tabii bu köpeklerin değil, deneyi yapanların bildiği bir şeydi). Araştırmacılar her iki gruptaki köpeklere de zarar vermeyen ancak rahatsız edici elektrik şokları vermeye başladılar.

Birinci gruptaki köpekler, kafeste var olan bir düğmeye bastıklarında elektrik şoku kayboluyordu. Her ne kadar ikinci gruptaki köpeklerin böyle bir şansı olmasa da eğer birinci gruptaki köpek bu düğmeye basarsa, ikinci gruptaki arkadaşının da şoku kayboluyordu. Her iki gruptaki köpekler aynı miktarda acı çekiyorlardı. Tek farkla: Birinci gruptaki köpekler bu acıyı kendileri kontrol edebiliyorlardı.

İkinci gruptaki köpeklerin acısı ise kendilerinin sebebini anlayamadıkları bir nedenle kayboluyordu. Yani birinci gruptaki köpekler acıyı kontrol edebiliyorken ikinci gruptakiler edemiyordu. Acıyı kontrol edemeyen ikinci gruptaki köpeklerde sinir baş göstermeye başladı. Köpekler sinir içerisinde havlamaya ve etrafı rahatsız etmeye başladı ve köpeklerde depresyon belirtileri baş gösterdi. Birinci gruptaki köpekler tam olarak aynı acıyı çekmiş olmalarına rağmen başlarda benzer tepkileri verseler de sonradan acıyı kontrol edebilmeyi öğrendikleri için daha sakin davranmaya başladılar.

Deneyin ikinci safhasında ise aynı köpekleri iki bölmeli başka bir kafese yerleştirdiler. Bu seferki kafesin üstü açıktı ve köpekler biraz uğraşırlarsa boyları kadar yükseklikte olan bir bariyerden atlayarak diğer bölmeye geçebiliyorlardı. Köpeklerin bulundukları bölmeye yine küçük şoklarla elektrik verildi ancak diğer bölmeye verilmedi. Deneyin bu ikinci kısmında hangi köpeklerin elektriksiz bölmeye atlayacakları kontrol edildi.

Tahmin de edebileceğiniz gibi, deneyin ilk kısmında düğmeyle acıyı kontrol etmeyi öğrenen köpekler, deneyin ikinci kısmında da acıya çare bulmak için çırpınıp diğer bölmeye geçmeyi başardılar. Ancak deneyin ilk kısmında acıyı kontrol edemeyen ikinci gruptaki köpekler, deneyin ikinci safhasında da diğer bölmeye atlamayı akıl edemediler veya denemediler. Yani bir nevi çaresizliği öğrendiler.

Bazen çözüm önünüzde durur ama daha önceki tecrübeleriniz size çaresizliği öylesine öğretmiştir ki başınızı kaldırıp o çözüme bakmayı denemezsiniz bile. Yenile yenile yenilmeyi öğrenmiş takımları düşünün. Sürekli seçim kaybeden ama yeni bir şey yapmayı, yeni bir fikir ve siyaset geliştirmeyi beceremeyen partileri düşünün.[26]

Bitirmeden söyleyelim; kaybetmek, insanoğlunun egosunu kırbaçlama eylemidir. Yıkarken acı veren, acı verirken

26. Aklımıza geldi, not edelim: Dünya âlemdeki siyasete bakınca merak etmiyor değilim! Arapça siyāsaᵗ سياسة (yani seyislik, at bakıcılığı) kökenine sahip, kabaca "gütmek" anlamına gelen, Hint-Avrupa dilindeki politika karşılığı ise "çok yüz" olan siyaset, acaba dünyanın gerçek kara deliği midir? Sadece değerli bir not olduğunu düşündüm.

hırslandırandır. İnsanın ironisidir ve ironiler içinde yaşamaya mahkûm insanoğlunun çıkmazıdır. Oysaki insanın kendi içerisinden kaybettikleri ve maalesef farkında olmadığı kayıplar yanında kaybettiğine üzüldüğü maddeler hiçbir şeydir. Kaybolan bir yaşamın yanında maddelerin ne önemi olabilir?

O zaman bir bakış açısı ile bitirelim. Nelson Mandela, "Ben hiçbir zaman kaybetmem. Ya kazanırım ya da öğrenirim" diyor. Üstüne düşünmek gerekir.

İçerik Sonu

BÖLÜM 08

İrrasyonel Zihin ve Mantıksızlık

"Bugün sizi güldüren, yarın sizi öldürebilir de."
– Proudhon

Güncel Türkiye'nin gündelik hayatının sıradan haletiruhiyesi mantıksızlık ve irrasyonalite hakkında konuşacağız. Tam Türkçe karşılığı olarak "akıldışılık" olarak çevirebileceğimiz irrasyonellik, dayanağı olmayan nedenler üzerine pek de akılcı olmayan kararlar vermektir. İrrasyonellik çok arzu edeceğimiz bir durum değildir ama "hata yapmak veya bilgisizlik" de değildir. İrrasyonellik çoğu zaman beyninizin hızlı davranması sonucu işlenen bir hatadır. Ancak her zaman da kötü bir şey değildir. Beyin her zaman uzun uzun düşünse, karşılaştığınız saldırgan bir köpekten kaçmak için zamanınız olmazdı. Biraz daha somut olsun diye birkaç soru soralım:

1. Sarhoş araba kullanıyor musunuz?
2. Elmalı turta yiyor musunuz? Ya da çikolatalı pasta?
3. Sakın güvensiz seks yapıyoruz demeyin!
4. Çok fazla kahve içmediğinizi umuyoruz!

5. Atları seksi bulmadığınızı varsayıyoruz. Öyle bakmayın cümleye. Öyle düşünen milyonlarca insanın varlığından söz ediliyor!

Hepsi irrasyonel görünüyor değil mi?[27] Bu aşamada bir anekdot akla geliyor, anlatalım:

Öğrenci, o gün derse geç kalmıştı. İlk ders matematikti. Hocayı ve arkadaşlarını rahatsız etmemek için kantinde oturmuş, dersin bitmesini beklemişti. Bir sonraki ders için sınıfa girdiğinde, tahtada, sonunda soru işareti bulunan iki işlem gördü. Kalemini defterini çıkarıp hemen not etti, kimsecikler tahtayı silmeden. Diğer dersler bitmiş, eve dönmüştü. Defterinde çözülecek iki tane soru vardı. Defterini açtı; ama sorular bayağı zor görünüyordu. Sınıfta durumu da fena sayılmazdı hani. Uğraştı durdu, soruları çözmek için. Hoca bazen böyle ev ödevleri verir ve yapılıp yapılmadığını kontrol etmezdi. Ancak yapanlar,

27. İnsanlar önyargıları neticesinde son derece mantıksız olabiliyorlar. Bölünmüş Sınıf Deneyi adlı çalışmadan söz edeceğiz size. Irkçılık hakkında deney yapan Jane Elliot, Lowa kasabasında 3. sınıf öğrencilerine öğretmenlik yapıyordu. Elliot, öğrencileriyle her ay dünyanın önemli liderlerini tanıştırıyordu. Bir proje ile yaptıkları yenilikleri, yönetim şekillerini, farklarını vs. anlatıyordu. 1968 yılının Şubat ayında da dünya genelinde ırkçılığa karşı savaş vermiş Martin Luther King'i anlatmıştı. Aradan iki ay geçmişti ve 4 Nisan 1968 günü gelip çatmıştı. İşten dönmüş Elliot, koltuğuna oturmuş haber kanallarında gezerken Martin Luther King'in kaldığı otelin balkonunda silahla vurularak öldürüldüğü haberini gördü. Irkçılığın ve tutuculuğun çok olduğu bu kasabada Elliot, yarın öğrencilerinin bu konuyla ilgili sorduğu sorulara ne yanıt vereceğini kara kara düşünmeye başladı ve sonunda sekiz yaşındaki öğrencilerine bunu en güzel şekilde açıklamak ve anlatabilmek için bir deney yapmaya karar verdi. Elliot, öğrencileri göz renklerine göre ayırdı ve kahverengi gözlerin mavi gözlerden "daha iyi" olduğunu söyledi. Kendi aralarında iki gruba ayrılan öğrenciler, mavi gözlü öğrencilerin özelliklerini yazmaya başladılar ve zorbalık yapmaya başladılar. Bu özelliklerin içinde "sakar, beceriksiz, salak" gibi şeyler yazılıydı. Normalde özgüven eksikliği yaşamayan mavi gözlü öğrenciler hatalar yapmaya başladılar. Kahverengi öğrencilerin ise özgüvenlerinin arttığı gözlemlendi. Bir sonraki gün ise Jane Elliott rolleri değiştirdi, bu sefer "daha iyi" olan grup mavi gözlü öğrencilerdi. Bu şekilde öğrencilere birbirlerine zorbalık yapmamayı ve üstün bir grubun olmadığı fikri verilmeye çalışıldı.

mutlaka bunun karşılığını en azından bir iltifatla alırdı. Bazen nota da etki ederdi tabii bu durum.

Ertesi gün, öğrenci uzun uğraşlardan sonra çözdüğü soruları koydu hocanın masasının üzerine. Biraz da zor olmuştu hani. Hocanın yüzünde değişiklikler oluyordu işlemi kontrol ederken. "Nasıl buldun bu sonucu?" dedi hoca heyecanla. "Bu soru 150 yıldır çözümlenemiyordu. Ben dün tahtaya, matematiğin problemlerini anlatırken yazmıştım bu soruları. Kendim çözmeyi denemediğim gibi, bizim gibi normal (!) insanların da denemeyeceğini düşünüyordum. Enteresan."

Şaşırarak cevap verdi hocaya: "Dün derse geç kalmıştım. Tahtada soruyu görünce diğer ödevler gibi zannettim. Biraz zorlanarak olsa da akşam evde yaptım."

Hoca sınıfa döndü ve şöyle dedi:

"İşte arkadaşlar! 150 yıllık soru dediğimiz, aslında 150 yıllık önyargı imiş."

Ah, irrasyonelliğimizden ve önyargılarımızdan kurtulabilsek, belki bizler de 2000 yıllık soru ve sorunlarımızı çözebiliriz herhalde.

İrrasyonel kitabının yazarı Sutherland, rasyonel düşünceyi, "Kişi sahip olduğu bilgiler dahilinde, doğru olma ihtimali en güzel sonucu hedefler ancak rasyonellik yalnızca kişinin ne bildiğine göre değerlendirilebilir. Rasyonel düşüncenin ya da rasyonel karar almanın en iyi sonucu getireceğine dair kesin kanıt yoktur" şeklinde tanımlar.

Güçlü duygularımız bizleri bazen irrasyonelliğe iten etkenler arasında gelmektedir. Davranış bilimci B. F. Skinner'ın, ödülün performansı artıracağına dair görüşlerinin aksine, kişinin fazlasıyla ödüllendirildiği takdirde azminin azalacağına ve motivasyonunun düşeceğine dair deneysel bulgular mevcuttur. Bunun dışında yüksek heyecan, stres, aşkın; düşünce esnekliğini azaltmakla birlikte, karar verme süreçlerimizdeki rasyonel duruşumuzu da zedelediği gerçeği sanırım hepimiz tarafından bilinmektedir.

Örneğin, doktora gitmek istemememizin sebebinin kötü haber duymak istemememizden; aşırı yemek yeme isteğimizden, alkolizmden; sigara içenlerin içmeyenlere göre zararlarına daha az inanmasından da anlayabileceğimiz gibi, bizleri irrasyonaliteye iten duygu hep dürtülerimizi kontrol edemeyişimizden kaynaklanmaktadır. Bunun dışında birçok taşkınlık, baskın, holiganlık gibi duyguların sebebinin "sıkıntı" olduğuna dair bulgular da oldukça dikkat çekicidir.

Gerçeklik ve rasyonellik size mutluluk sağlar ya da sağlamaz, sizi hayatta bırakır ya da bırakmaz, kariyerinizdeki yükselişi destekler ya da desteklemez, kitabın ilgi odağı bu vaadi vermek değildir. İnsanoğlunun kendi mutluluk oyununu oynamak için gerçekleri saptırma/çarpıtma eğilimine değinirsek, insanların "düşünen hayvan" olmanın ötesine geçerek duygusal kararlar aldıklarına dikkat çekmemiz gerekir. Bir gruba ait olma ihtiyacımız veya yemek, üreme, korunma gibi primitif ihtiyaçlarımızın hâlâ türümüzü devam ettirmemiz için gerekli olmasından dolayı, bu tarz güdülenmenin yarattığı biyolojik etkinin irrasyonaliteyi tetiklemesinin normal olacağını görüyoruz.

Diğer bir neden ise beynimizin başta rasgele birbirine bağlanmış hücre ağlarından oluşmasıdır. Bu tür ağ yapısının dağınık olmaya meyilli olması, daha az belirgin verilerin hesaba katılmasını önlerken; çok belirgin olan şeylerin diğer bağları durdurmasından kaynaklanmaktadır. Makinelerin güvenilirliğinin de bu açıdan insana göre fazla olması, biyolojik bir sinirsel ağa sahip olmamasından ileri gelmektedir.

İrrasyonel davranmamıza dair üçüncü neden ise zihinsel tembelliği seçmemizdir. "Eski beyin" olarak isimlendirilen beynimizin kararlarımızdan sorumlu bölgesinde zihinsel olarak "çok yorulmama" eğilimi vardır. Dördüncü neden ise, temel olasılık kuramlarını, temel istatistiği ve bu alanlarda geliştirilmiş kavramları kullanamamamızdır.

Bu nedenleri güçlü bir şekilde somutlayacak tarihsel bir hikâyeyle durumu açıklayalım:

MS 40'lı yıllara, lakabı "Deli" olan, kendisini Apollo ilan eden, en sonunda hırsından Roma'yı yakan, uzun adı Nero Claudius Caesar Augustus Germanicus olan ve bizim Neron olarak bildiğimiz Roma imparatoru; keyfine ve hazzına çok düşkün, zamanın en güçlü gladyatörlerinden II. Spartaküs'e dair akıldışı bir talepte bulunur.

II. Spartaküs'ün savaşması için vahşi diyarlardan 40 tane azgın kaplan getirilmesini emreder. Kaplanlar iki hafta sonra gelir ve o ana kadar Roma'nın gördüğü en büyük eğlence arenada hazırlanır. Gün geldiğinde tüm Roma, büyük arenada Spartaküs'ün kaplanlarla savaşmasını izlemek için toplanır. İmparator Neron, arenadaki tahtındadır ve yanında dünyanın en keskin kılıcı ve içinde dolu dolu altın sikkeler bulunan 40 kese bulunmaktadır. Derken beklenen an gelir. Neron halkı selamlar ve işaretini verir. II. Spartaküs, büyük bir şaşaa ile arenaya girer. İlk kaplanı, elinde silah olmaksızın alaşağı eder. Kalabalık, kahramanı çılgınca alkışlamaktadır. Neron, yanındaki keselerden birini dövüşçünün önüne atar. Derken ikinci kaplan salıverilir. Tecrübeli dövüşçü ikinci hayvanı da kısa sürede boynunu kırarak öldürür, Neron, beğeni ifadesiyle başparmağını kaldırır ve loca önündeki Spartaküs'e ikinci keseyi de atar. Üçüncü, beşinci, on ikinci, otuzuncu ve otuz dokuzuncu kaplan da giderek uzayan mücadelelerle tecrübeli dövüşçü tarafından alt edilir. Her yeni mücadelede arenadaki insanlar daha da çıldırır, alkışları sadece arenayı değil tüm Roma'yı inletir. Spartaküs keselerce altın kazanmış, son kaplana geldiğinde heyecan artık dorukların da ötesine taşmıştır. Yalnız durum başlangıçtan itibaren çok mantıksızdır, Spartaküs yorgunluktan bitap düşmüştür. Kırkıncı kaplan salıverildiğinde hayvana saldıracak hali kalmayan Spartaküs savunmaya geçer. Otuz dokuz kaplanı elleri ile boğan gladyatörün karşısına çıkan, sabırsız, korkmuş ve hiddet dolu kaplan, atik bir saldırı ile adamı yere düşürür, kolundan koparırcasına ısırdığı adamı metrelerce sürükler. Tüm arena birden sessizliğe ardından eleştiri dolu haykırışlara bürünür. Bir adamla başlayan, dünyanın en galiz küfürleri bir anda tüm kalabalığı sarar, Neron bile yerinden sıçrayarak yerde yatan bitap adama haykırır:

"Ayağa kalk, seni beceriksiz rezil!"

Spartaküs kalan son gücünü de kullanıp, kaplandan kolunu kurtarır, hayvanı kolları arasına sıkıştırarak, gücünü toplamak için zaman kazanmaya çalışır. Bu durumdan tüm kitle nefret etmiştir. Evet, durum çok akıldışıdır ama olan şey budur.

Spartaküs moral bozukluğunun da etkisiyle güçten düşer, kullanacak hiç enerjisi kalmaz. Küfürlerin artmasıyla yıkılan Spartaküs, başparmağıyla "yenilgi işareti" yaparak, yardım ister. Gösterinin planladığı gibi devam etmemesine hiddetlenen Neron, keskin kılıcı ve son keseyi bir saray muhafızına atarak "Kelle kes!" işareti yapar. Kılıcı alan muhafız önce yerde bitkin yatan kaplanı delik deşik eder, ardından sehpaya çekerek götürdüğü Spartaküs'ün kafasını bir darbede keser. Tüm kitle yerinden fırlar ve celladı elleri morarırcasına alkışlamaya başlar. Akıldışı bir mantıkla planlanan gösteri, yine akıldışı bir mantık ve mantıksız bir trajedi ile sonlanır.

Otuz dokuz kaplanı büyük bir güç ve yetenekle, sadece elleri ile öldüren Spartaküs, adi bir kılıç darbesi ile infaz edilmiş ve yenilmiştir. Onu "yenen" ise belki de o kaplanlardan bir tekini bile, kılıcını kullansa dahi öldüremeyecek olan bir cellattır. Toplam otuz dokuz galibiyetle, aslında bir tam mağlubiyet bile olmayan sonuca yenilmiştir. Burada olan şey, kültürellik ve toplum baskısından kaynaklı bir irrasyonellik olsa dahi, Neron'un ve kitlenin kararı bu yönde olmuştur.

İnsanı irrasyonel kararlara iten o kadar çok neden bulunabilir ki. Önyargılar, otoritenin kabulü, yanlış çıkarımlar, bilgi eksikliği, aşırı duygusallık, etik noksanlığı, kültürellik ve başka onlarcasından söz edilebilir.

Ördek Kadar Rasyonel Olamıyor musunuz?

> *“Mesela iki ördek kavga ettiğinde ne yaparlar biliyor musunuz? İlk olarak şunu söyleyelim; ördekler oldukça rasyonel hayvanlardır. Bu nedenle de nadiren kavga ederler. Kavga ederlerse de duygusal olmaktan çok uzak olurlar. Kavga bittikten hemen sonra hiçbir şey olmamış gibi farklı yöne doğru uçarlar. Bir yerde dururlar ve kanatlarını çok güçlü bir şekilde çırparlar. Böylece kötü enerjilerini atmış olurlar. Bu işlem bittikten sonra büyük bir huzur duygusuyla hiçbir şey olmamış gibi yollarına devam ederler.*[28]

28. Araştırmacı Martin Lindstrom, eğer insan son derece rasyonel bir varlık olsaydı, sigara, alkol gibi tüketimlerin zararlarını bildiğinden bunları tüketmeyeceğini belirtmiş. Aslında kendisinin kastettiği bilinçaltı ve bilinçdışı kavramları ile alakalı olan karar mekanizmalarıdır. Bir sigara kutusunun arkasında 18 punto ile yazan “Bunu içersen bacağın kangrenden kesilebilir” uyarısı sadece bilinç düzeyine hitap eder. Halbuki insan zihninin çok daha büyük bir düşmanı vardır. Daha da akılcılardır. Kişi sahip olduğu bilgiler dahilinde, doğru olma ihtimali en güzel sonucu hedefler ancak rasyonellik yalnızca kişinin ne bildiğine göre değerlendirilebilir. Rasyonel düşüncenin ya da rasyonel karar almanın en iyi sonucu getireceğine dair kesin kanıt yoktur. Gerçeklik ve rasyonellik size mutluluk sağlar ya da sağlamaz, sizi hayatta bırakır ya da bırakmaz, kariyerinizdeki yükselişi destekler ya da desteklemez, vaat bu değildir. İnsanoğlunun kendi mutluluk oyununu oynamak için gerçekleri saptırma/çarpıtma eğilimine değinerek, insanların “düşünen hayvan” olmanın ötesine geçerek duygusal kararlar aldıklarına değinmektedir.

İnsanlar çoğu zaman irrasyonellik havuzunda boğuluyorlar. *İrrasyonel*[29] kitabının ve yazarı Sutherland'den yardım alarak muhtemelen sizin de karşı karşıya olduğunuz irrasyonel düşünceden 13 tanesini sıralıyoruz:

1. **Bir insanın akranları, ailesi ve arkadaşları tarafından sevilmesi ve onaylanması mutlak bir ihtiyaçtır:** Ancak yaşamınızdaki tüm insanları memnun etmeniz olanaksızdır. Sizi gerçekten seven ve onaylayan kişiler dahi bazı davranışlarınızı ve özelliklerinizi hoş karşılamayabilir.
2. **Yaptığınız tüm işlerde mükemmel olmak zorundasınız:** Mükemmel olmak zorunda olduğunuza dair inancınızın sonucu, kaçınılmaz başarısızlıklar sonrasında kendinizi suçlamak, düşük özgüven, birlikte olduğunuz kişiye ve arkadaşlarınıza koyduğunuz mükemmeliyetçi standartlar ve herhangi bir girişimde bulunmaktan korkmak olacaktır.
3. **Belirli kişiler kötüdür ve cezalandırılmalılardır:** Daha gerçekçi bir düşünce şu olabilir; bu kişiler antisosyal veya uygunsuz bir şekilde davranıyor olabilirler ve davranışlarını değiştirmeleri gerekebilir.
4. **İşler veya insanlar istediğiniz gibi olmadığında bu korkunç bir durum demektir:** Bu durumda şöyle bir iç konuşma gerçekleşir: "Bu neden benim başıma geldi? Allah kahretsin, buna dayanamam!" Yolunuza çıkan her problem, her başarısızlık karşısında bu tarz iç konuşmalar yaparsınız ve bunun sonucunda da yoğun bir stres yaşarsınız.

29. Sutherland Stuart, *İrrasyonel* [Kitap]. - İstanbul: Domingo, 2007.

5. **İnsanların acı çekmesine etrafta olan bitenler neden olur:** Olaylar duygularımızı etkiler ve bizler de bu olanlara tepki veririz. Bu düşüncenin mantıksal bir uzantısı da şu düşünce olacaktır: **Mutlu olmak veya acı çekmemek için etrafında olup bitenleri kontrol etmek zorundasın.** Ancak böyle bir kontrolün sınırları olacağı için ve diğerlerinin isteklerini tam olarak etkileyemeyeceğimiz için, bunun sonucunda bir çaresizlik ve kronik bir kaygı yaşanacaktır.
6. **Bilinmeyen, belli olmayan ve potansiyel olarak tehlike içerebilecek her şeyden korkmalısınız veya endişe duymalısınız:** Belirsizlik karşısında korkunun veya kaygının artması, baş etmeyi daha da zorlaştırır ve stres seviyesini artırır. Korku duygusunu, gerçek ve algılanan bir tehlikeye karşı saklamak, belirsiz durumları yeni ve heyecan verici bir deneyim olarak algılamanıza izin verir.
7. **Ayakta kalmak için kendinden başka, daha güçlü, daha büyük bir şeye ihtiyacın var:** Kendinizden daha yüksekteki bir otoriteye güvenerek, kendi alacağınız kararlardan vazgeçmiş oluyorsunuz.
8. **Geçmişte yaşananlar bugünü oldukça etkilemeye devam eder:** Geçmişte olan bir şeyden çok fazla etkilenmiş olmanız, bu olayla baş etmek için oluşturduğunuz alışkanlıkları devam ettirmek zorunda olduğunuz anlamına gelmez. Bu davranış şekilleri zaman içeresinde çok sık tekrarlanmaktan dolayı neredeyse otomatik bir hal almaya başlar.
9. **Hareketsiz, pasif olarak ve boş vakit geçirerek mutlu olunabilir:** Mutluluk, tam olarak gevşemekten daha fazlasıdır.

10. **İnsanlar kırılgandır ve hiçbir zaman incitilmemelidirler:** Oysaki bu irrasyonel inanç, duygularımızı açık bir şekilde ifade etmemizi engeller.

11. **İyi ilişkiler, karşılıklı fedakârlığın olduğu ve verici olmaya dayanan ilişkilerdir:** Bu inanç, almaktansa vermenin daha iyi olduğu varsayımına dayanmaktadır.

12. **Diğerlerini memnun etmek için çaba göstermezseniz, sizi terk ederler veya reddederler:** Bu inanç, düşük özgüvenin bir işaretidir. Eğer kendinizi olduğunuz gibi gösterirseniz, diğerleri tarafından reddedilme ihtimaliniz genellikle daha düşüktür.

13. **Mükemmel bir sevgi ve mükemmel ilişki vardır:** Bu inanca sahip olan kişiler tam anlamıyla mutlu olmazlar çünkü onlar mükemmeli ararlar fakat bu hiçbir zaman olmaz.

İçerik Sonu

BÖLÜM 0109

Doğuştan Kötü müyüz?

"Bir insanı öldürdüğün zaman, bir yaşam çalarsın. Karısını bir kocadan, çocuklarını bir babadan mahrum edersin. Yalan söylediğin zaman, bir insanın gerçeğe ulaşma hakkını elinden almış olursun. Aldattığın zaman, bir insanın, doğruluk, adalet hakkını elinden alırsın. Çalmaktan daha büyük kötülük yoktur."

– Khaled Hosseini, Uçurtma Avcısı

Bir yazar bir keresinde "Sevmeyi ölçüye vuramaz insan. Vardır ya da yoktur" demişti. Kötülük de öyledir. Vardır ya da yoktur. Kötülük de şekil şekildir. Kendisi felsefedir, kolay kolay da tanımlanamaz. Evet, insanlar, bize zarar verdikleri için değil; yaptıkları haksızlıklarla ruhumuzun ışığını söndürüp içimizdeki kötülüğün başkaldırmasına sebep oldukları için korkunçlar. Sadece o mu? Bir diğerine dair aşikâr bir negatif eylemi ille de gerektirmez, sadece kendine iyi olmak da bir kötülük biçimidir. Bakmayın, her toplumdaki kötülük oranı aynıdır. Farkı yaratan kötülere tanınan iltimaslardır. Kötülük o toplumda yaygınlaştığında iyi olmaya çalışanlar için onların alınlarına yazılmış yalnızlıklara dönüşürler. İnsanın kendisine ait eksikliklere tahammül edememesi ve bunu yok etmeye çalışması kötülüğün filizleridir. Ve unutmayın; kötülük size bu kadar yaklaşabildiğine göre siz de ona yaklaşmışsınızdır. Hep öyledir. Bu kolektif bir hal de alabilir. Bakın aşağıdaki örneğe.

1965-1966 yıllarında Endonezya'da komünist diye 1 milyon kişinin, sivil halk tarafından öldürülmesini anlatan 2012 Kanada yapımı "The Act of Killing" isimli bir belgesel var. İzlemeniz lazım, çünkü anlatmak kolay değil. İnsanın vahşiliği, sadizm ve gaddarlık üstüne bir destan. Fena bir şey. Yönetmen Joshua Oppenheimer, bu katliamı gerçekleştirip günümüzde sağ olan ve yaptıklarından dolayı hâlâ hiç ceza almamış insanları buluyor ve bu insanlar kahve sohbeti gibi cinayetlerini anlatıyor. Sürekli gülen, karizmatik, şakacı (!) Anwar Congo'nun "gerçek" ve azılı bir katil olduğunu bilmek insanın kanını donduruyor. Bir de yanında Herman var. Pancasila Youth örgütü katilleri Anwar ve Herman ikilisi, insanları nasıl kestiklerini, işkencede nasıl eğlendiklerini, eski Hollywood gangster filmleri ya da müzikaller formatında canlandırıyor filmde. Yaklaşık 1000 kişiyi öldürmüş bu adamlar, insanları kan çıkarmadan nasıl öldürdüğüne ilişkin kendi geliştirdiği yöntemleri açıklıyor. Cinayetlerin öyküsünü sanki bugünmüş gibi, "gururla" ve "neşeyle" anlatıyorlar. Vicdan filan yok ortada. İnsan öldürmeyi bir nevi eğlence olarak görüyorlar. Peki, Anwar ya da Herman'ı bu kadar kötü yapan şey neydi acaba?

Japonya'nın, Nanking Katliamı'nda, 300.000'den fazla sivili katlettiği bir dünya bu. Sovyet askerlerinin Doğu Avrupa'da belki yüz binlerce kadına tecavüz ettiğini biliyoruz. ABD'nin Hiroşima ve Nagazaki'ye attığı atom bombalarının yüz binlerce insanın ölümüne sebep olduğu da aşikâr. Kötülük, üzerine hep tartışılan bir olgu. Araştırmacılar, kötülük kavramına bakarak yıllarını geçirmiş ve bize bir sürü önemli bilgi bırakmışlardır. Ancak, hâlâ kötülüğü tanımlamak için tek başına kullanılabilecek bir faktör bulunamamıştır. Bunun yerine, kötülük yapan insanların bizlere çok benzediğini, hatta itiraf etmek isteyeceğimizden daha da benzer olduklarını kabul etmeye başlamak durumundayız.

Birçok araştırmacı, kötü davranışların temelini bulmak için kötülük kavramını daha yakından incelemeye başlamışlardır.

Nörobilim, kötü şeyler yapan insanların beyinlerini araştırmaktadır. Benzer şekilde, birçok sosyal psikolog da aynı amaçla birtakım deneyler geliştirmişlerdir.

İnsanlar doğuştan "iyi" mi yoksa "kötü" mü? Ahlak algısına sahip olarak mı doğuyoruz? Yoksa boş "boş levhalar" olarak doğuyoruz, doğru ve yanlışın, iyi ve kötünün bize öğretilmesini mi bekliyoruz? Yoksa daha da mı kötüsü; yaramaz, bencil insanlar olarak doğuyoruz da ailemizin, öğretmenlerimizin ve dinimizin bizi yola sokması mı gerekiyor? Analitik psikolojinin kurucusu İsviçreli psikiyatr Carl Gustav Jung, "Bütün kaosun içinde bir kozmos, bütün düzensizliğin içinde gizli bir düzen vardır" der. Bir de Türkiye'nin artık her alanda kolektif aklı haline gelmiş kötücüllüğünü yaşasa ne derdi acaba? Merhametsizlik, saldırganlık, ganimet kültürü, trollük ve bunların olağanlaşması... Kaosun düzen haline geldiği bir durumu yaşadığımızı mı yorumlardı acaba?

Jane Austen, kötücüllükle ilgili ilham verici sözlerinde şöyle der:

"Suçlar ve kötüler... İnsanlar ve şeytanlar... Çok da uzak değiller. Bellek kimi zaman öylesine kuvvetli, öylesine elverişli, öylesine uysal, kimi zaman da öylesine şaşkın ve öylesine zayıf ve yine kimi zaman bir o kadar gaddar ve kontrol ötesidir."

Bazı insanlar neden bencil ve kötü karakterlidir, başkalarına acı çektirmekten neden hoşlanır?

İnsan beyninin en karanlık köşelerinde kötülük nasıl cevap bulur?

Evet, anladığınız üzere konumuz bu, kötülük!

Ayartılmış iyilik de diyebileceğimiz kötülükte, hissedebilen bir varlığa kasıtlı olarak acı vermek vardır. Bunun için monizme göre kötülük, insanların anlayış yeteneklerinin ötesinde çok daha büyük bir iyiliğin parçasıdır. Düalizme göre ise iyilik ve kötülük zıt kutuplarda yer alan iki ilkedir. Başkalarını görememektir. Ötekini görme eksikliğidir. Onlara karşı empati duygusu besleme yoksunluğudur.

Diyelim ki zararsız böcekleri kahve öğütme makinesine atıyorsunuz; bu iş hoşunuza gider miydi? Ya da sokaktan geçen herhangi bir insanı sağır edici bir sesle korkutmak? Bunlar Delroy Paulhus'ın içimizdeki "kötü insanları" anlamak için yaptığı deneylerden bazıları. Kanada'daki British Columbia Üniversitesi'nden Psikoloji Profesörü Paulhus, bazı insanların neden başkalarına acı çektirmekten hoşlandığı sorusuna cevap aramış. Bu tür insanlar sadece psikopatlar ve katiller değil; okuldaki zorbalardan internet trollerine, hatta politikacı ve polis gibi toplumun üst kesimine mensup kişiler de bu kategoriye girebiliyor.

Paulhus, bu insanlar hakkında hemen yargıya varmanın kolay olduğunu söylüyor. "Tanıştığımız insanlar hakkında melek ve şeytan kalıbını kullanma eğilimi taşıyor, dünyamızı iyi ve kötü insanlar olarak basitleştirmek istiyoruz" diyor. Zalimliği mazur görmeye çalışmasa da onun bu tür insanlara yaklaşımı tıpkı bir zooloğun zehirli böcekleri incelemesine benziyor.[30]

---

30. Kötülük anda da oluşabilir. Bunun adına bazen ortak hedef ya da rekabet deriz. Size Survivor yarışmasındakine benzer bir pratik anlatacağız. Burada Yaz Kampı Deneyi'nden söz edeceğiz. Sosyal psikolojinin kurucularından kabul edilen Muzaffer Şerif, 1949, 1953, 1954'te ortak bir tehditle karşı karşıya kalınırsa karşıt fikirli iki grup arasındaki düşmanlığın durulacağı düşüncesiyle bir deney yapmaya karar verdi. Deneyde, Amerika orta sınıfından 11-12 yaşları arasında toplamda 22 erkek çocuğu denek olarak kullanır. Denek olarak kullanılan bu çocukların hiçbiri bir alan deneyine katıldıklarından habersiz ve birbirlerini tanımamaktadır. Kamp müdürü ve yöneticisi olarak Muzaffer Şerif yer almaktadır. Grup içinde bir hiyerarşi oluşturan çocukların, karşı grubu gördüklerinde düşmanca tavırlar sergiledikleri gözlemlendi. Gruplar "Kartallar" ve "Gevezeler" olarak adlandırılmış. Kısa zaman içerisinde aralarında savaşmaya başlamışlar, gruplar birbirlerini aşağılama yoluna gitmiş. Aktiviteler rekabete dayalı yapılmaya başlanınca, aralarındaki çekişme daha da büyümüş, birbirlerine "sinsiler", "hileciler", "bozucular" gibi lakaplar takmaya, karşılıklı; bayrak çalma, çadır yakma ve tehdit edici afişler asma gibi hareketler yapmaya başlamışlardı. İki grubun birlikte yaptıkları aktiviteler, takımlar arasındaki rekabeti ve kini giderek artırdı. Bu gözlemler sonucunda Şerif, bir orman yangını çıkardı ve iki grubun da bu ortak tehdide karşı birlikte çalıştığını gördü. Şu açıktı ki; insanlar grup oluşturduklarında bile üyelerin birbirlerine kuvvetli bağları neticesi

Bu noktada soralım; elmanın doğası nasıl yere düşmekse, "kötüler"in de doğası ne yapıyorlarsa onu yapmaları mıdır? Yani kötülük doğuştan mıdır?

Bu bakış açısının onları günahsız kıldığı doğrudur. Fakat neyse ki aynı bakış açısı, kötüleri beton kutulara hapsetmeyi seven biz "iyiler"i de günahsız kılar.

İnsanların doğuştan mı bu özellikleri taşıdıkları sorusuna yanıt bulmak için tek ve çift yumurta ikizleri incelendi. Narsislik ve psikopatlığın genetikle ilgili olabileceği, fakat Makyavelcilikte çevresel etkenlerin önemli olduğu sonucuna varıldı. Ancak genetik olarak devralınan miras, insandaki bireysel sorumluluk duygusunun ortadan kalktığı anlamına gelmiyordu.

Liverpool Üniversitesi'nden Minna Lyons "Kimse psikopatlık geniyle doğmaz ve bu konuda yapacak bir şey yok denemez" diyor. Lyons, gece geç yatıp sabah erken kalkamayan "gece kuşlarında" bu türden "Karanlık Üçlü" özelliklerine daha sık rastlandığını belirtiyor. Bu tarz insanların risk almaktan (psikopat özellik), maniple etmekten (Makyavelci özellik) ve başkalarını sömürmekten (narsistik özellik) hoşlandığının altını çiziyor.[31]

oluşan etkin bir yapıya kavuşup kötüleşebilirler. Birer birer üyelerin toplamından değişen bir bütüne işaret eder. Karşılıklı olarak üyelerin birbirlerine olan bağımlılıkları üzerinden, üyelerin özellikleri grup özelliklerine dönüştürülür.

31. Muhteşem bir kriminoloji uzmanı olan Julia Shaw, yakın zamanda içinde insanların neden kötü olduğu veya kötü şeyler yaptığına dair araştırmaları olan bir kitap yayımladı. Shaw, kötü insanların beyinlerindeki düşük prefrontal ventromedial aktivasyon seviyeleri hakkındaki nörobilim çalışmalarını dikkatlice inceledi. Bu, Shaw'ın insan dışılaştırma ve başkalarına zarar vermekle ilgili kendini haklı çıkarma süreci dediği şey ile ilgili olan başka bir faktörmüş gibi görünüyor. Gergin ve amaçsız bir kültür tarafından beslenen, belli miktarda paranoya ile birleşen bu anomali tipi, başkalarına kötü şeyler yapmaya istekli insanlar oluşmasına yol açıyor. Aynı zamanda, Shaw psikologların "karanlık üçlü" dediği şeyi de analiz ediyor: psikopati, narsisizm ve Makyavelizm. Shaw ayrıca bu üçlemeye bir dördüncüsünü ekliyor: sadizm. Yazar narsisizm tiplerinin ikisinin de fevkalade bir analizini yapıyor. Julia Shaw, kırılgan narsislerin büyüklenmeci narsislerden çok daha tehlikeli olduğunu belirliyor. Doğru şartlar gerçekleştirildiğinde kırılgan narsislerin derinden bir kötülük ile hareket edebileceğini söylüyor. (Daha fazla bilgi için bkz. https://aklinizikesfedin.com/kotuluk-bilimi)

Bu teorinin doğruluk payı tartışmalı olabilir, fakat Paulhus insan toplumunun karmaşık olduğunu, her konuda başarı şansını artırmak için insanların farklı yollar tutabileceğini ve bunun bazen iyiliği, bazen de kötülüğü içerdiğini ifade ediyor.

Evrim sürecinde Homo sapiensin diğer primatlara galebe çalmasını sağlayan en önemli özelliğinin uyum sağlayabilme yeteneği olduğunu biliyoruz. Evrim sürecinin çok erken dönemlerinde ayrılan kollara kıyasla Homo sapiens kesinlikle daha başarılı bir tür. Ama evrim ağacının daha yakın akrabalık ilişkisine sahip türlerine, mesela Neanderthallere galebe çalmamızı sağlayan şey neydi acaba? İddia edildiği gibi Neanderthallerin daha barışçı, Homo sapiensin ise daha saldırgan, yağmacı ve savaşçı bir tür olması mı? Yani kötülük yapabilme yönündeki büyük uyumu mu?

İnsan, uyum sağlama konusunda çok başarılı bir varlık. Sadece fiziksel koşullara değil sosyal ve psikolojik değişikliklere de aynı başarı ile uyum sağlayabiliyor. Sağlayamayan bireyler ise tıpkı evrim sürecinde olduğu gibi silinip kayboluyor. Sosyal uyumun ne derece etkili bir mekanizma olduğunu gelin şu örnekten izleyelim:

1951 yılında, toplumsal uyum meselesini inceleyen Solomon Ash bir deney yapar. Deney şöyle kurgulanır; kalabalık bir gruba basit sorular sorulur, mesela bir grup kart gösterilir. Kartlarda basit şekiller ya da hesaplar yer alır. Sözgelimi bir kartta üç tane çizgi vardır ve bu çizgilerden biri diğerinden açıkça daha kısadır. Ya da kartta bir matematik hesabı vardır ve sonuç şüpheye yer vermeyecek biçimde açıktır. Fakat denek grubu, içlerinden biri yani gerçek denek hariç, tiyatroculardan oluşmaktadır.

İlk soruda denek, gayet basit olan sorunun açık şekilde görülen yanıtını doğru olarak verir. Gruptan bir ya da iki kişi de onunla aynı yanıtı verir ama grubun geri kalanı ağız birliği etmiş gibi yanlış yanıt verir. İkinci soruda denek yine doğru yanıtı verir. İlk soruya yanlış yanıt veren grup ise yine yanlış bir yanıt üzerinde ortaklaşır. Ama burada ilginç bir şey olur. İlk soruda denekle birlikte doğru yanıt veren işbirlikçiler de yanlış yanıtı verenlere katılır. Üçüncü soruda denek biraz kararsızlık gösterse de yine doğru yanıtı verir. İşbirlikçiler ise kendilerinden gayet emin bir şekilde, bu kez tamamı yanlış seçeneği yanıt olarak verir. İlerleyen sorularda ise nihayet denek de yanlış seçeneği yanıt olarak verenlere katılır. Uzun çizgiye kısa deyip, 2 artı 2'ye 5 yanıtını verir. "Sürünün kara koyunu" olmaya cesaret edemez. (Dil ideolojidir demiş miydik? İşte o yüzden yazının başında eleştirmiş olsak bile kavramsal açıklamaları yapmak için dilin imkânlarıyla sınırlı kalıyoruz.) Sonraki sorularda ise denek ve işbirlikçiler arasında "yanlışta ortaklaşmak" hususunda mükemmel bir "uyum" vardır.

Neyse bitirelim...

Montaigne, *Denemeler*'de şöyle der:

> *"Çünkü eğer aramıza kötülük girmesinin nedeni sadece yargılarımızsa, onları küçümseyip doğru yola sokabiliriz. Eğer her şey bizim merhametimize bağlıysa neden onların efendisi olmuyor ya da kendi yararımıza kullanmıyoruz? Kötü ve üzücü diye yorumladıklarımız özünde kötü ve üzücü değildir. Onlara bu özellikleri bizim hayal gücümüz vermiştir."*

Bencilliğin kör halidir kötülük. Sınır tanımadan, karşısındakinin yerine kendini koymadan, düşünmeden sadece kendi isteklerini dinleyen günümüz insanının çıkarcı ruhudur. Kendine dışarıdan bakamamanın, ne olduğunu, kim olduğunu bilememenin kara cahilliği, sadece kendi isteklerini önemseyen bir egonun açıkta dolaşması hali. Sahte peygamberi bol, maskeleri sokakta beleş dağıtılan, rolden role giren, kimi zaman merhamet dolu bakışların altına saklanmış kötülük her yerde.

Konuyu harika bir bilge anlatısı ile derinleştirip bağlayalım:

Bir bilgenin öğrencileri sormuşlar:

"İnsanlar neden kötü alışkanlıkları daha kolay ve iyi alışkanlıkları daha zor edinirler? Neden iyi alışkanlıklarını uzun süre muhafaza edemezler?"

Yaşlı bilge: "Peki ben size şöyle bir soru sorayım. Eğer iyi tohumu güneşte bırakırsak ve kötü, çürümüş tohumu toprağa gömersek ne olur sizce?"

Öğrenciler cevaplamış: "İyi tohum kuruyacak güneşte, kötü tohum ise hastalıklı filizler verecek ve sağlıklı bir meyve oluşmayacak."

Bilge devam etmiş: "İnsanlar da bu şekilde davranır: İyilikleri ruhlarında saklayıp filizlerini büyütmektense açığa çıkarıp kaybediyorlar. Diğer yandan da günahlarını ve kötü taraflarını başkalarından saklamak için içlerinde gizliyorlar. Onlar orada büyüyüp insanı kalbinden yok ediyor... Ancak siz, bilge olun..."

Durum bu işte. En nihayetinde kötülük, yapandan çok, ona maruz kalan tarafından "kötülük" diye algılanır. Sokrates'in ünlü cümlesini bir parça deforme ederek söylersek; bile bile kötülük yapmak yüksek bir vicdan gerektirir.

İçerik Sonu

BÖLÜM 0110

Zehirli İnsanları Nasıl Anlarsınız?

"Eskiden derdim ki; insanın başına gelebilecek en kötü şey, bir gün yapayalnız kalmasıdır. Bugün öğrendim ki; hayatta insanın başına gelebilecek en kötü şey, yapayalnız hissetmesine neden olan insanlarla yaşamasıdır."

– Goethe

Doğrusu çok karanlık bir cümleye bakıyor gibiyiz ama konu bu: Zehirli insanlar. Hepimiz tanırız onları, çokça var etrafımızda. Bu toksik insanlar, manipülatif, yalan söyleme eğilimli, acımasız, ikiyüzlü, en güzel ve olumlu şeyi bile sevimsiz hale getirmenin bir yolunu bulan kişilerdir. Epiktetos'un dediği gibi, "bir cesedi sırtlanmış ufacık bir ruh gibi hissettirler" sana. Üstelik zehirli insanların kendi zehirlerinden kurtulabilmesi için yılların geçmesi gerekir.

Bir söz var: "Beni düşmanımın kötülüğü değil, dostumun zehri korkutur."

Nedir bu zehir? Peki, zehirli insan ne demek?

Mutlaka olmuştur. Bazen sizi hayattan bezdiren, içinizdeki yaşama sevincini bitiren insanlara denk gelmişsinizdir. Öyle olmadıysa belirtelim, böyle biriyle tanışmanız an meselesi. Bu insanlardan nasıl korunuruz? Bu konuda bir değerlendirme yapalım.

Zehirli olmak soyut bir kavramdır. O halde bir insanı zehirli olarak nasıl nitelendirebiliriz? İnsanın içine biraz sinsilik, kibir, yalan, bencillik koyalım. Kötü niyet de olsun. Yersiz bir ego tatmin mekanizmasına da sahip olsun mesela. Biraz yargılayıcı, çokça tutarsız olsun. Başka ne olur acaba? Ayrımcı, adaletsiz, ötekini yok sayma da olsun. Bildiğiniz "saf kötülük" sahibi olsun diyelim. Sinsilik konusunda insanla yılanın at başı gittiğini söylemek yanlış mı olur? Sokacağı insana sessiz sakin yaklaşan bu sürüngenin yaklaşımı itibarı ile insandan ne farkı var ki? Yılan zehri ile öldürüyor, insan zehri ile süründürüyor. Hem de yalnız sokmayı hedeflediği kişiyi değil, tüm ailesini de öldürmekten beter ediyor.

Güzel bir hikâyecikle konuyu açalım:

Bir papaz ölmek üzere olan adamın üzerine eğilir: "Sen gerçek bir zehirdin. Hep kötülük yaptın. Zehrini hayata akıttın. Ölmeden önce şeytanı ve onun kötülüklerini lanetle" der.

Adamdan ses çıkmaz.

Papaz tekrarlar: "Ölmeden önce şeytanı ve onun kötülüklerini lanetle."

Ama adam hâlâ susuyordur.

Papaz kızar: "Neden şeytanı ve kötülüklerini lanetlemiyorsun be adam?"

"Nereye gideceğimi bilmeden kimse hakkında yorum yapmak istemiyorum."

İnsanın zehri belki de bu kadar istikrarlıdır.

İnsan Safi Kötü mü?

İnsan olmak, olmakta olmak (ein auf dem wegsein), aşmak (übergang-untergang) manasında kullanılır. İnsan bu anlamda büyük bir olasılıktır ve bu olasılığın gerçekleşmesi insanın kendine ve diğerine dair tutumunda ortaya çıkar. Sinirbilim için öfke, korku, sinsilik, hesap kitap yapmak gibi duygular aslında kendimizi korumak için geliştirdiğimiz duygulardır. Bizi hayatta tutarlar. Beynimiz 6 milyon yıldır çok temel hayati konular için bu duyguları geliştirmiş. "Ya kaç ya saldır" gibi durumlar için. Günümüz dünyası ise beynimizin evrildiği dünyadan çok farklı. Kredi kartı ödemesi, sosyal tehlikeler gibi birçok yeni tehdit var. Beynimiz bütün bunlara adeta bir aslan görmüşçesine tepki verir, çünkü donanımı bu.[32]

Duygularımız -duygularımızın kaynağı, gücü ve manipple edilebilirliği- için yeni bir modele ihtiyacımız var. İrlandalı nöropsikolog Ian Robertson, beyin araştırmaları konusunda önde gelen bir isim. Robertson, *The Winner Effect: The Science of Success and How to Use It* (Kazanma Etkisi: Kazanmanın Bilimi ve Nasıl Kullanılacağı) adlı kitabında, güç duygusu üzerinden bize duygularımızı anlamak için yepyeni bir model sunuyor. Robertson, gücün beyin üzerindeki etkilerinin kokain gibi ilaçlarla büyük benzerlikleri olduğunu ve "her ikisinin de

32. Zehirli insanları sadece bizler değil kuzgunlar da tanıyor desek? Bakın, size bir araştırmadan söz edeceğiz. ABD'nin Washington Üniversitesi'nden bilim insanları, kuzgunların kendilerine kötü bir deneyim yaşatan kişinin yüzünü hatırlayıp hatırlamadığını araştırmak amacıyla üniversitenin kampusundaki kuzgunların davranışlarını inceledi. Mağara adamını andıran bir maske takan araştırmacılar, kuzgunları yakaladı ve ayaklarına halka taktıktan sonra bıraktı. Daha sonra araştırmacılar, kuzgunların tepkisini görmek için bu maskeyle kampusta yürüdü. Aynı deney, eski ABD Başkan Yardımcısı Dick Cheney'in maskesiyle de yapıldı. Kuzgunların ilk maskeyi gördüklerinde çığlık atarak ve kanatlarını hızla çırparak birçok kuzgunu etraflarına topladıkları belirlendi. Hayvanlar ikinci maskeye tepki göstermedi. Bilim insanları 5 yıl sürdürülen bu araştırmada, deneyleri genişleterek birçok maske kullandı. Çok sayıda yüze karşın kuzgunların "tehlikeli insana" verdikleri tepki değişmedi. Hatta anne babasının bu "uyarı davranışlarını" izleyen yavru kuzgunlar ve çevredeki kuzgunlar da aynı davranışları taklit etti. Araştırma, İngiliz *Proceedings of the Royal Society B.* dergisinde yayımlandı. (Daha fazla bilgi için bkz. https://www.cumhuriyet.com.tr/haber/kuzgunlar-kotuluk-yapanlari-unutmuyor-262184)

beynin ödül ağında kimyasal haberci olan dopamin aktivitesini artırarak beynin işlevini değiştirdiğini" ileri sürüyor. Ya da saf kötülüğün enerji verici bir aktivite olabileceğini...

Aslında insandan, hatta kendimizden bahsedeceksek şöyle başlamalıyız: "Gerçekten de en çok inandıklarımız, en az bildiklerimizdir."

Kötülük olgusunu bir kenara bırakıp zehirli insanlara dönelim ve burada "temel atıf hatası" denilen şeyden söz edelim. Sosyal psikolojide "Temel Atıf Hatası" (Fundamental Attribution Error) olarak adlandırılan eğilim, insan davranışlarının nedenine ilişkin öngörülerde bulunurken içine düştüğümüz yanılgıyla ilgilidir. Davranışlara ilişkin gerekçelerin iç kaynaklı mı yoksa dış kaynaklı mı olduğu konusunda hatalı yargılarda bulunma eğiliminde oluruz. "Kötü" davranışları başkası yapmışsa nedeni genelde yapanın kişiliğine, biz yapmışsak çevresel faktörlere atfederiz. Oysa "iyi" davranışlar sergilemişsek bunu kişiliğimizin bir ürünü olarak görürken, başka bir insanın yaptığı iyiliklerin nedeni olarak dış faktörler arama eğiliminde oluruz. Örneğin, çalıştığımız şirkette hızla kariyer yapan bir insanın başarısının nedenini, onun yüksek yerlerdeki tanıdıklarına, kurduğu ilişkilere ya da basitçe şansına bağlarız. Oysa biz kariyer basamaklarını hızla tırmanıyorsak bunu yeteneklerimize ve çalışkanlığımıza atfederiz. Ya da sınavdan kötü not almışsak bunu hocanın kıt notuna, soruların kalitesizliğine, gözetmenin ayak seslerine bağlarız. Ancak bir başkası kötü not almışsa bunu doğrudan hak ettiğini düşünürüz.[33]

Zehirli insanlar açıkça temel atıf hatasına sahip insanlardır. Bu insanlarla birlikte olduğunuz zaman, size mutluluk getirmeyen ya da hayatınıza güven vermeyen çatışmalı ilişkiler içinde

33. https://evrimagaci.org/kotulugun-siradanligi-siradan-insanlar-neden-gaddarlik-yapiyor-7586

olmak kaçınılmaz. Eğer bir insan başkaları hakkında kötü konuşuyorsa, diğer insanlarla ilgili hep negatif şeyler söylüyorsa, sırf söyleyecek veya yazacak bir şeyi olsun diye olmayan şeyleri uyduruyorsa, inanın ki yılan, o insanın yanında daha masum kalacaktır.

Peki, zehirli bir insanı nasıl tanırız, gelin maddeleyelim:

1. Çıkarcıdır, insanları kullanır.
2. Yargılayıcıdır.
3. Tutarsızdır.
4. Kötü gün dostu değildir.
5. Hayata ve her şeye yalnızca olumsuz tarafından bakar.
6. Diğer insanlardan çok fazla beklenti içindedir.
7. Sürekli ilgi peşindedir.
8. Problemleri abartır.
9. Aşırı kıskançlık yapar.
10. Sıklıkla kavga eder, kaba ve tartışmacıdır.
11. Sürekli yalan söyler.
12. Başkalarının duyguları ve düşünceleri ile empati yapamaz, yapmak istemez.

Kanada'daki British Columbia Üniversitesi'nden Psikoloji Profesörü Paulhus, bu insanlar hakkında hemen yargıya varmanın kolay olduğunu söylüyor. "Tanıştığımız insanlar hakkında melek ve şeytan kalıbını kullanma eğilimi taşıyor, dünyamızı iyi ve kötü insanlar olarak basitleştirmek istiyoruz" diyor. Zalimliği mazur görmeye çalışmasa da onun bu tür insanlara yaklaşımı, tıpkı bir zooloğun zehirli yılanları incelemesine benziyor.[34]

Evet, şimdi sizler söyleyin. Aynı işyerinde görevli bir çalışanın yüzüne gülerken adını iş akdi feshedileceklerin listesine konulmak üzere üstlerine jurnalleyen bir insan mı, yoksa tarlalardaki sürüngen mi daha yılan, sizce hangisi daha zehirli?

Neticede zehirli insanlar, diğerlerinin zayıf yönlerini öğrenir, bunu koz olarak kullanıp maniple ederler. Kendi zayıflıklarını ise asla belli etmezler. Sizi konuşturup özel hayatınızı didikleyebilir, ama kendileri bu konuda ser verip sır vermezler. Kendilerine güvenmenizi sağlarlar, ama size asla güvenmezler. Şimdi oturup etrafınıza bir bakın. Bu anlatıma uygun kimselerin mevcudiyetlerini yaşadıklarınızla birleştirin. İnsan görümündeki yılan mı yoksa sürüngen olan mı daha tehlikeli? Bunu bir kez daha düşünün.

İçerik Sonu

34. Zehirli insan demişken; Barnett ve Hilz (2018) yaptıkları araştırmada erkeklerin tecavüzle ilgili tutumlarını incelediler. Muhafazakâr bir yapıya sahip erkeklerin tecavüzle ilgili atıfları daha çok kadınlara yaptıklarını buldular. Örneğin "Kadın da istiyordu", "Aslında bu tecavüz kapsamına girmez", "Tahrik vardı" gibi ifadeler daha çok muhafazakâr erkekler tarafından benimseniyordu. Benzer bir çalışmada ise (Barnett ve Sligar, 2018) erkeklerde dindarlık oranı arttıkça, cinsel saldırıda bulunan erkeğe daha az sorumluluk atfettikleri bulundu. Daha dindar erkekler, erkeğin kadına cinsel saldırısıyla ilgili kadını "suçlama" eğilimdeydi. Sahar ve Weiner (2006) yaptıkları araştırmada, fakirliğin genel nedenlerini sorduklarında muhafazakâr öğrencilerin bunu daha çok fakir insanların özelliklerine (yeteneksizlik, tembellik), açık fikirli öğrencilerin ise çevresel şartlara (aile geçmişi, çevresel koşullar, sosyal dezavantajlar) atfettiğini buldular. Tüm bu bulguları herhangi bir kitlesel kötülüğe uyarlayalım. Savaş sırasında düşman ülkelerdeki kadınlara tecavüz eden askerler, çevrelerindeki birçok asker benzer şeyi yaptığı için bunu zihinlerinde normalleştirirler. Tecavüzün nedeni olarak bu kadınların tecavüzü "hak ettiği" gibi bir yaklaşım edinirler. Kendi davranışlarının sorumlusu olarak da kendilerini değil, savaş şartlarını gösterirler. (Daha fazla bilgi için bkz. https://evrimagaci.org/kotulugun-siradanligi-siradan-insanlar-neden-gaddarlik-yapiyor-7586)

PERSPEKTİF:
Sıkıntının Halleri ve Zevklerin Deneyimi

"Sıkıntı, ruhun kendine yalan söyleme yeteneğini kaybetmesidir."
– Fernando Pessoa

Felsefenin Tesellisi'nde Alain de Botton, çok özel bir sıkıntı tanıtım yapar:

"Huzursuzluktan kurtulmak için düşünmekten daha iyi birkaç yol vardır. Yaşadığımız sorunu kâğıda dökerek ya da birilerine anlatarak onu daha net kavrarız. Kavradıktan sonra da, sorunun kendisini olmasa bile, bize sıkıntı veren yanlarını, bizde yarattığı kafa karışıklığını, şaşkınlığı ortadan kaldırabiliriz."

Öncelikle gelin, sıkıntıyı düşünelim ve tanımlamaya çalışalım. Sıkıntı, içine düşmesi oldukça basit bir durumdur, fakat içinden çıkması da aynı oranda basit olabilir. Ancak bu duruma bir kez düşünce, her ne kadar çıkmak için insanın aklına bin bir türde şey gelse de hiçbirinden haz alamaz ve kişi içinden çıkamayacağını düşündüğü bir umutsuzluk dalgasına kapılır. Varoluşsal olanları münezzeh, karşıda ölümüne sıkıcı bir insan varken bir noktadan sonra insanın kalbini çürüten (tüketilen alkolün de yan etkisiyle) ve çürüyen her şeyin şüphesiz son ulaşacağı yer olan kalınbağırsak ucunda birikime sebep olan his yığını da diyebiliriz.

Sıkıntı aynı zamanda bir insan kurgusudur. William Faulkner,[35] "İnsan her zaman şimdi çektiği sıkıntılardan çok ileride çekebileceği

35. Nobel ödüllü Amerikalı yazar.

sıkıntılardan korkar. Bir değişikliği göze alamaz da, alışık olduğu sıkıntılara dört elle sarılır" der, insan kurgusallığı böyle bir şeydir işte. Size sıkıntı veren şeyleri zamanla kabul eder ve kafaya takmamaya başlarsınız. Yani ortama uyum sağlarsınız. Bir süre sonra ya o sıkıntı geçer ya da siz sıkıntıyı kabullendiğiniz için eskisi gibi canınızı yakmaz. Yani insan, sıkıntının hallerini bile kurgular.

Homo sapiensin kurgu yapabilme yeteneği eşsizdir. Bazı renkleri bir araya getirir bayrak olur. Bir kâğıt parçasının üstüne bir şeyler çizer para olur. Ancak insan kurgusu ürünler, son derece kırılgan ve geçicidir. Bu kurguya aynı anda inanan insan sayısının değişmesi ile bütün özelliğini kaybeder. Bazı suların, objelerin, putların, sözlerin kutsal diye nitelendirilmesi ancak bu ortak kurgunun devam etmesi ile sürdürülebilir. Bir zamanlar Roma'da kutsal sayılan birçok obje-fikir-söz günümüzde etkisini kaybetmiştir. Çünkü bu kurguyu devam ettirecek insan beyinleri kalmamıştır. Yine günümüzde kutsal diye nitelendirilen ve çokça insan tarafından kabul edilen nice kurgu, acaba 5000 yıl sonra ne durumda olacak?

Sıkıntı, içinize ağır bir cisim oturmuş da oturduğu yerden sizi parçalanıyormuş gibi hissettiren, ne oluyor dedirten, insanı çaresiz hissettiren, sebepsiz yere çıkan bir duygu durumudur. Ve öğrenilir. İlginçtir, sıkıntı hazdan daha fazla bulaşıcıdır ve insanın adeta ruhunu sarar.

Neyse, Samuel Beckett'ın *Godot'yu Beklerken* eserinden son bir parça ile bitirelim:

"Sıkıntıdan patlayacağız, inkâr edemeyiz bunu. Güzel. Peki. Bir değişiklik oluverince ne yapıyoruz? Fırsatı kaçırıyoruz. Hadi işe koyulalım. Birazdan her şey bitecek ve biz yeniden yalnız kalacağız, hiçliğin orta yerinde."

BÖLÜM 0111

Bir Şeye İnanmak Hayatı Kolaylaştırır mı?

"İnanmak, kendi içindeki yok edilemezi özgürlüğe kavuşturmaktır, daha doğrusu kendini özgür kılmak, daha doğrusu yok edilmez olmak, daha doğrusu 'olmak'tır."

– Franz Kafka

İnanmak üzerine düşünmek istedik. Zira yaşamın asli unsurlarından biridir bu konu. İnanmak öyle bir şeydir ki insanın kendini "tanımlanabilir" kılma yollarından biridir. Kendini ikna etme başarısıdır bir nevi. Öylesineyken, düşünüyorken, sorgularken, anlamaya çalışırken kolaya kaçmaktır. Gardiyanların çaresiz kaldığı yerdir, inançlıların hapishanesidir inanmak. Genelde sonrasını düşünmemekle başlar. Umut beslemektir. Böyle olunca da hem iyidir hem kötüdür. İyidir; eğer inandığınız şey oysa. Kötüdür; inandığınız şey hayal kırıklığı yaratıyorsa. Ama mutlaka ödülü vardır, hatta filozof Aziz Augustinus, "İnanç, göremediğiniz bir şeye inanmaktır. İnancın ödülü, inandığınızı görmektir" der.

İnanmak, umut ekmektir demiştik! Beklenmedik zamanlarda insanı yerle bir eden eylemdir. Çok zor başarabildiğimiz bir edinimdir ama bir eylemle, bir damlayla, bir rüzgârla bir anda yıkılıverir işte. Sonsuz bir huzur arayışıdır; bile bile kandığında, bir yalanı yaşatır! Ölümlü olduğumuz için inanırız. Ölümsüz olsaydık eğer, biliyor olacaktık; inanmak, inandığın şeyi görmemeyi göze alıp kabullenmektir.[36]

Hayal kırıklığı, zaaflar, başarı, sadakat ve güven gibi çeşitli yollara açılıveren bir kavşaktır inanmak... İnanmak isteyen, kavşağın en yoğun olduğu saatleri buluverecektir. Hayal kırıklığına giden yola girildiyse eğer, en küçük etkinin dahi sonucu fena olacaktır. İnanmak, hazza göre kendini kandırmak diye de okunabilir. Pek bağlayıcıdır. Yaşama bağlar, aileye bağlar, sevgiliye, aşka, dosta bağlar... Ya da bağlamaz!

Umutlanmakla beraber insanın en zayıf iki noktasından biridir inanma çabası. Fenadır yanılmak. Hatta bu nedenle bazı insanlar inanma yetisini kaybeder.[37] Umutlanmak, asla doğrulatamayacağınız ve gerçekleşeceğini bilemeyeceğiniz şeylerin olabilirliğine inanmayı istemektir...

Beyin kendi kendini haklı çıkarmaya çalışan bir avukattır ve hep inanmak ister. İnancınızı mantıklı, oturaklı nedenlerle açıklarsınız. Lakin hepsi boşunadır çünkü inanç genelde olmayacak ya da olamayacaklar içindir. O yüzden güçtür. Özneye

---

36. Yuval Noah Harari, *Hayvanlardan Tanrılara – Sapiens*'te inanmakla ilgili şunu söyler: "İnsanların çelişkili şeylere aynı anda inanabilme kapasitesi vardır. Bu yüzden milyonlarca Hıristiyan, Müslüman ve Yahudi'nin aynı anda hem bir mutlak güç sahibi Tanrı'ya hem de ondan bağımsız bir Şeytan'a inanmasına şaşırmamalıdır. Sayısız Hıristiyan, Müslüman ve Yahudi, iyi Tanrı'nın Şeytan'la mücadelesinde bizim yardımımıza ihtiyaç duyacak kadar ileri gittiler. Bu yaklaşım diğer başka diğer şeylerin yanında Haçlı Seferleri'nin ve cihatların da ilham kaynağıydı..."

37. Sabahattin Ali, inancın yitirilmesi konusunu ne güzel anlatır. İnsana olan inancın yitmesinin nelere sebep olabileceğini, hayatımızdan neleri alıp götürebileceğini, *Kürk Mantolu Madonna*'da Maria Puder, Raif'e harika bir şekilde anlatmıştı: "Şimdi aramızda noksan olan şeyin ne olduğunu biliyorum" dedi. "Bu eksiklik sana değil, bana ait. Bende inanmak noksanmış. Beni bu kadar çok sevdiğine bir türlü inanmadığım için sana âşık olmadığımı zannediyormuşum. Bunu şimdi anlıyorum. Demek ki insanlar benden inanmak kabiliyetini almışlar. Ama şimdi inanıyorum. Sen beni inandırdın. Seni seviyorum. Deli gibi değil, gayet aklı başında olarak seviyorum. Seni istiyorum. İçimde müthiş bir arzu var. Bir iyi olsam!"

hem kuvvet verir hem onu sınırsız kez sınar, yorar. Cebinde boş bir silahla düelloya girmek, kaybedeceğini bilerek/umursamadan denemektir. İnanmak bu yüzden, blöfün kralı, şüphenin kuzenidir. Ne olursa olsun, inanmak bir kestirmedir. O yolun çıkacağı yeri tahmin edip kısalığından emin olma halidir.

Hayat bu... Zaman ilerledikçe, insanlar her türlü seçimle, kararlarla, inanmakla ve inanmamakla karşı karşıya kalabiliyorlar. İnanmak, beynin bir psikolojik dengeleme eylemi olup, çok ilkel dönemlerden kalan bir dürtüdür. Beynin gerçekten bir bilgisayar gibi çalıştığını düşünürsek, inanma esnasında genelde beyin kontrolü ele alır, lakin ancak içindeki bilgi ve deneyim kadar size yardımcı olur. Çünkü bilinçli kontrol yok gibidir.

Michael Shermer, *İnanan Beyin* adlı kitabında, beyni bir inanç motoru olarak görür. İnsanlar önce inanır, sonra gerekçe bulurlar. Ona göre; duyu bilişinden gelen bilgiyi işleyen beyin, klasik olarak önce bir kalıp yapar, daha sonra bu kalıba göre neden bulur. Beynimizin noktaları birleştirerek yarattığı bu kalıplar inanmak üzerinedir. Yani beyin bir kez inandığı zaman, bunları sağlamlaştırmak için kanıt aramaya başlar. Bu noktada Sir Francis Bacon'un şu sözü anlamlıdır:

"İnsan bir kere bir görüşü benimsedi mi her şeyi bu görüşle uyuşacak ve destekleyecek bir yöne çeker. Aksi yönde daha çok sayıda ve ağırlıkta örnek olsa bile, bunları ya önemsiz görüp ihmal eder ya da başka bir sebeple bir kenara bırakır ve reddeder. Bu büyük ve zararlı önyargılar neticesinde de görüşleri sarsılmamış olur."

Shermer, insanın nasıl inandığına dair politikadan iktisada, dinlerden komplo teorilerine ve doğaüstü olaylara kadar gerçek birçok örnekle karşımıza çıkmakta. Lakin özetlemek gerekirse, yazarın söylediği; ne olursa olsun kolayca "inanmaya" meyilli bir beynimizin var olduğudur.

İnsanlar Hep İnanmak İsterler, Aşkta ve Kaybederken!

> “*Aşkı bir görme kusuru, evliliği de onun tedavisi olarak tanımlamamıza karşın herkesin aynı düzeyde ya da aynı miktarda görme kusuru yaşadığını varsaymak doğru olmaz. İlişkinin süresi uzadıkça partnerler birbirleriyle ilgili olumsuzlukları evlenmeden önce de görmeye başlarlar. Bazen gerçekler o kadar nettir ve o kadar yaşantımıza girer ki inkâr etmemiz neredeyse mümkün değildir. Partnerinizin gösterdiği şiddet, alkol-madde alışkanlığı, kumarı, sadakatsizliği canınızı defalarca yakmıştır. Ama yine de onunla evlenmeye karar verirsiniz. Çünkü "Aşk her şeyin üstesinden gelir, değişecektir" efsanesine inanmak istersiniz. Olumsuzlukların daha yakın bir ilişki çerçevesinde kendiliğinden düzeleceği düşüncesi, tehlikeli bir varsayımdır. Değişimin evlenerek sağlanabileceğine inanmak, sizden evvel başkaları tarafından da hayal edilmiş ancak çoğu kez hayal kırıklığı ile sonuçlanmıştır. Bazen inanmak istediklerimize değil, gözümüzün önündeki gerçeklere daha fazla şans vermemiz gerekir.*[38]

İnsanların politikaya ve bir politikacıya inanması aslında o kadar da kolay değildir. Politika klasik olarak korkutur ve çarenin kendisi olduğunu savunur. Aslında siyaseti bir umut olarak görmek, zaaf diyebileceğimiz bir davranıştır. Ne demişler: Savaş,

38. Yedi Bilge'den biri olan Bias, bazı inançsız kimselerle deniz yolculuğu yapmaktaydı. Aniden şiddetli bir fırtına çıktı. İnançsız yolcular Tanrı'ya yalvarmaya başladılar. Bunun üzerine Bias: "Susun yahu!" dedi. "Tanrı sizlerin bu gemide bulunduğunuzu fark ederse halimiz ne olur?"

kanlı bir siyaset; siyaset ise kansız bir savaştır. Kabul etmeliyiz; ortalama bir beyin, düşünmekten daha çok inandığı şeyler tarafından yönetilir. Siyaseten baktığımızda, kitle olarak kutsal saydığımız iletiler bir paket yapılır ve bu paketin içine pek çok şey konur.

Pek çok zaman da başarılı olurlar, çünkü o düşünceye karşı çıkmanın yanlış olduğu yılların kanıksanmış inancıdır. Siyasetçi için siyasi bir mesajın hangi örtü içinde verildiği değil, hedefinin ne olduğu her zaman esastır. Şunu demek istiyoruz: Politik taraflar, bir şekilde inanç haline gelmiş düşünceleri savunarak avantaj sağlamaya çalışır. Bu, beynin inanması için bir kısa yoldur.

İnsanlar inanmak istedikleri için bahane ararlar, bu açık. İnanmak aynı zamanda kültürel faktörler içerir. İnanmak gerçekten tutunmayı mümkün kılandır! İnsanları harekete geçiren de bu motif, bu kuvvettir. Güvendikleri siyasi hareketin hata yaptığını kabul etmez, yolsuzluk yaptığına, rüşvet aldığına inanmaz, kendilerini refaha ulaştıracağına sonsuz inanırlar. Genel başkanının bir bildiği olduğuna eminlerdir. Örneğin, iktidardaki partiyi destekleyenler hükümetin aldığı her kararda devletin âli menfaatleri olduğuna inanır, hata yapacağına ihtimal vermez. Her başarısızlığın ardında dış güçlerin varlığına inanır. Muhalefetin hep statükocu, gelişimin karşısında olduğuna inanır. Kendisi gibi düşünmeyen siyasi hareketlerin vatan haini olduğuna inanır. Parti içi demokrasinin varlığına inanır. Partisinin dürüstlüğüne, samimiyetine inanır. Çünkü beyin inanır. Çoğu zaman da kolay inanır. Bu onun için en kolay seçimdir.

Bağlayacak olursak; önce hipotezler kurup ardından hipotezi destekleyecek veri arayışı içine girersek tüm hipotezler doğru çıkar, çünkü neticede insan "ne ararsa onu bulur".

İnanmaya Övgü

> "*İnsanlar en çok birbirlerine inanmak ister. Bu dürtüseldir, zira paylaşmak isterler. Üstelik zıtlıkları da paylaşmak isterler: Mesela acıları ve mutlulukları. Çünkü paylaşmak değer katmaktır, o nedenle de inanmak ister beyin. Değer vermeyi öğrenir, kıymet olarak geri alır. O yüzden inanacağınız insanı, iyi seçmelisiniz. Sizi yolda bırakacaklarla yola dahi çıkmayı düşünmemelisiniz.*

"İnanmaya ihtiyaç duymak veya inanmak" insanın genlerine işlemiş ya da içgüdüsel bir hal almış durumda. İnsan, kültürel çevresinden, mezhebinden, refah düzeyinden bağımsız olarak şüphe götürmeyen son bir sebep arayışında. "Neden?" sorusunun yanıtını kendi adına bulması gerekiyor. Başına geleni anlamak istiyor. Açıklayabilmek için kavramak, ilerisine tahmin yürütebilmek için açıklamak istiyor. İlerisini öngörmesi gerekiyor ki olacakları iradesiyle yönlendirebilsin. Bu açıdan bakıldığında itikat, etik açıdan da değerli. Bu bir bakıma iyiliğin vaadi olarak görülebilir.

İnsan, mitler yaratacak zihinsel yeteneğe sahip olduğu için inanıyor. Aynı zamanda mevcut durumun her dönem değişmesine vesile olan ideal durumları hayal edebildiği için... İnanç, tasavvur edebildiğimiz cennetleri gerçeğe dönüştürme ümidinin bahşedilmesidir. Günün birinde ideal bir dünya düzeninin kurulacağına dair umuttur. Hem içsel anlamda hem de dünyada huzur ve barışın hâkim olmasıdır. Buda konuya dair şöyle der:

"Çok eski çağlardan beri yürürlüktedir diye, dedelerinin dedeleri de saygı gösterdi diye, geleneklere salt gelenek oldukları için inanma; eski zamanların destanları, söylenceleri böyle söylüyor diye inanma, kendi kafanın yaratısı olan kurgulara, imgelere onları oraya, Tanrı'nın soktuğunu sanıp inanma; öğretmenlerinin ya da keşişlerin söylediklerine yalnız onlar söylediler diye inanma. Ancak inceleyip irdeledikten, kendi yaşantınla denedikten, aklına yatkın bulduktan, senin için de başkaları için de yararlı olduğu kanısına vardıktan sonra inan..."[39]

İnanmak, bilmekten farklı bir şeydir. Bildiğimiz ve emin olduğumuz şeye inanç geliştirmemiz gerekmez. Mikropların hastalık yaptığına inanmanız gerekmez; zaten kanıtlanmıştır. Ama düşüncelerin hastalık yaptığına, örneğin bir yakınının ölümüne üzülmenin kanser yaptığına inanmanız gerekir. Çünkü hiçbir zaman tam emin olamazsınız. Bu durumda bilginin eksik olduğu yerde inancın yer alacağını söyleyebiliriz.

İnanç ve mantık örgüsüyle ilgili bir hikâyecikle bitirelim:

Adamın biri, her zaman yaptığı gibi saç ve sakal tıraşı olmak için berbere gider ve kendisiyle ilgilenen berberle koyu bir sohbete başlarlar. Pek çok konu üzerinde konuştuktan sonra, birden Allah ile ilgili bir konu açılır.

Berber: Bak beyefendi! Ben senin bahsettiğin Allah'ın varlığına inanmıyorum.

---

39. ABD ve İngiltere'de son dönemde yapılan bazı araştırmalar, insanların kendilerini iyi hissedip hissetmemeleriyle komplo teorileri ve doğaüstü olaylara inanmaları arasında bir bağ olabileceğini ortaya koyuyor. Geçtiğimiz aylarda *Journal of Experimental Social Psychology* (Deneysel Sosyal Psikoloji Dergisi) tarafından yayımlanan bir araştırma raporunda, insanların arkadaşlarıyla arasının bozulması ya da evlilik veya birlikteliğinin sona ermesi gibi nedenlerle kendisini yalnız hissetmesi ile komplo teorilerine inanma ve batıl inanç sahibi olma arasında bir bağ olabileceği sonucuna varıldı. (Daha fazla bilgi için bkz. https://www.bbc.com/turkce/haberler-50392427)

Adam: Peki, neden böyle diyorsun?

Berber: Bunu açıklamak çok kolay. Bunu görmek için dışarıya çıkmalısın. Lütfen bana söyler misin? Allah var olsaydı; bu kadar çok sorunlu, sıkıntılı, hasta insan olur muydu? Terk edilmiş çocuklar olur muydu? Eğer Allah var olsaydı, kimse acı çekmez, birbirini üzmezdi. Allah var olsaydı, böylesi şeylere fırsat vermezdi.

Adam bir an durdu ve düşündü, ama gereksiz bir tartışmaya girmek istemediği için cevap vermedi.

Berber işini bitirdikten sonra, adam ücretini ödeyip dışarıya çıktı. Tam o esnada, caddede uzun saçlı ve sakallı bir adam gördü. Adam bu kadar dağınık göründüğüne göre, belli ki tıraş olmayalı uzun süre geçmişti. Adam berber dükkânına geri döndü.

Adam: Biliyor musun ne var? Bence berber diye bir şey yok.

Berber: Bu nasıl olabilir ki? Ben buradayım ve ben bir berberim.

Adam: Hayır, yok. Çünkü olsaydı caddede yürüyen uzun saçlı ve sakallı adamlar olmazdı.

Berber: Hımmm... Berber diye bir şey var ama. İnsanlar bana gelmiyorlarsa, ben ne yapabilirim ki?

Adam: Kesinlikle doğru. İşin püf noktası da bu. Allah var ve insanlar ona yönelmiyorsa, bu ona yönelmeyenlerin tercihi. İşte, dünyada bu kadar çok acı ve keder olmasının sebebi bu.

İçerik Sonu

Duy. İns.

duygu, beyin, amigdala, öfke, stres, korku, affetmek, sevgi, ihtiyaç, bağlar, şefkat, utanç, bilişsel becerileri, kaç ya da kurtul, kararlar

KISIM II

DUYGULAR VE İNSAN

Masalların bile sonsuz kış uykusuna yatırıldığı bir dünyada öyle insanlarla karşılaşıyorsunuz ki ortak özelliklerini düşündüklerinde kendilerinde şeytanı apaçık buldukları için ondan nefret ediyorlar. Şeytan kendilerinin daha iyi versiyonu olduğu için, şeytan kadar işinde iyi olamadıkları için...
Oysaki mesele hiçbir zaman iyi ya da kötü olmak değildir. Birinden kötülük de görsek iyilik de görsek ömrümüzün sonuna kadar birbirimizin ruhunda kalıyoruz. Kötülük ya da iyilik!
En zoru da hangisinin sana uğrayacağını beklemek çünkü insan beklerken nefes alamıyor, sadece yutkunuyor! Tek önemli olan ise insanın duygularıyla kurduğu ilişkidir.
Unutmayın, hepimiz insan doğarız, lakin sadece bazılarımız öyle kalır...

BÖLÜM 0201

Duyguları Anlamak

"Denizdeki dalga nasıl karaya vurup yok oluyorsa; duygularımız da uzun süre niteliklerini koruyamaz."

– Henry Ward Beecher

Yaşamımızdaki pek çok yol ayrımında, analitik aklımızla değil, mantığı baskılayan duygularımızla karar veririz. Duygu ve sezgiler, çok daha üst boyutta bir değerlendirmenin sonuçlarıdır. Onlar sayesinde, sözsüz-bilinçdışı örüntü deneyimlerimizden de beslenen, adını koyamadığımız kadar seyyal, sınırları belirsiz ama bir o kadar da güçlü bir karar mekanizmasına sahibiz. Ama bize okulda ve toplumun genel alışkanlıklarında neyi öğütlüyorlar? "Duygularını değil, mantığını kullan!"

Beynin rasyonalizasyon süreci Freud'un da üzerinde çok düşündüğü bir konu olmuştur. Zihnin kendisini dış etkilerden koruma maksadıyla geliştirdiği bir savunma mekanizmasından söz etmekteyiz belki de. Her ne kadar zihnin organı olan beyin böyle bir işlemleme yapabiliyor olsa da bu her zaman "akılcı davranıyor" demek değildir. Aslında akılcı bir şekilde ya da gerektiği gibi davranmış görünmek için, yaptığımız şeylere mantıksal ya da sosyal olarak kabul edilebilir anlamlar atfetmektedir. Fakat bu mantığa yapılan bir yüceltmeye dönüşebilir. Halbuki önemli bir karar alıyorsanız mantığınızın yanında, en az ona verdiğiniz kadar dikkatinizi vererek, duygularınızı da dinlemenizi öneririz. Zira aslında dünyanın tamamını temelde duygusal olarak anlıyor ve algılıyoruz. Duygusal açıdan bizim için önem arz etmeyen şeyler zihnimizde kalıcı bir iz bırakmaz ve kaydedilmez örneğin.

Duyguları anlamak, duyguların nasıl bir amaca hizmet etmek için evrildiklerini anlama çabasıyla başlar. İnsanların hemen hemen tamamı birbirine benzer duygular yaşayabildiklerine göre, bu duyguların insan için bir anlamı, hatta bir yararı olması beklenir. Korku korur; sevmek iyileştirir. Özlemek harekete geçirir; utanç başkalarına verdiğimiz değeri gösterir ve bizi sosyal olarak izole olmaktan korur. Enteresan olan ise insan için bir anlamı hatta yararı olan bu duyguların, nasıl zaman zaman herkes için rahatsız edici bir biçime dönüşebildiğidir. Bir başka önemli soru ise rahatsız edici biçime dönüşen bu duyguların nasıl yönetileceğidir.

Duygularla eşleşen insanlar, olaylar, bilgiler, mesajlar insan zihninde kalıcı yer eder. Hatta duygu yoksa hatırlanacak bir şey de yoktur. İnsan beyni üzerine yapılan çalışmalar, hatırlamanın, olayla veya bilgiyle kurduğumuz duygusal bağlamla yakından ilişkili olduğunu ifade ediyor. Yani bir karar verirken beyin, kendisinde eşleşmiş duyguları tarıyor; bunun sonucunda olumlu ya da olumsuz hızlı bir tepki üretiyor. Zihnimiz somutlaştırmayı seviyor ve somut olanı tercih ediyor.

Belleğimiz hem kırılgan hem dirençlidir. Mutluluk yaratan duygular, negatif duygulardan daha kalıcıdır. Ancak zihin olumsuz yaşantıları daha iyi hatırlama eğilimindedir belki de tekrar olumsuz olarak tanımlanan duygulara yakalanmamak için. Buna karşılık, Freud ardılı pek çok nörolog da negatif duyguların etkisinin süreç içinde azaldığını, pozitif duyguların daha uzun süre canlı kaldığını ileri sürmüştür.

Duygular ve insan... Duygusal beyin, "lüzumsuz" olarak çerçevelediği şeyleri unutmaya programlıdır. Lüzumsuz ya da lüzumlu olma durumu kişiselleştirilmiş bir fonksiyondur ve herkesin kendi kişisel zihin donanımı tarafından belirlenir. İhtiyaç olmayan, iştiyak olmayan, aslında duygusal olarak bizi harekete geçirmeyen, duygusal olarak gerekli bulmadığımız, beden kimyasını hareket ettirmeyen her şeyden uzaklaşan bir beyin yapısından söz ediyoruz. Oysaki mutluluk, keder, hüsran, kıskançlık, öfke, aldırmazlık, hayret, pişmanlık, kıskançlık, arzu, acıma ve üzgün olma gibi birçok durum içimizdedir. Alegorik olarak düşünüldüğünde cennet ve cehennem bile zihnimizdedir. Yani duygularımızdadır.[40]

> “ BBC’den David Robson, *Duygu Körlüğü: Hiçbir Duygu Hissetmeyen İnsanlar* adlı yazısında, hiçbir duyguyu anlayamayan Caleb isimli bir adamdan söz eder:
>
> “Caleb oğlunun doğumunu anlatır. ‘İnsanlar ilk kez anne ya da baba olduklarında çocuklarına nasıl baktıklarını, nasıl sevgiyle bağlandıklarını anlatır fakat ben bu duyguları hiç yaşamadım’ der. Evlendiği gün de aynıdır onun için. Törenin merkezinde yer almış olsa da her şey duygulardan yoksun, mekanik bir prodüksiyondan ibarettir onun için. Bu duygu körlüğünü anlamak için önce duyguların nasıl oluştuğunu anlamak gerekir. Duyguları iç içe geçmiş Rus matruşkalar olarak düşünürsek, en merkezde bedensel duyumlar yer alır; sevdiğiniz insanı gördüğünüzde kalbin çarpması ya da büyük bir öfke duyduğunuzda mide bulantısı, yüzünüzün kızarması ya da nefesinizin daralması gibi. Beyin bu duygulara bir anlam yükler ve onların iyi mi kötü mü;

▶

40. Honore de Balzac, *Vadideki Zambak*’ta şöyle der: “İnsan maddeden ve ruhtan ibarettir; hayvanca duygular gelip en aşırı şekillerini onda aldıkları gibi, melekleri yapan erdemlerin de tohumları merhamet gibi duygularımızdır.”

> zayıf mı şiddetli mi olduğunu söyler. İnsan da bu duyguları tarif eder, isimlendirir. Caleb, duyguların beyninde yer bulmasını engelleyen 'bilinçli bir kopukluk'tan söz eder. Hissetmesi gereken duygu ne kadar kuvvetli ise daha analitik hale geldiğini ifade eder. Korku, endişe, üzüntü gibi duyguları hissetmediği için tıbbi işlemlerle daha rahat baş edebilmektedir. Çünkü bu olaylara dair duygusal bir hafıza oluşturmamıştır. 'Ama onların yanı sıra olumlu hatıralar da silinip gidiyor' diye yakınır Caleb."[41] Caleb'in sorunu duygusuzluk, duygu sağırlığı ya da duygu körlüğü olarak ifade edilen *aleksitimi* idi.

Bir düşünelim. "Duyguların hizmet ettiği amaç ne olabilir?" sorusuna verilebilecek en doğru yanıt, her duygunun bize kendimizle ilgili bir bilgi verdiği gerçeğidir. Duygular neye ihtiyacımız olduğunu gösterdiği gibi, ihtiyaçlarımız doğrultusunda harekete geçmemizi de sağlar. Örneğin, korku duygusu başlangıçta bizim dostumuzdur. Çünkü, korku bizi tehlikeden korur. Varoluşundan bu yana hem av hem de avcı olmuş insan, yaşamını devam ettirebilmek için kendisinden daha güçlü, daha hızlı, hem de aç olan hayvanlardan korkmuş ve bu korku sayesinde gerekli önlemleri alarak neslini devam ettirmiştir.

Korkunun kökeninde aslında kaybetme duygusu vardır. Buna kaybetmeme istenci de diyebiliriz. İnsanoğlunun tarihinde ve hayat mücadelesinde en güçlü şekilde yer eden yaşama tutunma, hayatta kalabilme dürtüsü de bu istencin lokomotifi sayılır. Ölüm gerçeğinin insanoğluna bahşettiği korku duygusu, hayatın farklı alanlarında dallanıp budaklanarak şaheser bir

41. https://www.bbc.com/turkce/haberler/2016/02/160201_vert_fut_duygusuzluk

ağaca durur.[42] Bin bir türlü korku sembolü, bizi uyanık tutar. O yüzdendir ki korku, ruhu genişletir. Yeteneklerini daha yüksek bir yaşam derecesine çeker. İnsandaki yaratı süreci safi korkudan beslenen bir süreç olmakla birlikte; yaratı ile ortaya çıkan sanat, ölümsüzlüğün ve ezeli varoluşun bir eseridir. Spinoza der ki:

"Korku, kendisinin bir sonuca varmamasından bir dereceye kadar şüphe ettiğimiz bir şeyin fikrinden doğan istikrarsız bir kederdir."

Bir Deney:

Bilim dünyasının en korkunç deneyi!
Küçük Albert'a ne oldu?

Amerikalı psikolog John Broadus Watson, etik kuralları hiçe sayarak, 8 aylık bebek Albert üzerinde tarihin en utanç verici deneylerinden birini yapar. "Korku, insanda sonradan edinilen bir refleks mi yoksa doğuştan gelen bir dürtü mü?" sorusunun cevabını ararken, ufacık bir bebeğin hayatını karartmayı göze alır. İşte, içiniz acıyarak okuyacağınız küçük Albert deneyinin arka planı.

Davranış Psikolojisi ekolünün kurucusu Watson ve asistanı Rosalie Rayner, çalıştıkları John Hopkins Hastanesi'nin kreşinde

▶

42. Bir açılım olabilir bu noktada, not edelim. Irvin Yalom, *Varoluşçu Psikoterapi*'de şöyle der: "Öcülerin, hayaletlerin, karanlıkta aniden beliriyormuş gibi sanılan şeylerin, iskeletlerin, gölgelerin, vs. aslında ölüme bir şekil ve irade vererek (ölümü kişiselleştirerek) onu inkâr etme eylemlerinin bir ürünüdür. Bu ürünler –her ne kadar korkutucu olsalar da– çocuğu ölüm anksiyetesi karşısında yatıştırır. Böylece, çocuk, ölümü 'dışarıdan bir güç ya da kişi tarafından getirilen bir şey' olarak gördüğü ve buna inandığı sürece, ölümün dışsal olmadığı –hayatın başlangıcından itibaren kişinin kendi ölümünü hücrelerinde taşıdığı– şeklindeki korkunç gerçekten korunmuş olur..."

oynayan çocukları uzaktan incelemeye başlar. Korku hakkındaki sorularının cevapları için kesin yanıtlar alabilecekleri testler yapmaları gereklidir. Araştırma için izin alabilecekleri bir aile ararlar. Sonuç olarak 8 aylık sağlıklı bir bebek olan Albert ile bir deney tasarlamaya karar verirler. Tarihteki en önemli psikolojik deneylerden biri olarak kabul edilen Küçük Albert Deneyi'ne (Little Albert Experiment) başlamadan önce araştırmacılar küçük Albert'a birkaç duygusal test yapar.

Minik bebeğe sırasıyla beyaz bir fare, tavşan, yanan kâğıt parçaları, peruk, maske gibi ilk kez karşılaştığı nesneler gösterilir. Amaç, Albert'ın bunlara koşulsuz karşı tepkisi olup olmadığını incelemektir. Sonuç olarak Albert, gördüğü hiçbir nesneye karşı korku göstermez; her şeye gülümser.

Bu testten sonra Albert'ı boş bir odaya götürürler. Odada Albert'ın üzerine oturduğu bez yatak haricinde hiçbir eşya bulunmaz. Daha sonra Watson ve asistanı Rayner odadan çıkar, yalnız bıraktıkları Albert'ın yanına beyaz bir laboratuvar faresi salarlar. Albert, fareden korkmadığı gibi, tam tersi bir tepki göstererek fareyi çok sever, yakalamaya çalışır, arkasından giderken gülümser. Artık bir sonraki aşamaya geçmeye hazırdırlar. Albert, fareye her dokunduğunda iki demir çubuğu (biri çekiç, diğeri çelik çubuk) birbirine vurarak rahatsız edici sesler çıkarmaya başlarlar. Sesleri duyan küçük Albert ağlamaya başlar. Oda yeniden sessizleşince fareyle oynamaya devam eden Albert, yine fareye dokunduğu ilk anda, psikologların çıkardığı o gürültülü sese maruz kalır.

Ağlaması yatışıp aklı tekrar fareye kayan Albert, dokunmaya çalıştığı an hep aynı sesi duyduğu için fareye dokunmaktan korkmaya başlar. Bu deney birkaç gün tekrarlanır. Watson ve

▶

Rayner deneyi ileri noktaya taşıyıp tavşan ve başka tüylü objeler de getirirler. Çıkan sonuç: Albert, özellikle beyaz renkli, tüylü bir nesne gördüğünde ondan korkup, ağlamaya başlıyor ve kaçmak istiyor. Artık Albert gördüğü pamuk, beyaz tavşan ve benzer nesnelerin karşısında demir çubuklarla çıkarılan ses olmamasına rağmen korkuyordur. Vardıkları sonuçla yetinmeyen psikologlar, son olarak beyaz sakallı ve tüylü kostümler giyerek odaya girerler. Karşısında gitgide büyüyen tüylü nesneler gören zavallı Albert'ın korkusu artık hafızasına tamamen kazınır. 1920'lerde yapılan bu deneyle bilim insanları korkunun koşullandırılabileceğini kanıtlarlar. Fakat deney uğruna 8 aylık bir bebeğe yapılan koşullandırmayı geriye almadıkları, onu iyileştirmedikleri için büyük tepki çekerler. Ancak Albert'ın koşullanma ile bozulan ruh sağlığı için bir iyileştirme çabası başlatmış olsalardı bile geçmişin derin ve karanlık izlerini ne denli silebileceklerdi, bilinmez.

Küçük Albert'a deney sonrasında ne olduğuyla ilgili birçok rivayet var. Yazar Tom Bartlett'a göre, küçük Albert'ın annesi Arvilla Merritte aynı hastanede sütannelik yapıyordu. O devre göre, sosyal statüsü hastanenin diğer çalışanlarına göre daha düşüktü. Maddi imkânsızlıktan dolayı bebeğinin deneyde kullanılması teklifini geri çevirememişti. *Finding Little Albert (Küçük Albert'i Bulmak)* kitabına göre ise annenin yapılan deneylerden haberi yoktu. Deneylerin farkına vardığında bebeğini alıp ortadan kayboldu.

Küçük Albert'ın Trajik Ölümü: Amerikan Psikoloji Birliği (American Psychological Association) verilerine göre ise küçük Albert'ın asıl adı Douglas Merritte. Kayıtlara göre, Douglas 6 yaşında Hidrosefali'den (beyinde su toplanması) hayatını kaybetmiştir. Böyle bir deneye maruz kalan bir bebeğin, hayatı

▶

boyunca karşılaşabileceği olumsuzlukların yeterince önemsenmemesi hâlâ davranışçı ve hümanistik psikologlar tarafından tartışılan bir konu olarak gündemdedir. Daha uzun süre de bu tür tartışmalar devam edecek gibi görünüyor.[43]

Duygu Zihindedir!

> *“Duygular birer habercidir, insanın iyi veya kötü hissetmesine neden olurlar. Ancak kesinlikle insanı iyi veya kötü yapmazlar. Diğer taraftan, insan beyni gerçekten de farklı zamanlara ait yapıların üst üste ve yan yana eklenmesiyle kurulmuş bir sistem ise; duygular da bir zamanlar bu dünyada yaşayan atalarımızın düşünme şeklinin oluşturduğu sonuçlar olabilir elbet. Duygu, antik düşüncedir. Ve duygu, düşünce değildir. Size uygun gelen kabul ettiğiniz düşünceler vardır; karşı çıktığınız düşünceler vardır. Yani düşüncelerin doğruluğunu ve yanlışlığını tartışılabilirsiniz. Fakat duygular söz konusu olduğunda bunu yapamazsınız. Duyguların doğrusu yanlışı yoktur. Duygular kişiseldir ve o durumu yaşayan kişiye aittir. Bir duyguyu neden hissettiğiniz değil o duyguyla neler yaptığınız ve nasıl davrandığınız önemlidir.*

Duygu kontrolü olarak kaygıyı azaltmakta yararlı olabilecek tekniklere bakalım. Kaygının geleceğe yönelik bir tehdit ya da tehlike algısı söz konusu olduğunda devreye giren bir duygu

43. https://www.hurriyet.com.tr/kelebek/saglik/bilim-dunyasinin-en-korkunc-deneyi-kucuk-alberta-ne-oldu-28253169

olduğu, tehdit ve tehlike algısının insandaki tehdit sistemlerini alarma geçirdiği daha önceki bölümlerde vurgulanmıştı. Tehdit sistemleri devreye girince sistem tehlike aramaya başlar. Örneğin, salgın zamanlarında birey, bedenine odaklanarak Corona virüsüne bağlı oluşabilecek bedensel belirtileri taramaya başlayabilir. "Nefes yeterince tutulabiliyor mu? Ateş yükseliyor mu? Halsizlik ve çeşitli ağrılar oluyor mu?'" biçimindeki soruları kendine sıkça sorabilir. Tabii ki tarama yalnızca bedensel belirtilerle sınırlı kalmayacaktır. Tarama sonucunda elde edilen bulgular bir bilgi işleme sürecinden geçirilir ve bu işlem sırasında kaygının düzeyine bağlı olarak aşağıda sözü edilen bazı bilgi işlemleme hataları da devreye girebilir. Bunları dört başlık altında değerlendirip bölümü bitirelim:

1. *Felaketleştirme:* Beden taraması yapan zihin, kendisinde veya sevdiklerinde herhangi bir belirti görürse bu sıradan belirtiyi felaketleştirme eğilimi içine girer. Göğüste hissedilen gerginlik hissi, sıradan baş ağrıları, geçici yorgunluk ve kas ağrıları artık Corona virüsü belirtileri gibi algılanmaktadır. Sevdiklerinizden birinde ortaya çıkan herhangi bir belirti olursa zihniniz onları kaybedeceğinizle ilgili düşünceler, hatta görüntüler oluşturabilir.
2. *Yıkıcı endişe:* Endişe, kaygı duygusunu ve belirsizliğin oluşturabileceği olası felaketleri azaltmak için devreye girer. Tehlike arayan kaygılı zihin, önce olası tüm felaketlerin senaryolarını hayal etmekte, ardından bu senaryoların oluşmasını önlemeye ya da oluşursa onları en uygun biçimde yönetmeye yönelik düşünceler üretmektedir. Aslında zihinde üretilenlerin hiçbirisi henüz olmamıştır. Endişelenmenin amacı belirsizliği yok etmek olduğundan, zihin önce "Ya şöyle olursa, ya böyle olursa?" gibi sorular sormakta, ardından bu sorulara cevap aramaktadır. "Ya

alışverişe gittiğimde çevremde biri hapşırır ve beni hasta ederse?", "Ya çalışmakta olan eşim virüsü kaparsa?", "Ya belirtisi olmayan, ancak hastalığı taşıyan biriysem?" gibi soruların kesin cevapları yoktur. Cevabı olanlar ise ancak kısa süre rahatlatacaktır. Çünkü bazı yanıtlar ancak anlık bulunabilir. Virüsü taşıyıp taşımadığınıza dair bir bilgiye ulaşmak için bugün test yaptırabilseniz ve test sonucu negatif gelse bile 3 gün sonra aynı testin sonucunun negatif olacağına dair hiçbir garanti yoktur. Bu gerçek, belirsizlikle daha barışık yaşamamız gerektiğini ortaya koyar.

3. *Sezgi ve duygulardan yola çıkarak bilme:* Felaket günlerinde ortalıkta dolaşan birçok kirlenmiş bilgi vardır, ancak hiçbiri kesinlik taşımamaktadır. Bilgi güvenilir gelmediğinde, zihinleriniz duygu ve sezgilerinizin gerçeği daha iyi yansıttığını fısıldayabilir. Duygular bize neye ihtiyacımız olduğuna dair önemli bilgiler vermelerine rağmen her zaman en güvenilir bilgi kaynakları değildirler. "Eğer kaygılanıyorsam tehlike yakındır" şeklinde bir sonuç çıkarmak ne kadar uygunsuzsa, "Eğer kendimi rahat hissediyorsam güvendeyim" şeklinde sonuç çıkarmak da bir o kadar uygunsuzdur. İlki temeli olmayan bir kaygıya neden olurken, ikincisi önlem almamızın önünü keser.
4. *Falcılık:* Kişinin tahminlerinin gerçekle karıştırılmasıdır falcılık. Geleceğe ilişkin belirsizliği tahminlerle geçiştirmek için yapılır. "Bu belirsizlik beni çıldırtacak" ya da "Bu durum bir süre daha böyle devam ederse hem sağlık hem de ekonomik yönden çökeceğiz" şeklindeki söylemler kısmen doğruluk içerseler de hepsi tahmin edilmesi güç olan gelecekle ilgili falcılık içermektedir.

İçerik Sonu

BÖLÜM 020

Affetmenin Tanrısal Gücü

"Aptal insan ne affeder ne de unutur, saf insan hem unutur hem de affeder, akıllı insan ise affeder ama asla unutmaz"
– Thomas Szasz

Affetmekle ilgili tartışıyorduk. İnsanın bilişsel ve duygusal yaşamının en önemli parçalarından biri affetmek.

Dogville filminde güzel bir sahne vardı. Affetmeyi ne kadar iyi anlatıyordu: "Ben hiçbir şeyi unutmadım, unutmayacağım ama affettim ve affediyorum." Ana karakter, affetmenin kimi zaman büyüklüğün şanından değil, kibirden kaynaklandığını söylüyordu. Kabaca şöyle diyordu:

"Kim oluyoruz da birini affettiğimizi söylüyoruz? Biz o insandan üstün müyüz ki onu affedebilme gücüne sahip olduğumuzu sanıyoruz?"

Cidden harika. Peki ama her şey affedilir mi?

Affetmek karmaşık bir sosyal yaşantısı olan biz insanlar için genel anlamda olumlu bir davranış olsa da bilim insanlarına göre; bu düşünce biçimi, insanların zarar gördükleri ilişkilerden kurtulamamalarının sebebi olabilir. Friedrich Schiller ne güzel söylemiş:

"Affetmek ve unutmak iyi insanların intikamıdır."

Peki, affetmek Allah'a mı mahsustur?

Değerlendirmeye başlayalım. Affetmek bir kere büyük bir erdemdir. Affetmek o kadar büyüktür ki tanrısaldır. İslamiyet'te Allah'a atfedilmiştir. Yakınçağın önemli filozoflarından Hannah Arendt'e göre; bağışlama ve affetme melekesi kolektif iktidar anlayışının dayanaklarından bir tanesidir. Demokrattır. Özgürlüğe ilişkindir. Affetmenin sadece Tanrı'ya has olmadığını, tersine bunun insani bir meleke olduğunu söyleyen Arendt, affetme ve affedilmenin, kişiyi sonsuza dek edimlerinin kurbanı olmaktan kurtardığını söyler. "Affetmenin telafisi mümkün olmayan sonuçları karşısında, eyleyene yeniden ve yeniden eylemde bulunma cesareti veren şey, affedilme ihtimalinin olmasıdır" der ve ekler:

"Bizleri yaptıklarımızın sonuçlarından muaf kılarak salıverecek bağışlanma olmasaydı, eylem yetimiz, tabiri caizse hiçbir zaman başımızı kendisinden kurtaramayacağımız tek bir edimle mahdut olurdu; tıpkı tılsımı çözecek büyülü formülden yoksun bir büyücü çırağı gibi, ebediyen bir edimin sonuçlarının kurbanı olarak kalırdık."

Öfkenizi kusmak, zarar vermek yerine affetmeyi becerebiliyorsanız ve daha sonra da dengeyi bulabiliyorsanız, içinizde Tanrı'dan bir parça taşıyorsunuz demektir. Öyle ki, öfke yerine sorunu çözmek, insanın nefretin hapishanesinden kurtulup cenneti oluşturmaya başlamasıdır. Bağışlamak ve acıyı anlamak; öfke, intikam, kin, hayal kırıklığı ve cezalandırma gibi olumsuz tepkilerin yerine koşulsuz sevgi, şefkat, merhamet, empati ve cömertlik gibi olumlu sonuçlara yol açabilecek tepkilerin oluşmasıdır. Bu tutumlar, isteyerek ve bilinçli olarak gelişir.

Affetmek, sevginin her şeye rağmen verilmesini sağlar ve sevgi verip sevgi almayı kolaylaştırır. İnsanların birbirlerine kendilerini açabilmeleri ve bir yaşam boyu sürecek aşka sahip olabilmeleri için gerekli en önemli becerilerden biri affetmektir.

Affetmek, matruşka gibidir. Siz bu eylemi icra ettikçe içinden başka bir affedilesi eylem çıkar. Çıkar da çıkar... En sonunda alışırsınız. Affetmek her durumdadır. Büyüklüktür. Karşılıklıdır. Affetmek, kimliktir. İnsanı hafifletir, kalbinizi hafifletir. Mükemmel olmayan kişilere özgü, yine mükemmel olmayan kişilere yöneliktir: "Seni affediyorum çünkü mükemmel değilsin."

Affetme, bazılarınca gurursuzluk sayılan fakat gerçekte onurlu olan davranıştır. Karşılıklı anlayışın eylemidir. Adım atmaktır. İnceliktir. İncelikli görünmektir. Kızgınlıkların büyütülmemesidir. Affetmek, unutmak değildir.[44] En çok kabul etmektir, karşı tarafı hatasından ötürü daha fazla yargılamamaktır. Affetmek, özgürleşmektir.

Hoş bir hikâye anlatacağız size şimdi:

Bir gün trenle seyahat eden birisi, tesadüfen son derece huzursuz olan genç bir adamın yanına oturmuş. Bir süre sonra genç adam, uzak bir hapishaneden henüz çıkmış bir mahkûm olduğunu açıklamış. Mahkûmiyeti ailesine o kadar utanç vermiş ki ne ziyaretine gelmişler ne de bir mektup yollamışlar. Ama fakir oldukları için seyahat edemediklerini, cahil oldukları için mektup yazamadıklarını umuyor; her şeye rağmen kendisini affetmiş olmalarını hayal ediyormuş. Ailesinin işini kolaylaştırmak için, kendilerine mektup yazıp tren kasabanın eteklerindeki çiftliklerinden geçerken bir işaret koymalarını

44. *Güneşi Uyandıralım*'da José Mauro de Vasconcelos buna ilişkin şöyle söyler: "Unutmakla affetmek arasında ne fark var? İnsan affedince her şeyi unutur. Ama sadece unutursa, çoğu zaman o şeyler tekrar su yüzüne çıkar."

söylemiş. Ailesi kendisini affetmişse, raylara yakın bir elma ağacına beyaz bir kurdele bağlayacaklarmış. Eğer kendisinin geri dönmesini istemiyorlarsa, hiçbir şey yapmayacaklar, o da trende kalıp batıya gidecek, belki de bir serseri olacakmış. Tren, kasabasına yaklaşırken heyecanı o kadar artmış ki pencereden dışarı bakmaya cesaret edemiyormuş. Kompartıman arkadaşı kendisiyle yer değiştirip onun yerine elma ağacına bakacağını söylemiş. Bir dakika sonra elini genç mahkûmun koluna koymuş, "Şuraya bak!" demiş. Gözpınarlarında biriken yaşlarla gözleri parlıyormuş. "Her şey yolunda, bütün ağaç bembeyaz kurdelelerle bezenmiş." O anda bir ömrü zehirleyen bütün acılar, adeta, birden dağılmış, kaybolmuş. Affetmezseniz sevemezsiniz. Sevgisiz hayat ise zaten anlamsızdır.

Güzel hikâye, değil mi?

Affetmek insanı derinleştirir. Nefret ise yaşamdan zevk almamızı, insanların güzel yanlarını görmemizi engeller. Hiç kimse saf iyi ya da saf kötü değildir. Salt kötülükleri görmek bir süre sonra şüphe, depresyon ve umutsuzluk denizinde boğar insanı. Nefret dolu bir yaşam, mutsuz bir yaşamdır. Affetmek için insanın ruhsal ve zihinsel olarak kendisini hazır hissetmesi gerekir. Çünkü affetmek bir seçimdir. Kimsenin zorlamasıyla affetmek mümkün değildir. Affetmek bir süreçtir. Birdenbire gerçekleşen affedişler bile aslında bir sürecin ürünüdür.

Affetmeyi seçtiğinizde kimse size borçlanmayacaktır. Yani koşullu affetme yoktur. Diğer insanın da sizi affetmesini, değişmesini veya sizin istediğiniz gibi olmasını beklemeyin. Affetmek bir seçimdir. Amaç sizin rahatlamanızdır, özgürleşmenizdir. Nefret duyduğunuz kişinin yaşıyor ya da ölmüş olması sizin affetme sürecinde duyduğunuz acıların yoğunluğunda bir farklılık yaratmayacaktır. O acılar sizin acılarınız.

Affetmek kolay değildir. Fakat özgürleşmek için gereklidir. Çoğu insan affetmenin nefret ettiği kişiyi suçsuz ya da haklı bulduğu anlamına geleceğini sanır. Oysa affetmek, geçmişteki anıların boyunduruğundan kurtulmak, yaşamımızı kontrol altında tutmasına son vermek demektir.

Affetmek, kabulden sonra gelen aşamadır. Kabul ve affetmek, daha önce de söylediğimiz gibi boyun eğmek veya unutmak değildir. Hoş görmek de değildir. Hele olayın acısını geride bırakmış olmak demek hiç değildir.

Peki, affetmenin önündeki engeller ne?

1. Eğer affedersem konuyu hafife almış olurum, hafife alırsam unutulur, unutulduğu zaman değeri kalmaz.
2. Eğer affedersem bunu onun yanına kâr bırakmış olurum.
3. Eğer affedersem bir daha yapar.
4. Eğer affedersem o zaman inandığım değerlerden vazgeçmiş olurum çünkü kendi değerlerime göre onu affetmemem gerekiyor.
5. Affedebilmem için bu acıyı artık hiç hissetmeyecek bir döneme gelmem lazım ancak o döneme gelirsem affederim.

Affetmenin önündeki engeller bunlar. Özetle affetmek, alacaklı olmaktan vazgeçmektir. Borcu silmektir. Unutmayın, affettiğiniz zaman geçmişi değil, geleceği değiştirirsiniz. Geleceğe yer açmak ancak geçmişe yapışmaktan vazgeçerek yapılır. İnsan türü hatalıdır, zaman zaman karşısındakileri kırar, incitir. Ne yazık ki herkes affetmenin güzel olduğunu söyler ta ki affetmeleri gereken bir durumla karşılaşıncaya kadar...

Ben Zaten Kusur Görmem

> *Bir Bektaşi dervişi ile bir Mevlevi derviş bir yerde karşılaşırlar. İkisi de mensubu oldukları inanç ve öğretiyi tanımak üzere birbirlerine sorular yöneltirler.*
>
> *Bektaşi sorar: "Gömleğinin kolları neden bu kadar geniş?"*
>
> *Mevlevi: "Dünyadaki kusurları ve kötülükleri gömleğimin içine atar, sır ederim. Peki ya senin yenin niye dar?"*
>
> *Bektaşi: "Ben zaten kusur görmem."*

Şimdi soralım, affedersek neler değişir hayatımızda?

Affetmek, insanı bir sonraki aşamaya geçirir. Affetmeyi öğrenemeyen insan, düşüncelerine ve olumsuz duygularına takılıp kalır ve sürekli bir protesto içinde yaşar. Protesto, çoğu kez yaşanan yaşantının oluşturduğu duygulardan kaçmak için yapılan bir şeydir. Ne var ki protesto insanın duygularıyla yüzleşmesinin önünü keserek duyguların gösterdiği adresi görmeyi ve onlardan öğrenmeyi engeller. Yani olumsuz duyguyla kalamayan insan, duyguyu hissetmek yerine bol bol düşünce üretir ve ardından ürettiği düşünceler tarafından öfkeyle yönetilir.[45] Düşünce baskınlığına izin veren insan ya geriye gidip

45. Stanford Üniversitesi'nde görevli bilimadamı Frederic Luskin ve ekibi, San Francisco kentinde oturan 259 kişi üzerinde araştırma yaptı. Denekleri 6 kez 1,5 saatlik oturumlara çağıran bilimadamları, bu oturumlarda katılımcıların affetmeyi öğrenmesini sağladılar. Araştırma çerçevesinde kötü anılarını konuşarak paylaşan denekler, daha sonra kendilerine zarar veren kişileri canlandırarak içlerinden onlarla konuştular. Kendilerine zarar veren kişileri affeden katılımcıların çoğu, deney sonrasında daha az acı duyduğunu belirterek, stresten kaynaklanan sırt ağrısı, uykusuzluk ve mide ağrısı gibi ruhsal ve fiziksel belirtilerin de önemli ölçüde azaldığını kaydetti. Deneklerin çoğu, gelecekte meydana gelebilecek benzer olaylarda tekrar affetmeye hazır olduğunu da söyledi. (Daha fazla bilgi için bkz. https://www.e-psikiyatri.com/affetmek-beyni-rahatlatiyor)

pişmanlık yaşamakta ya da geleceğe giderek kaygı yaşamaktadır. Oysa insan yalnızca andaki akış içinde var olabilir.

Kabul, bir sonraki aşamaya geçebilmeyi yani bu gerçekle ne yapabilirim sorusunun gündeme gelmesini sağlar. Diyelim ki biri işten atılmanıza neden oldu. İşten atılmış bir kişi, değişik şekillerde düşünebilir. "Bana haksızlık yapıldı, benimle ilgili bu davranışı asla onun yanına bırakmayacağım" şeklinde düşünürse öfkenin yanı sıra bir intikam alma davranışı içine girecektir. Nefret ve intikamın başat olduğu yerde ise iki mezar oluşacaktır: Nefret duyulan kişinin ve nefret edenin mezarı!

Bir başka kişi ise "Hep kurban ben oluyorum, kaybeden ben oluyorum, yetersiz ve değersizim" şeklindeki düşüncelerle kendini kurban psikolojisi içine sokup karamsar hatta çökkün olabilir. Bu yaşantıyı geleceğe yansıtarak umutsuz ve kaygılı da olabilir. Peki, böyle bir duruma rağmen işlevsel olunabilir mi?

Bu tarz bir durumda işlevsel kalabilmek, yapılanları unutmadan öncelikleri belirleyebilmekle mümkündür. "Bana haksızlık yapıldı ve tabii ki hakkımı sonuna kadar arayacağım ancak ilk önceliğim yeni bir iş arayışı olmalı" şeklinde düşünen biri hem hakkını arayabilir hem de bir sonraki aşamaya geçerek iş arama süreci içine girebilir. Bir başka deyişle, kişi, olumsuz duygular hissetmesine rağmen işlevsel olabilir. Unutmayın, hayat, bir konuya yapışıp kalınmayacak kadar değerlidir.

Her şeye rağmen unutmamak çok önemlidir. Çünkü unuttuğumuz zaman hiçbir şey öğrenemeyiz. Hatta bazen olumsuz duygular, olumlulardan çok daha cömert olabilir, çünkü insanın olumsuzdan ve başarısızlıktan öğrenebileceği çok şey var. Başarıya ve bilgeliğe ulaşmış kişilere "Nasıl başarı oldunuz?" diye sorarsanız bir kısmı size, "Başarısızlıklarımdan öğrenerek" cevabını verecektir.

Gelelim esas soruya: Affetmek mümkün mü? Haklı koltuğumuzdan âlemi seyredip, kendimize yapılan "yanlışları" sıralayarak, mağduriyetin o zarif şefkatine sığınıp yaşamaktan söz etmiyorum. Kendini, sevgilini, eşini affetmek... Arkadaşını, bir topluluğu, bir halkı affetmek... Bir katili, hırsızı, gaspçıyı affetmek... Bir dönemi, o dönemde yapılanları affetmek...

Sürekli affetmek üzerine konuşuyor, artık alışmaktan sıkılmış bir duyguyla olup bitecekleri izleyip duruyoruz.

Affetmek Beyni Rahatlatıyor

Çevremizdeki insanları yargılarken kullandığımız ahlaki normlar çok çeşitli. İyi bir insan olduğunu düşündüğümüz kişilerin bize göre "kötü" davranışlarını gördüğümüzde o davranışı "o kadar da kötü görmemeye", yani torpil yapmaya meyilliyizdir. Öyle ki bazen insanların kendilerine kötülük yapan insanlarla birlikte olmaya devam ettiklerini, onlara sürekli zarar veren ilişkileri kesmeyi bir türlü başaramadıklarını görürüz.[46]

Oxford, Yale ve University College London üniversitelerinden bilim insanları, 1500 kişi üzerinde yaptıkları bir çalışmada insanların iyi ve kötü davranışlarda bulunan insanlara karşı oluşturdukları ahlaki yargıları çalıştılar. Deneklere açıkça iyi ya da açıkça kötü olan bazı davranışlar gösterildi. Yaratıcı bir deneydi.[47] Bir denek grubu, insanlara elektrik şoku vermeleri

---

46. https://www.e-psikiyatri.com/affetmek-beyni-rahatlatiyor

47. Affetmenin beyinde hangi bölgede oluştuğundan da söz edelim. Bu söz konusu olduğunda, "zihin teorisi" ağının bir parçası olan anterior superior temporal sulkus yani aSTS'nin rol oynayacağı görülmektedir. *Nature* dergisinde yayımlanan bir 2017 araştırması, sol aSTS'nin gri madde hacminin, insanların diğer insanları affetmeye istekli olma derecesiyle ilişkili olduğunu buldu. Bir beyin bölgesinin büyüklüğünün affetme gibi özellikleri nasıl etkileyeceği konusunda kafanız karıştıysa, yalnız değilsiniz. Makalede, yazarlar şöyle diyor: "Beyin morfometrisindeki bireysel farklılıkların kişilik özellikleri ve görev performansı ile nasıl ve neden ilişkili olduğu hâlâ belirsizdir, ancak çoğu zaman daha fazla gri madde hacminin bu bölgenin verimliliği ile ilişkili olduğu varsayılmaktadır." (Daha fazla bilgi için bkz. https://dergipsikopol.com/affetmek-ya-da-affetmemek)

karşılığında teklif edilen parayı reddediyordu. Bir başkası daha fazla para için daha yüksek elektrik şokları verilmesini kabul ediyordu. Deneye katılanlara bu karakterlerle ilgili izlenimleri ve bu izlenimlerden ne kadar emin oldukları soruldu. Denekler iyi işler yapan karakterle ilgili pozitif izlenim edindiklerini ve bu izlenimden yüksek oranda emin olduklarını söylediler. İş kötü karaktere gelince, deneklerin kafası biraz daha karışıktı: Onun kötü bir iş yaptığından emin olsalar da bu izlenimin ne kadar doğru olduğu konusunda iyi karakterdeki değerlendirmeler kadar emin olamıyorlardı. Ardından deneklere bir önceki senaryoda kötülük yaptığı gösterilen karakterin yanındaki bir başka insana iyilik yaptığı başka bir kısa video izletildi. Deneklerin kötü karakterle ilgili izlenimlerini hemen kötüden iyiye değiştirdikleri görüldü. Ta ki kötü karakterin yeniden etik açıdan sorunlu bir eylemde bulunduğu bir sonraki videoya kadar. Bilim insanları bu deneyde de gösterilen durumun, zihinsel kısa yollarımıza dair önemli bir ipucu verdiğini düşünüyorlar. İnsanlar kötü eylemlerde bulunduklarını düşündükleri insanlarla ilgili izlenimlerinde her daim bir yanılma payı bırakıyorlar ve bu kişilerin etik açıdan olumlu bir davranışını gördüklerinde fikirlerini değiştirmeye, yani onları affetmeye eğilimliler.[48]

Kim bilir, belki de esas olan iyideki kötüyü, kötüdeki iyiyle; dosttaki düşmanı, düşmandaki dostla birlikte görebilmektir.

İçerik Sonu

48. Daha fazla bilgi için bkzz: https://noroblog.net/2018/09/19/kotulugu-affetmeye-meyilli-miyiz

BÖLÜM 0203

İnsan Sevgiyi Öğrenebilir mi?

"En çok düşündüğümüz kelimeyi en az kullanmaya bizi mecbur eden gururumuzu aldatmak için, sevmek fiiline sözden başka ifade şekilleri ararız."

– Peyami Safa, *Yalnızız*

Öyle bir sev ki; sevilen de sevmeyi senden öğrensin! Ne kadar seviyor diye hesaplamadan sev çünkü sevmek sana ait olan bir şey.

Peki, nedir sevmek?

Bir kere çok kafa karıştırıcı bir olgu. Belki de insanın kendi egosunu ertelemesidir. Eşsiz edebiyatçı Jose Saramago, "Sevmek, sahiplenmenin en güzel biçimidir herhalde, sahiplenmek ise, sevmenin en kötü biçimi" deyip sevmek ve sahiplenmek arasına ayrım koyar. Sevmek, karşınızdakinin hayatında bir öneminiz olduğunu hissetmektir. Bu duruma minnettarlık duyarsınız. Bir şekilde zaman aralarını doldurmak değil, birlikte, gerçekten birlikte nefes almaktır. Kalpten yaşamaktır.

İngilizcedeki aşk (love) kelimesinin Sanskritçedeki "lubl" yani "arzulamak" kelimesinden türetildiği söylenir. Bazı yazarlar ise aşk (love) kelimesinin Sanskritçedeki "lobha" sözcüğünden kaynaklandığını belirtirler. Lobha, açgözlülük anlamına gelir. Açgözlülük "istemek, istemek, istemek"tir. Belki de aşkın açgözlülük anlamına gelen bir sözcükten türemiş olması tamamen tesadüf değildir. "İhtiyaçlarımızın giderilmesini istemek" açısından baktığımızda, aşk bir mecburiyet gibidir. İngilizcede aşk ve sevgi için ayrı ayrı kullanılan iki farklı kelime olmadığından ihtiyacı gidermek için yaşanmayan aşka gerçek aşk (true love) ya da olgunlaşmış aşk (mature love) gibi isimler verilir.

Türkçemizde aşk ve sevgiyi birbirinden ayrı düşünmek mümkündür. Aşk ile sevgi arasındaki fark "Seni seviyorum çünkü sana ihtiyacım var" ile "Sana ihtiyacım var çünkü seni seviyorum" arasındaki fark gibidir. Aşk herkesin birbirine benzer biçimde hissettiği bir ihtiyaçtan doğar. Sevgi ise bir sanattır ve onu herkes farklı biçimde icra eder. Sevgi bir ihtiyacı içerse de ihtiyaçtan çok daha geniş bir yelpazeyi kapsar. Aşk tutkuyu, sevgi ise şefkat ve sevecenlik halini simgeler. Aşk insanın egosunu, sevgi ise ruhunu besler. Aşkta talepler, arzular vardır; sevgide ise paylaşım. Sevgi vermesini bilir, aşk istemesini. Ve aşk başınızı, sevgi ise dünyayı döndürür.

"Kaç tür sevgi var?" diye soranlardansanız, cevaplayalım:

Üç tür sevgi vardır. Birinci tür sevgi, çünkü sevgisidir. Seni seviyorum çünkü çok özelsin, seni seviyorum çünkü çok güzelsin, seni seviyorum çünkü sana ihtiyacım var. İkinci sevgi, eğer sevgisidir. Seni seviyorum eğer sen de beni seversen, seni seviyorum eğer şimdiki gibi kalırsan. Dikkat ederseniz bu çünkü ve eğer sevgisinde, kişi kim ve ne olduğu için sevilir. Üçüncü bir sevgi var ki ona rağmen sevgisi deriz. Orada kişi ya da insan kim ve ne olduğu için değil, kim ve ne olduğuna rağmen sevilir. Bunun edebiyattaki en güzel örneği *Notre-Dame'ın Kamburu*'nda güzel Esmeralda'nın Quasimodo karakterini hem çirkin hem kambur olmasına rağmen sevmeyi becerebilmesi; buna karşılık soylu gencin de Esmeralda'yı sıradan bir Çingene olmasına rağmen sevmesidir. Tüm yüreklerin susadığı sevgi türüdür bu.

Hatta bu sevginin eksikliğini, belki de dünyadaki en büyük kıtlık olarak tanımlamak mümkündür. Dolayısıyla sevgi, söz olarak çok kolay kullanılan ancak daha iyi anlaşılması gereken bir yaşantıdır.

Bir danışanım yaşadığı ayrılık sonrası şunları demişti: "Beş sene onunla beraber oldum. Onun için tüm fedakârlıkları yaptım. Sonunda ne oldu? Beni terk etti gitti. Ve şimdi ben sadece böyle sürekli ağlayan, gözü burnu akan bir kadın olarak karşınızdayım. Sürekli ağlıyorum." Verdiğim cevabı hatırlıyorum: "Beş sene emek verip sevmeyi bilen bir kadın olarak yaşadıktan sonra, tüm emeklerine rağmen giden birinin ardından ağlamayan bir kadın gibi mi olmak isterdiniz?" Danışanım şaşkınlık içinde ağlamasını kesmişti. Sonra da cevabım sayesinde yeni bir perspektif kazandığını söyledi. Evet, ağlamak kötü değildi. Acı ve ağlama artık orada olmayanın farkına varmakla ilgiliydi. Yeni bir şey daha öğrenmişti; insan verdiği emek için ağlar ve bir kişiyi kaybettiğimiz için üzülmek yalnızca insan olduğumuzu gösterir. Kaybetmenin anlamını kaybetmek, en insani erdemimizi kaybetmektir.

Yani aslında danışanım sevmeyi bilen bir kadındı ve sevmeyi bilen bir kadından yapması bekleneni yapmıştı. Sevgi bir anlam merdiveni gibidir. "Sevdim de ne oldu?" diyenler, bu anlam merdiveninde henüz yukarıya mesafe kat etmemiş olanlardır. Sevgi adına çekilen acı, bazen insanı daha üst bir farkındalık düzeyine taşır. Birlikte olduğunuz kişi size ilgisini kaybettiğinde ya da sizi terk ettiğinde çevrenizdekiler bu durumu sizin koşulsuz vericiliğinizle, onu şımartmanız ya da uygun taktikleri kullanmamanızla açıklayacaktır. Bu masala inanırsanız bundan sonra verebileceğiniz yalnızca hesaplı-koşullu ve temkinli bir sevgi (!) olacaktır. Oysa siz koşulsuz sevginizi sunarken, bunu ne onu şımartmak ne de yalnızca isteyici hale getirmek için yaptınız. Siz yalnızca içinizden geleni yaptınız ve bildiğiniz şekilde sevginizi sundunuz. Dikkat edin! Şimdi çevrenizdekiler, sizden taktik uygulayarak seviyormuş rolünü yapmanızı istiyorlar. Oysa sevilmemek çoğu kez sevenle ilgili değildir. Sevginizin karşıdakine ulaşmaması sizin vericiliğinizle ilgili olamaz. Olsa olsa o kişinin vericiliğinizi görememesi, görmek istememesi ya da henüz görecek bir olgunluğa ulaşmamış olmasıyla ilgili olabilir. Ya da aradığı şeyi sizde bulamamasıyla... Ancak bu sizin değerinizi asla azaltmaz. Bu sevginin ona ulaşmamış olması, onu sevmiş olmanın yanlış olduğunu göstermez. Eğer bu sevgiyi alabilecek, aynı şekilde görmeye hazır bir kişiyle karşılaşırsanız ortaya muhteşem bir birliktelik çıkabilir. Ancak sevgiyi almak adına taktik kullanma dünyasına girerseniz bir süre sonra kendinize yabancılaşır, davranışlarınızı anlayamaz hale dönüşür ve kimliğinizi kaybedebilirsin.

"Seni Seviyorum Çünkü Sana İhtiyacım Var" Yerine "Sana İhtiyacım Var Çünkü Seni Seviyorum" Diyebilmek

> *"Aşk bir ihtiyaçtır. Romeo Juliet'e "Sen benim güneşimsin" der çünkü yaşamak için güneşe ihtiyacı vardır. Âdem Havva'ya "Etle tırnak gibiyiz. Seni kaybetmek kendimi kaybetmek olur" diyerek ona olan ihtiyacını dile getirir. Sevgiliniz size "Seni seviyorum" der ve bekler çünkü "Seni seviyorum" bir cümle ya da bir duygu ifadesi olmaktan çok benzeri bir yanıt duyma ihtiyacından kaynaklanan bir soru gibidir. Çünkü beklenen "Ben de seni seviyorum" şeklinde bir yanıttır. Sevmenin karşılığında sevildiğini duymak seven için çoğu kez bir ihtiyaçtır.*

> *Freud aşkın "benlik" (ego) ile nesne arasındaki sınırları tehdit ettiğini söylemiştir. Çünkü aşk öylesine bir kaynaşma ihtiyacıdır ki "ben"ler "biz" olabilmek pahasına yok olmayı göze alır. Belki de aşk ile sevgi arasındaki en önemli fark budur. Aşk "Seni seviyorum çünkü sana ihtiyacım var" demektir. Sevgi ise "Sana ihtiyacım var çünkü seni seviyorum" anlamına gelir. İşte bu yüzden sevgi, olgunlaşmış olmayı yani sevebilme kapasitesi ve becerisini gerektirir.*

Sevgi türlerine dönelim. "Eğer" türünden pek de farklı olmayan "çünkü" türü sevgide, karşıdaki kişi bir şeyler yaptığı ya da olduğu için sevilir. Yani kişi sahip olduğu özellikler nedeniyle sevilir. Bu türden sevgi ipotekli bir sevgidir. Seveni ve özellikle sevileni baskı altına alır. Seven, bu özellikleri benimsediği, istediği ve ihtiyaç duyduğu müddetçe sever. Sevilen ise bu özellikleri taşıdığı sürece sevilir. Sevilen güzel olduğu için sevildiğini düşündüğünden, hep güzelliğini korumaya çalışır. Günümüzde ardı arkası kesilmeyen estetik ameliyatlardan vazgeçmeyen birçok insan belki de "çünkü" sevgisini ve hayranlığı koruma adına bu operasyonları yaptırmaktadır.

"Ancak güzel ve çekici olursam sevilirim" şeklinde düşünen insanların kendilerinden güzel birini görünce tehdit algısı yaşamaları belki de kendisini sevenlerin sevgilerini kaybetme korkuları ile ilgilidir. Bu onları daha güzel olma çabasına iter. Elde etmek isteyip de edemediklerini yeterince güzel olmamalarına bağlarlar. Kendilerini bir bütün olarak geliştirmek yerine, güzelliklerini geliştirmeye çalışırlar. Başka bir deyişle eğer amaca yönelik bir strateji yanlışsa ve yanlış olduğu kişi tarafından anlaşılmıyorsa, kişiler stratejilerini değiştirmek yerine stratejilerinin dozunu artırırlar. Aynen bir hekimin verdiği ilacın istediği sonucu getirmediğini gördüğünde, "Teşhisim yanlış olabilir mi?" diye düşünmek yerine ilacın dozunu artırması gibi... Bu tür sevgi, kuşku ve kaygıyla yaşanan bir sevgidir, olgunlaşmamıştır. Oysa olgunlaşmış aşk ya da sevgi, karşılaştırma yapmadan, "çünkü"ler veya "eğer"ler oluşturmadan sevebilmek anlamına geliyor.

Belki de "Seni seviyorum" sözü çok sık kullanılıyor. Bir kelime ya da cümle ne kadar sık kullanılırsa anlam yükü o kadar azalıp, sıradanlaşabiliyor. Belki de "Seni arzuluyorum" ya da "Seni istiyorum" kelimeleri yerine "Seni seviyorum" demek kulağa daha asil geliyor. Birini arzulamak bedenden gelir. Sevmek ise ruhumuzdan. Onunla geçecek bir geceyi arzulamak ya da onunla geçecek bir ömrü arzulamak... Bu anlamda arzu daha uygun bir kelime. Kelimeler doğru anlamda kullanılmadığında amacını, yönünü ve anlamını yitirebiliyor.

"Beraberliklerinizde Boşluklar Olsun. Olsun ki Aranıza Cennetin Rüzgârları Girebilsin."

> *Bazen aşk "yapış yapış" ya da "etle-tırnak" kıvamında yaşanır. Halil Cibran "Beraberliklerinizde boşluklar olsun. Boşluklar olsun ki aranıza cennetin rüzgârları girebilsin" der. Bağlı olmakla bağımlı olmak arasındaki fark ancak bu kadar güzel dile getirilebilir. Bağımlılık her zaman hayal kırıklıklarıyla sonuçlanır. Sevgide hayal kırıklığından söz etmek zordur çünkü sevgide bir beklenti yoktur. İhtiyaçları karşılamaya yönelik*

çeşitli talep ve beklentiler, henüz olgunlaşmamış aşkın özellikleridir. Henüz "gerçek"leşmemiş yani sevgiye dönüşmemiş aşkı asla tatmin edemezsin, çünkü beklentiler o kadar yüksektir ki yapılan her şey zamanla az gelebilir. Bu nedenle aşk kendini "gerçek"leştiremezse yani olgunlaşmazsa hep acıya yol açarken, sevgi her zaman tatmin eder. Aşk aşırı değer verilen bir yaşantıdır. Hepimiz âşık olabilmek isteriz. Ancak aşk kimyasal bir bağımlılık gibi kendi içinde kendini yok edebilir. İhtiyaçlarımızı giderdiği müddetçe harikadır. Ama bir süre sonra aynı aşk, ihtiyaçlarımızı gidermekte yetersiz kalır. Tıpkı aynı dozda alınan alkol ya da bağımlılık yapıcı maddenin bir süre sonra ihtiyacı karşılamakta yetersiz kalması gibi. Aşk başka birinin sana hissettirdiklerini sevmektir. Âşık olduğunda, onun neredeyse senin için var olduğunu düşünürsün. Tıpkı benmerkezcil özellikler taşıyan bebeğin dünyanın kendisi için var olduğunu düşünmesi gibi... Ya da küçük çocuğun dondurmayla ilk tanışıklığı gibi... Dünya onun dondurmayı seveceğini anlamış ve sanki dondurmayı onun için yaratmıştır. Âşık olduğun kişinin senin için yaratılmış olduğunu düşünmen gibi...

Peki, size bir soru: Aşkın olgunlaşıp sevgiye dönüşmesi neyi gerektirir? Sevgiyi aşktan üstün yapan nedir?

Aşkın sevgiye dönüşmesi her şeyden önce zaman gerektirir. Çünkü sevgi yalnızca fiziksel ya da kimyasal anlık bir çekim değildir. Sevgi, aşk gibi bulunan bir şey de değildir. Önce doğurulan, ardından büyütülüp geliştirilen ve özenli biçimde bakım verilen bir şeydir sevgi. Sevgi asla yalnızca bir duygu değildir. Çünkü her duygunun bir ömrü vardır ve ömrü tamamlanınca duygular da tükenir. Aşk gibi, korku gibi, sevinç gibi, öfke gibi...

Örneğin insanlar karşılıklı çekim sonucu oluşan bağ gerekçesiyle evlenebiliyorlar. Aradan yıllar geçiyor çekim ve çekicilik kaçınılmaz olarak azalıyor. Bu çifti bir arada tutabilen tek güç yaşamlarının geri kalan kısmını bir arada geçirme kararı oluyor.

Peki, nedir öyleyse sevgi? O. Henry'nin *The Gift of the Magi*'de yazdığı şu kısa öyküde en güzel şekilde ifade edilir sevgi:

> *"Bir zamanlar birbirini çok seven, evli ve oldukça yoksul genç bir çift vardı. Noel zamanı yaklaşmıştı. Her iki eş de parasız oldukları için birbirlerine hediye alamayacak olmanın yoğun üzüntüsünü yaşıyorlardı. Genç kadının para edebilecek tek varlığı çocukluğundan beri uzattığı ve herkesin hayran olduğu uzun saçları idi. Genç adamın para edebilecek tek varlığı ise nesilden nesile aktarılmayı takiben en son babasından kendine kalan ve hep cebinde sakladığı altın saati idi. Noel sabahı geldiğinde her ikisi de birbirlerine birer hediye paketi verdiler. Erkeğin karısına hediyesi güzel saçlarını topuz yapıp yukarıda toplayabilmesi için aldığı pırlantalı saç tokası idi. Kadının kocasına aldığı hediye ise hep kaybetmekten korktuğu altın saatini güvenlik içinde takması için alınan altın bir zincirdi. Ancak koca pırlanta tokayı alabilmek için altın saatini, karısı ise altın zinciri alabilmek için güzel saçlarını satmıştı. Her ikisi de mutluluktan ağlıyorlardı. Her ikisi de kendileri için dış dünyadan alınan hediyeleri kullanamayacaklardı. Ancak içdünyalarından gelen bu gerçek hediyeler onlara derin sevgilerini her zaman hatırlatacaktı!"*

Gerçek aşk diye bir şey yoktur. Çünkü bütün aşklar gerçektir. Yani öznel gerçek. Kim kime "Benimkisi seninkinden daha gerçek" diyebilir ki? Esas olan dış gerçek değil, algılanan gerçek olduğuna göre, kim kendi algısını değersizleştirmek ister ki? Hangi bilge, hangi âşığa "Bu da geçer" dediğinde aşkını yitiren âşığın acısı azalmıştır? Hangi âşık bu tür sözlerle aşkının sıradanlaştırılmasına öfke duymamıştır? Kaç âşık, acısının zamanla azalacağını bilerek, aşkını yitirmekten korkmadan sevebilmiştir?

"Biz aşkı, aşkımızdan daha çok sevdik" derken aslında bizlerin aşkı bir ihtiyaç gibi yaşadığımızdan söz ediyoruz. Aşk bir ihtiyaç gibi yaşandığında bencillik de beraberinde gelir. Çeşitli düzeylerde görme kusuru içeren aşk, âşık olunanda ihtiyaç duyulan hemen her şeyin var olduğunu varsayar. Âşıklar bu yüzden birbirlerine "Birbirimiz için yaratılmışız" veya "Sen benim ruh ikizimsin" gibi sözler söylerler. Sanki elmanın iki yarısı uzun zamandır birbirlerini aramış ve nihayet bir araya gelerek bir "bütün" oluşturmuştur. Âşıklar mükemmel bir uyum içinde olduklarını düşünürler. Hatta öylesine bir beraberlikleri vardır ki bu beraberlikte dış dünyaya duyulan ihtiyaç giderek azalır. Çoğu kez tüm ilgi alanının âşık olunan üzerine odaklanması, dış dünyayla daha önceden oluşturulmuş anlamlı bağların zayıflamasına neden olabilir. Daha önceden de belirtildiği gibi aşk, işte bu nedenle, "normal insanlardaki anormal bir ilgi daralması" olarak da tanımlanabilir. Elmanın iki yarısı olmak, etle tırnak olmak, ruh ikizi olmak, birbirleri için yaratılmış olmak, anlamsız bir varoluşa yaşam boyu sürecek anlam getirmek hep aynı ihtiyaçtan kaynaklanan bir yüceltme çabasıdır.

Aslında bu haliyle aşk, gerçek bir ilişki olmaktan öte, hayal edilen bir birlikteliği hatta bir kaynaşmayı temsil eder. Bu kaynaşma 1+1'in 2 etmesinden çok, iki yarımın bir etmesini ifade eder. Ne var ki ihtiyaçlardan kaynaklanan görme kusuru nedeniyle idealize edilen bu kaynaşma hali çok uzun sürmeyecektir. Zamanla görme kusuru düzelmeye başlayacak ve her şeyi "olmasını istediğimiz gibi" görmekten vazgeçip, "olduğu gibi" görmeye başlayacağız. Bu noktada artık hayallerimizin kahramanı yok olmuştur. Ancak bizler yalnızca kahramanlarımızdan vazgeçeriz. Hayallerimizden değil. Tekrar âşık oluruz, çünkü ihtiyaç ve hayallerimizin abartılı olduğunu değil, kahramanımızın abartılı olduğunu düşünmüşüzdür. Böylelikle ihtiyaçlarımız ve hayallerimiz her koşulda aynı biçimde devam eder. Hayallerin insanın tamamen özgür olabildiği tek yer olduğu düşünülecek olursa bu durum pek de şaşırtıcı sayılmaz. Her şeyin tüketildiği bir dünyada en zor tüketilen şey hayallerdir. Ne var ki gün gelir insanlar hayallerinden de vazgeçebilir. Belki de bir ermişten alırız cevabı, anlatalım:

Bir gün sormuşlar ermişlerden birine:

"Sevginin sadece sözünü edenlerle, onu yaşayanlar arasında ne fark vardır?"

"Bakın, göstereyim" demiş ermiş. Önce, sevgiyi dilden gönle indirememiş olanları çağırarak onlara bir sofra hazırlamış. Hepsi oturmuşlar yerlerine. Derken tabaklar içinde sıcak çorbalar gelmiş ve arkasından da derviş kaşıkları denilen bir metre boyunda kaşıklar.

"Ermiş bu kaşıkların ucundan tutup öyle yiyeceksiniz" diye bir de şart koymuş. "Peki" demişler ve içmeye teşebbüs etmişler. Fakat o da ne? Kaşıklar uzun geldiğinden bir türlü döküp saçmadan götüremiyorlar ağızlarına. En sonunda bakmışlar beceremiyorlar, öylece aç kalkmışlar sofradan. Bunun üzerine, "Şimdi..." demiş ermiş. "Sevgiyi gerçekten bilenleri çağıralım yemeğe." Yüzleri aydınlık, gözleri sevgi ile gülümseyen ışıklı insanlar gelmiş oturmuş sofraya bu defa. "Buyurun" deyince, her biri uzun boylu kaşığını çorbaya daldırıp, sonra karşısındaki kardeşine uzatarak içirmiş. Böylece her biri diğerini doyurmuş ve şükrederek kalkmışlar sofradan. "İşte..." demiş ermiş. "Kim ki gerçek sofrasında yalnız kendini görür ve doymayı düşünürse, o aç kalacaktır ve kim kardeşini düşünür de doyurursa o da kardeşi tarafından doyurulacaktır şüphesiz ve şunu da unutmayın, gerçek pazarında alan değil, veren kazançtadır daima."

Yaşamı boyunca "gerçek" aşkı aradığını ama bulamadığını söyleyen erkek ve kadınlara rastlamak mümkündür. Bunun ardında "Benim ihtiyaçlarımı karşılayacak nitelikte biriyle karşılaşmadım" söylemi gizlidir. Görüldüğü gibi insanlar yalnızca kendilerinin veya aşklarının değil ihtiyaçlarının da sıradanlaşmasından korkabiliyorlar. Belki de "sıradan ihtiyaçlar" onlarda "sıradan insanları" çağrıştırdığı için...

Ne zaman öğreneceğiz kibirsiz ve sıradan yaşamayı?

İçerik Sonu

BÖLÜM 0204

Şefkat, Utancın Zaafıdır!

"Utanç nedir? Şu ya da bu yanılgıya düşmüş olma durumunun ve olduğum şeyi olabilmek için başkasının düşüncesine gereksinme duymam olgusunun verdiği kendine özgü bir düşüş duygusudur."

– Jean-Paul Sartre

Ingmar Bergman'a bir röportajında soruyorlar: Gidişat kötü, dünya nasıl kurtulabilir? "Utanç" diyor Bergman. "Dünyayı bir tek utanç kurtarabilir."

Utanç gerçekten üzerine konuşulacak bir konu. Evrimsel biyoloji açısından bir dip duygu. En etkilisi. Utanç, bilincine varılmış suçun doğurduğu acıdır. Soyludur. Zira hayatımız bugünlerde başkaları adına utanmakla geçiyor. Utanması gerekenin duymadığı utanç, neden utancımız oluyor peki? Cevap basit: Kendimize ve yaşama dair duyduğumuz sorumluluktan. Bergman doğru söylüyor:

"Bizi ancak utanç kurtarır!"

Utanç, onur kırıcı bir durum içine düşmüş olmaktan dolayı duyulan hüzün veya mahcubiyettir. Gururun kırılmasıdır. Gururun paraşütüdür çoğu zaman. Türlü halleri olabilir. Kandırırsınız, utanç içinde olursunuz. Biri hakkında konuşursunuz, utanırsınız. Haksızlık ortaya çıkar, başkası adına utanırsınız. Anlık bir hatadır, olur. Sonuçları berbattır, başkasından utanırsınız.

Hep söz verirsiniz, tutamazsınız. Değer verirsiniz, vazgeçersiniz. Umutlandırırsınız, arkasında duramazsınız. İstersiniz, yapamazsınız. Geleceğinizi söylersiniz, yetişemezsiniz. Önce karşınızdakinden, sonra kendinizden utanırsınız...

İnsanın çocukluk ya da ergenlik dönemindeki temel düşünce özelliklerinden biri başkalarının gözünden nasıl değerlendirildiğiyle ilgilidir. Nasıl değerlendirildiğine dair algı, bireyin kendilik algısını ve başkalarıyla olan ilişkisindeki kendilik değerini belirler. Başka bir deyişle, insanın temel sosyal ihtiyaçlarından biri, başkalarının zihninde olumlu etkiler yaratabilmesidir. Çünkü insanın varoluşu onun başkalarıyla olan ilişkisi ve başkalarının onunla kurduğu ilişkilerle belirlenir.

Utanç, insanın kendisini istenmeyen, arzulanmayan, değersiz ve yetersiz olarak algılaması ile ilgili bir duygudur. Çocuklukta fiziksel ve sözel yönden kötüye kullanım sevilmezlik algısını artırırken, cinsel yönden kötüye kullanım kirlenmişlik ve hasar görmüşlük algısını harekete geçirir. Zorbalığa maruz kalmak ise onay ve destek alma ihtiyacını harekete geçirir. Tüm bu yaşantılar utanç duygusunun öncülleridir. Çünkü çocuklar kendi değerlerini başkalarının onlara verdikleri değer ile belirlerler. "Ben yalnızca bana verilen değer kadar değerliyim" şeklindeki düşünce biçimi, yaşanan çeşitli olumsuz yaşam deneyimleri karşısında hem iç hem de dış bir utanç duygusunun oluşmasına neden olur. Bu utanç başkalarının ya da dış dünyanın o kişiyle ilgili ne düşünüp ne hissettiği ile bağlantılıdır. Dış dünyanın ya da diğerlerinin çeşitli ihmal ya da kötüye kullanımına maruz kalan çocuk, dış dünyanın kendisini yetersiz, değersiz ve itici bulduğuna inanır.

İç utanç ise bireyin kendisi ile ilgili ne düşünüp ne hissettiği ile ilgilidir. Birey kendisini yetersiz, değersiz hatta kötü olarak algılar. Aslında bu tür düşüncelerin tohumları çocuklukta atılmış olsa da erişkin yaşamda da benzer şekilde devam eder.

Hatta terapistler bile danışanlarına yeterince yardım edemediklerinde, "Başkaları benim yetersiz bir terapist olduğumu anlayacaklar" şeklinde bir dış utanç ve "Daha iyisini yapabilmeliydim, yeterince başarılı değilim. Başka bir terapist benden çok daha iyi sonuç alabilirdi" şeklinde bir iç utanç geliştirebilirler. Tüm bu düşünceler, terapistin -kaygı ya da çökkün hissetmesine bağlı olarak– danışanlarına verdiği hizmetin niteliğini düşürebilir.

Utanç duygusu ile depresyon, kaygı bozuklukları, kişilik bozuklukları, kendine zarar verme davranışı, hatta suç işleme ve intihar girişimleri arasında bağlar olduğu gösterilmiştir.

Utanç bazen aşırı özeleştiri ile gelir. Kendine şefkat gösteren insanlarda, olumsuz yaşam olaylarına tahammül ve kabulleniş daha fazladır. Buna karşılık kendine eleştirel davranan insanlar ise sürekli olarak kendilerinde kınayacakları, kızacakları ya da cezalandıracakları özellikler ararlar. Kendilerini sevmiyor olmaları, kendileriyle ilgili olumsuzlukları düzeltme motivasyonlarını da azaltır. Kendine aşırı eleştirel olmak, bir çeşit kendine yönelik taciz ya da kötüye kullanım olarak düşünülebilir.

Birey kendisine sürekli bir tehdit sinyali göndermekle (Kilo vermeye devam etmezsen kimse seni sevmez), yetersiz kaldığı durumları abartmakta (Hiçbir şeyi iyi yapamıyorsun), kendine sert komutlar vermekte (Yemeyi kes) ve kendini etiketleyip cezalandırmaktadır (Obez bir yaratıksın ve kimseye layık değilsin).

Kökeninde, çocukluktan itibaren aşırı beklentiler içinde büyütülmüş olma, sıklıkla eleştirilme, kendine güvenli davrandıklarında pasifleştirilme davranışlarıyla karşılaşma (Kendine gel, dediğimi yap) sonucu teslimiyetçi olmayı öğrenme yatmaktadır. Baskın karakterlerden kaçma ya da onu değiştirme imkânı olmadığında ise dikkat dış etkenlerden içeriye yönelmekte ve çocuk olup biteni kendi yetersizliği ile açıklayıp, kendine yönelik eleştirilerini artırmaktadır. Tehditten kaçınmak için teslim olmayı seçme ihtiyacı duymaktadır.

Kendine yönelik eleştiri belki de dış dünyadan gelecek eleştirilerin önünü kesmek için yapılmaktadır (Ben kendimi eleştirmezsem dış dünya beni daha ağır eleştirir). Belki de bu, kişiye kontrol duygusu vermektedir (Kendimi daha çok zorlar, eleştirir ve şımartmazsam daha iyi sonuçlar alabilirim). Kendi ile ilgili beklentileri azaltarak hayal kırıklığından kurtulmak (Beklentim ne kadar düşük olursa kendimden yakınmam o kadar azalır), daha ileri eleştirilerden korunmak (Ne kadar çok teslim olursam, o kadar az eleştirilirim), suçluluk ve utanç duygusunu azaltmak (İleride yanlış yapıp, suçluluk ve utanç duyacağıma kendimi eleştirmek daha iyi) gibi amaçlara hizmet etmektedir. Oysa kendine yönelik eleştiri birçok psikopatolojinin altında yatan temel bir özelliktir.

Terapiler genellikle olumsuz duyguları azaltma ile uğraştıklarından bazen olumlu duyguları artırma konusuna yeterince odaklanmazlar. Bilişsel davranış terapileri (BDT) düşünceleri değiştirip işlevsel ve esnek düşünerek duyguların daha dengeli yaşanabileceğine vurgu yapar. Hatta şefkat odaklı terapiler (ŞOT), yatıştırma sistemini uyararak olumlu duyguların artmasını sağlarlar. ŞOT, teorik köklerini Budizm, evrimsel psikoloji, bağlanma kuramları, bilişsel nörobilim ve sosyal psikolojiden alır.

Şefkat, Utancın Daima Güven Duyabileceği Bir Zaaftır

> *John Berger şöyle diyor: "Utanç, uzun vadede umut besleyemez hale gelip, bizi karsımızdaki ufka bakmaktan alıkoyan, insan türüne özgü bir duygu. Gözlerimizi ayaklarımıza dikmiş öylece duyuyor, bir sonraki adımın ötesini düşünemiyoruz."*

▶

Utanç, sağduyu ve akıl sahibi olan her bireyin yaşamdaki en belirgin duygusu... Bu duygu, hayatımızda gizlenen ve ertelenmiş sözlerin sorumlusudur. Kaybettiğimiz çoğu aşk bile, belki sırf bu his sayesinde daha derin ve tatlı oldu. Kimi zaman utancın gizlediklerini içimize itiraf ederken yürekliydik, o yüreği ve içindeki aşkı görebilmek için.

İnsan tökezleyip yetersiz kaldığında başarısızlık duygusuna verilecek en anlamlı tepki kendine yönelik şefkat ve destektir. Öz şefkat kendimizi yetersiz hissettiğimizde ya da başarısız bir davranış sergilediğimizde kendimizi rahatlatmak ve yatıştırmakla ilgili kapasitemizin önemine vurgu yapar. Bu kapasite kişiyi motive eden ve yeniden denemekten vazgeçmemeye cesaretlendiren özellikler bütünüdür.

Acıdan kaçınmak mümkün olmasa da acı ancak öz şefkat aracılığı ile daha çok tolere edilebilir hale gelir. Şefkat yalnızca bireyin kendisinden diğerlerine ya da diğerlerinden kendine yöneltilen değil aynı zamanda bireyin kendine yönelttiği öz şefkati de içinde barındırır. Bilimsel çalışmalar öz şefkatle psikopatoloji arasında ters bir ilişki olduğunu göstermiştir. Yani öz şefkat arttıkça psikopatoloji oranı azalmakta, kendine yönelik eleştiri miktarı arttıkça terapilerden alınan olumlu sonuçlar azalmaktadır.

Hatta ŞOT tedavisinde amaçlardan biri utanç ve kendine yönelik eleştiri miktarını azaltmaktır. Çünkü utanç ve kendine yönelik eleştiri miktarı ile şefkat arasında yine ters bir orantı vardır. Utanç ve özeleştiri oranı arttıkça bireylerin başkalarına gösterdiği ve başkalarından aldığı şefkat ve bireyin kendine yönelttiği şefkat azalmaktadır. Kendine ve başkalarına şefkat gösterme korkusu bireyin kendini yatıştırma sistemlerinin harekete geçmesini önler.

Yüzme yüzerek, cesaret cesur davranışlarla öğrenilir. Başka bir deyişle her erdem uygulama yaparak gelişir. Aynı şey şefkat ve güçlü bağlar kurabilmek için de geçerlidir. Kendimize ve başkalarına şefkat göstererek şefkati ve bağ kurabilmeyi yaşantılarımızla bütünleştirebiliriz.

Şefkat utancın panzehridir. Şefkatin İngilizce karşılığı olan "compassion" kelimesi Latincedeki "pati" ve "cum" kelimelerinden türetilmiştir ve "birlikte acı çekmek" demektir. Şefkat, insan türünde acıya verilen otomatik ve alışılagelmiş bir tepki değildir. Hepimiz acıyla karşılaştığımızda ilk tepki olarak suçlayıcı bir tutuma, bir kabahatli bulma davranışı içine gireriz. Bu bir çeşit kendini koruma tepkisidir. Suçlamanın yanı sıra acıyı hızlıca tamir etme çabası da korunma refleksinin bir parçasıdır. Bazen de acı çekene yönelik bir merhamet gösterme çabası devreye girer. Oysa şefkat ancak eşitler arasında gerçekleşir. Şefkat bir iyileştirici ile yaralı arasındaki ilişki değildir.

Unutmamalıyız ki hepimizin yaraları vardır ve hepimiz yaşamın hoş olmayan sürprizleri ile karşılaştık ya da karşılaşacağız. Başkalarının karanlığında var olabilmek ancak kendi karanlığımızın farkındalığıyla oluşabilir. Şefkat ancak ortak insani duyarlılıklarımız olduğunu bilerek gelişir.

Aslında utanç zannedildiği gibi her zaman olumsuz bir duygu değildir. Utanç, diğer insanları önemsediğimiz, onların varlığından haberdar olduğumuz anlamına gelir. Hiç utanç duymadan yaşamak, muhtemelen ancak mutlak bir duyarsızlıkla mümkün olabilir. Utanç öykülerini paylaşmak, ortak insani duyarlılıkları paylaşmaktır. Ancak utanç öykülerini paylaşmak cesaret ister. Utanç öyküsünü paylaştığınız kişiler size birbirinden farklı tepkiler verebilirler. Neler olabilir bunlar, gelin bakalım:

1. **Öykünüzü duyan ve sizin yerinize utanan kişiler:** Sizin için ne kadar utanç verici bir durum olduğunu hayal edebildiğini söyler, kızarır ve susar. Artık siz onu iyi hissettirmek için uğraşmak zorundasınızdır.
2. **Anlattığınıza empati göstermek yerine sempati gösterenler:** Bu kişiler size "Ben de benzeri şeyler yaşadım, senin duygularını anlıyorum ve yanındayım" demek yerine "Senin için çok üzüldüm, ne kötü bir deneyim" der.
3. **Sizi mükemmellik abidesi gibi gören ve dolayısıyla hayal kırıklığına uğrayanlar:** Bu kişiler sizin kusurlarınızla hayal kırıklığı yaşayarak sessiz kalırlar. Şimdi onun hayal kırıklığını tamir etme görevi size kalmıştır.
4. **Hatanızdan huzursuz olup sizi utancınızla bir kez daha yüzleştirenler:** "Bu hatayı nasıl yaptın? Ona bu izni nasıl verdin? O sırada aklın neredeydi?" gibi sorular sorarak pişmanlık ve utanç duygunuzu artırırlar.
5. **Öfkelenip, suçlu arayan ve şiddet aracılığıyla sorun çözme yolunu seçenler:** Bu kişiler size "Kim bu şahıs, bana ismini ver. Gerisini ben hallederim" diyerek sizde öfke, intikam ve sizi üzen davranışa benzer biçimde tepki verme arzusunu harekete geçirirler.
6. **Yaşadığınızı küçülten duyarlılıklarınız olabileceğini görmek istemeyen ve sizi toparlamaya çalışanlar:** Bu kişiler size "Kaya gibisin, bu o kadar da kötü bir şey değil. Sen mükemmelsin, herkes seni çok seviyor" diyerek acı hissetmenize izin vermemeye çalışırlar.
7. **Yaşadıklarınızı değersizleştirerek kendinden ve deneyimlerinden bahsedenler:** Bu kişiler size "Bu da bir şey mi? Ben neler yaşadım, senin yaşadıkların benimkilerin yanında hiçbir şey değil" diyerek yaşadıklarınıza şapka çıkarmak yerine kendi öykülerinden bahsetmeyi tercih ederler.

Şüphesiz tariflenen kişilerin hepsi kendi bildikleri yoldan size destek vermeye çalışıyorlar ancak ihtiyacınız olan sizi yeterliliklerinizi ve yetersizliklerinizle kucaklayıp, acınızda anlam bulabilen "Bu senin için zor olmalı, duyduğum şeylere üzüldüm ve her koşulda yanındayım" diyen birileri olsa gerek.

Şefkat sınırlarınızı bilmekle başlar. Şefkat sınırlarını bilen, kendisini ve kendisi dışındakileri kabul etmeyi becerebilen insanların erdemidir. İçinde yaşadığımız "suçlama kültürü" içinde, hızlıca kimin hatalı olduğunu bilmek ister ve hata yapana nasıl ve ne tür bir bedel ödeteceğimizle ilgili planlar yaparız. Bol bol bağırır, çağırır, parmağımızla işaret eder, kendimizi haklı bulan bir öfke duygusu yaşarız. Bu, şefkat konusunda yeterince cömert olamadığımızın göstergesidir.

Suçlamak yerine sınır koyabilmek daha iyi olmaz mıydı? Bir iş insanı danışanım, yanında çalışan kişilerden ikisine işleri kotarmak için anlattığı tüm detaylara rağmen, kendi bildiklerini yaptıkları için kızıyor ve onları diğer çalışanların yanında azarladığını belirtiyordu. Ona sınır koymasını ve yaptıklarının sorumluluğunu almalarına yönelik bir protokol hazırlamasını önerdim. "Nasıl bir protokol?" diye sorduğunda "Eskiden yaptığın gibi, öncelikle verilen işi becerebilmeleriyle ilgili gerekli bilgileri verip anladıklarından emin olacaksınız, sonrasında ise planlarla uyumsuz bir davranışın sonuçları olabileceğini belirten bir protokol imzalatacaksınız" diye cevap verdim. Sonuçlardan birinin, işin yönetiminden alınabileceği olasılığı olduğunu da açıkça, yazılı biçimde vermesini söyledim. Bunun onlar için "korkutucu ve tehdit edici" olabileceğini belirtti. Ben de kendisine sınır koymak ve sorumluluk almakla ilgili motivasyon artırıcı bir söylemin, çalışanlarını suçlama ve utandırma davranışından daha insani ve etkili olabileceğini belirttim. Çalışanlarını iş arkadaşlarının arasında suçlama ve utandırma davranışının diğer insanların kendi davranışını eleştirmeye yönelttiğini ve böylelikle tartışılan şeyin kendi tepkisel tutum ve davranışları olabileceğini anlattım.

Kabul edebilmek ve şefkatli olabilmek, sınır koymamayı ya da sorumluluk vermemeyi gerektirmez. Ben sorumluluklar getiren, sınır koyan şefkati aslında ortaokul yıllarımda öğrenmiştim.[49] Matematik ve fizik derslerinde benden çok daha parlak olan arkadaşım, sınav sırasında bana kopya vermiş ve her ikimiz de 10 almıştık. 10 almanın ötesinde, o yıllarda Tarsus Amerikan Lisesi'nde sorulan ek bir soruya (extracredit) doğru yanıt verenler +10 alırdı. Hırslı bir biçimde ek soruyu da arkadaşımdan kopya çekmiştim. Sorun burada başladı. Ek soruda aynı yanlışı yapmış olmak Amerikalı hocamızın dikkatini çekmiş olmalı ki her ikimizi de odasına çağırıp hangimizin diğerinden kopya çektiğini söylersek bizi affedeceğini söyledi. Arkadaşım sessiz kaldı. Ben atıldım ve nasıl olsa affedileceğimizi varsayarak "O suçsuz, kopyayı ben çektim" dedim. Hocamız da "İkinizi de affediyorum" dedi. Ertesi gün her ikimiz de sıfır aldık. Çok şaşırmıştım. Kendisine gidip "Ama siz bizi affedecektiniz, neden sıfır verdiniz?" şeklinde bir soru yönelttim. O da bana "Ben sizleri affettim. Yani sizler benim için kopya çekmeden önceki değerinizi koruyorsunuz. Ancak sıfır almak bununla ilgili bir şey değil. Kopya çektiğiniz için sıfır aldınız çünkü kopya çekmenin bir bedeli var, ama affedildiniz" demişti.

Şefkatin bazen "sınır koyabilme ve yapılandan sorumlu tutmaktan" bağımsız olmayabileceğini o gün öğrenmiştim.

İnsanla, insan davranışını birbirinden ayrıt edebilmek değerli bir erdemdir. Çoğu kez hatalı olan insanlar değil davranışlarıdır. İnsanları istenmeyen davranışları ile onları utandırmadan yüzleştirebilmek, kim olduklarını değil, ne yaptıklarını konuşabilmek, öfkelenmek ve nefret etmek yerine sorumluluklarının

49. M. Zihni Sungur anlatıyor.

sınırlarını çizebilmek şefkatli bir insan olmaya engel değildir ve olmamalıdır da.

Bağ kurabilmek, insanın ilişkileri içinde görülüp duyulduğunu ve değer verildiğini hissettiğinde ortaya çıkan bir enerjidir. Bu enerji, yargısız bir alışveriş hali olup kişiyi besler hatta güçlü kılar. İnsan, fiziksel-ruhsal-duygusal-sosyal bağlar kurma ihtiyacında olan bir yazılımla doğar. 15 yıl önce bağ kurma romantik ve hoş bir söylem olarak kabul edilebilirdi. Oysa bugün bağ kurmak, bir ihtiyaç olmaktan öteye bir bilim, hatta bir başka söylemle Nörobilim'in önemli bir öğesi olarak görülmektedir. Bugün kurduğumuz anlamlı bağların beyinlerimizin gelişimini ve performansını etkilediğine dair birçok bilimsel veri var.

Bağ kurduğumuzu düşünmekle bağ kurmak, şüphesiz aynı şeyler değiller. Örneğin, teknolojinin anlamlı bağlar kurmaktan çok yalnızca bizi birbirimize bağlayan ve kendine bağımlılık oluşturan bir yanı olduğu kabul edilebilir bir gerçek. Teknolojinin bir önemli olumsuz yanı da insanda giderek, "Tek başına yeterliyim" duygusunu geliştirmesi.

Başarının neredeyse kimseye ihtiyaç duymadan yaşamakla eşdeğer tutulduğu bir dünyada, insanlar neredeyse "yardım edenler" ve "yardım alanlar" şeklinde ikiye bölünmüş durumdalar. Oysa sade bir yaşam, her ikisi de olabilmeyi ve bundan utanç değil, onur duymayı gerektirir. Yardım almaya olumsuz bir yargı ile bakanlar, yaptıkları yardımı da farkındalıksız ve yargılayıcı biçimde değerlendirirler. Oysa yardım, edeni mağrur, edileni mağdur etmemeli ve ortak insanlık zemininin bir bileşeni olarak görülmelidir. Eğer bağ kurmak, tanımında yaptığım gibi insanlar arasındaki oluşan bir enerji ise, enerjinin her iki yönde hareket edebilmesinden daha doğal ne olabilir?

Utanç öykülerimizi paylaşabilecek kadar cesur, başkalarının acılarında sorumluluk duyup paylaşabilecek kadar duyarlı, birbirine yabancılaşarak giderek bağlarını yitiren insanlar arasında yeniden bağ kurabilmek için ısrarcı olabilecek kadar yaşama bağlı olabilmek, ancak sadelik ve sıradanlığın muhteşemliği ile mümkün olabilir.[50] Herkes kahraman değildir ancak herkesin içinde gizli duran sıradan ve sade bir kahraman vardır. Önemli olan içinizdeki kahramanı harekete geçirecek kadar cesur, acıya şapka çıkarabilecek kadar şefkatli ve mutluluğun birlikte yenilen bir yemek olduğunu bilecek şekilde yaşayabilmektir.

Unutmayın, utanç içeriden gelmelidir, dışarıdan değil. Günümüzdeki her şey gibi utanç da bölünmüş, karikatürize olmuştur. Bu nedenle, yapay utanç ve gerçek utanç diye iki türdür artık. İnsanlar kendi öz utanç duygularına ulaşamadan aileleri tarafından ya da öğretmenleri, dostları tarafından utandırılır ki bu utanç yapaydır. Örnek verecek olursak, insanın parasının olmaması, özdeki gerçek utanma duygusunun çalışmasına sebep olacak bir şey değilken, çevre sistemleri utanç hissetmemize neden olur. Yapay utanç, gerçek utanç gibi geliştirici ya da özünüzü koruyucu nitelikte olmaz. Bu nedenle ondan kurtulmak kolay değildir. Hatta hep orada bir yerdedir, kendini tekrarlar. Zamanla yetersizlik ve değersizlik duygusuna dönüşür. Sistemler, bedenimizden utandırır, finansal durumumuzdan, işimizden, sahip olduklarımızdan utandırır sürekli. Hatta yazar Barış Bıçakçı, bu ikiye bölünme durumunu şöyle ifade eder:

"Utanç bizi ikiye böler.

İkiye bölünmenin en dayanılmaz yanı, iki parçanın da hâlâ yaşıyor olmasıdır.

İnsan herhalde bu yüzden kendini öldürmeye kalkışır.

İkisinden biri gitsin."

İçerik Sonu

50. Şiddet; sebepsiz bir acı, nezaket cinayeti ve kalbin intiharıdır. O, akıl ve duygu arasında bir çelişkidir. Ve şiddet salt zorbaların eylemlerinden değil, sessiz kalanların sessizliğinden de kaynaklanır. Ve hepsinin çözümü zaman varken hâlâ utanabilmektir.

İns. Değ.

İnsan, değişim, korku, acı, tutku,
olgunluk, zevk, anlamak, çeviklik,
dirençlilik, zihin, zihin gücü, gerçek, algı

KISIM III

İNSAN VE DEĞİŞİM

Belki de adına yaşam dediğimiz hırs, bizden uykularımızı aldığından beri başkalarının rüyalarını görür olduk. Böyle olunca da haliyle her şeyden çok etkilendi kalbimiz. Oysa sadece düşen yapraklar gibiydik, öylesine edilgen! Çok azımız yıldızlara benziyor, kendi yasalarımızı ve izleyeceğimiz yolu kendi içimizde taşıyorduk. Bizi kurtaracak olan tek şey ise sürekli değişmekti...

BÖLÜM 0301

İnsanlar Değişebilir mi?

"Doğada her şey bir değişimdir; fakat bu değişimin arkasında sonsuzluk yatar."

– Wolfgang Van Goethe

Hamamböcekleri yaklaşık olarak 250 milyon yıldır yaşadıkları halde hiçbir değişime uğramamışlardır! Bu inanılmaz bir şey, değil mi? Evet öyle. Zaten doğru da değil. Bir canlının değişmemesi mümkün değildir. Her canlı, yaşadığı müddetçe az veya çok evrim geçirir. Uzun süredir hiç avcı ve cinsel baskı bulunmayan ve ekolojik değişime fazla maruz kalmayan timsahlar, son birkaç milyon yıldır göreceli olarak az evrimleşmişlerdir.[51]

Yani hepimiz değişiriz. Hele söz konusu insan değişimi olduğunda seviye Everest'tir. Bir kere şunu unutmamak önemli, olmamız gereken şeyi, olduğumuz gibi kalarak olamayız! Değişelim de, "Haydi!" deyince değil. Öyle olmaz. Hepimiz ve her şey, kendi koşulları içinde değişir. Zira "değişmek" fiili, "değmek"ten türemiş. Bu Eski Türkçe fiilin ilk anlamı "ulaşmak, erişmek". Kadar anlamındaki "dek" ve ayrıca "denk" kelimeleri de "değmek" ile alakalı. Demek ki neredeyse her şey değişmekle ilgili.

51. https://evrimagaci.org/hamambocekleri-250-milyon-yildir-hic-degismemis-midir-hamamboceklerinin-evrimi-uzerine-62

Demek ki "değişmek" yalnızca yapılan bir şey değil; erişilecek, eşit konuma gelinecek bir olguya dönüşmektir. Değişirken aslında çevremize değiyoruz. Bir şeylere erişmek, onlarla uyumlu olabilmek adına "değişiyoruz". Zamanın eli değdi bize; çoktan değişti her şey dedi kulaklıktan ses. Değişmek insanın daha yola çıkmadığı zamanları düşündüğünde aklına gelenlerdendi. Çeşitli beklentiler, farklı bağlamlar ve öznel algılar nedeniyle sıklıkla iyi veya kötü gibi ahlaki etiketler yapıştırılan bir eylemdir değişmek.

Değişmek önemli ve konumuz bu: İnsanlar değişebilir mi?[52]

İlkönce söyleyeyim. Değişmek nötrdür, bizim ona nasıl baktığımıza göre değişir. Mesela toplumsal değişmeye iktisatçılar genellikle "ilerleme", teologlar "yozlaşma" derken sosyologlar "değişim" der. Değişimi yorumlarken mesele, bizim beklentilerimizle mevcut sürecin dinamiklerinin gidiş yönü arasındaki paralellik ya da zıtlıktır.

Değişmek zordur. Hangi konuda olursa olsun zordur, çünkü davranışların değişmesi, amaçların, normların değişmesi, tepkilerin değişmesi, rollerin değişmesi, algıların değişmesi, paradigmaların değişmesi birbirinden ayrı olamaz. Bu nedenle değişmeye yönelik her hamle büyük bir adımdır. Değişmek, göründüğünden zor bir eylemdir. Bir anda değişmek değil, yavaş yavaş değişmektir esas olan.

---

52. *New Yorker* yazarı Malcolm Gladwell'in, *Tipleme Noktası* (The Tipping Point) adlı parlak ve çığır açıcı kitabında, bir entelektüel macera hikâyesi ve hayal gücüne sahip birinin doğru konumlandırılmış bir manivelayla dünyayı yerinden oynatabileceğine dair derin umutlarla dolu bir mesaj, değişim için bir yol haritası sunuyor. Kitapta toplumumuzdaki önemli değişimlerin neden çoğu zaman birdenbire ve beklenmedik bir şekilde gerçekleştiği inceleniyor. Gladwell'e göre, fikirler, davranışlar, mesajlar ve ürünler çoğunlukla bulaşıcı hastalık gibi yayılıyor. Nasıl tek bir hasta grip salgını başlatabilirse, metrodaki birkaç kaçak yolcu ve graffiti sanatçısı bir metro suç dalgasının başlangıcı olabilir ya da memnun bir müşteri, yeni bir restoranın boş masalarını doldurabilir. Bunlar sosyal salgınlardır ve havalandıkları -yani kritik kitleye ulaştıkları- an tipleme noktasıdır. Değişim için bu durumda birçok şeyin ve birçok kişinin olgunlaşmış olması gerekir.

"Değişmek" sözcüğünün, fizyolojik açıdan, zamana göre mekân boyutunda matematiksel analizini yaparsak; olayın geometrik ve aritmetik yönlerini kolayca algılayabiliriz. Bu bakımdan da iki yönde gitmemizde fayda vardır. Buna göre, yaşanılan zamana yönelik mekânsal geometrik düzlemde, "değişmek" kavramının üçlü boyutunu kolayca görebiliriz. Bu boyutun birinci kısmı "dün"; ikinci kısmı "bugün"; üçüncü kısmı ise "yarın" olgusundan geçer.

"İnsan değişir mi? Kişilik değişir mi? Can çıkar da huy çıkmaz mı? Bir insan 40'ında neyse 70'inde de öyle midir?" soruları, atasözlerine ve deyimlere sirayet edecek kadar popüler, tabiri caizse insan bilişinde yer etmiş bir tartışma konusudur.

İnsanın çocukluk ve gençlik dönemi değişimle geçer. Her gün yeni şeyler öğreniriz. Devamlı farklı alanlarda yeni şeyler dener, hoşlandıklarımıza devam eder, sevmediklerimizi hızla geride bırakırız. Hayat, zaman, çevreniz, beyninizin içi dinamiktir, hep değişir, oysa yetişkin yaşa geldiğinizde -ki çalışmalar bu yaşın beyin gelişimi açısından ortalama 25 olduğunda karar kılmıştır- bazı şeylerin daha az dinamik, daha az değişken hatta durağan olmaya başladığını görürsünüz. Belli bir yaştan sonra alışkanlıklarınız, düşünceleriniz, karakteriniz, hobileriniz, dünyaya bakışınız belli bir noktada sabitleşmiştir. Aslında beynimizdeki nöronların çizdiği yolların sabitleştiği gibidir bu.

Harvard Üniversitesi psikologlarından William James; 1890'da yayımlanan *Psikoloji Prensipleri* kitabında şöyle diyordu: "Birçoğumuz otuz yaşına geldiğinde karakteri alçı gibidir, bir daha yumuşaması mümkün değildir." James bir ilkti. Kişiliğin belli bir yaştan sonra sabitleştiği fikrini geliştiren psikolog olarak modern psikoloji tarihine geçti. Bugün James'in bu hipotezinin üzerinden yüz yıldan fazla zaman geçmesine rağmen sinirbilim çalışmaları, 30'lu yaşlarda sonra beynin sabitleşmeye başladığını ancak yine de değişimin bu yaşlardan sonra da mümkün olduğunu göstermektedir. Burada anahtar nokta; devamlı yeni yollar, bağlantılar yaratmak ve var olan sinirsel yolları kırmak üzerine olmalıdır. Açıkça anlatmak gerekirse, beyin gençken ve henüz tamamıyla gelişimini tamamlamamışken esnek bir yapıya sahiptir, şekillendirmek çok daha kolaydır.[53]

MIT araştırmacılarından Tara Swart, *Neuroscience for Leadership* (Liderlik İçin Sinirbilim) kitabında, beynimizin "kalıtımsal olarak tembel" olduğunu ve her zaman enerji açısından en etkin yolu seçeceğini ifade eder. Bu şu demektir: Beyin yeni yollar inşa etmektense, eskileri kullanmayı tercih eder. Bakın, ıstakozlar da öyle yapıyor:

Hassas bir canlı olan ıstakoz, onunla birlikte büyüyemeyen sert bir kabukla beraber yaşıyor. Istakoz büyüdükçe, genişleyemeyen kabuğun içinde sıkışmaya başlıyor ve üzerinde baskı hissediyor. Kendisini rahatsız hisseden ıstakoz, bir kayaya saklanıyor ve üstündeki kabuğu atıp, daha büyük bir kabuk inşa ediyor. Istakoz her ne kadar yeni bir kabuk yapsa da eninde sonunda mevcut kabuğu ona dar gelip, rahatsız etmeye başlıyor ve bu süreci tekrarlayıp kendine yeni bir kabuk yaratması gerekiyor. Böylelikle ıstakoz kabuk değiştirdikçe büyümeye devam ediyor. Bir psikiyatr, haham ve yazar olan Abraham Twerski'ye göre, ıstakozun büyümesine imkân sağlayan en büyük tetikleyici, kabuğunun onu rahatsız etmesidir. Stresli zamanlar, aynı ıstakoz örneğindeki gibi insanlar için de büyümenin bir işaretidir. Kendimizi rahatsız hissetmezsek, yerimizi değiştiremeyiz ve büyüyemeyiz.

---

53. Alman psikolog Hermann Ebbinghaus'un 19. yüzyılda yaptığı deneyler, öğrendiğimiz şeyleri tekrarlayıp kullanmadığımızda beynimizin yeni öğrendiği bilginin yarısını attığını, bir ay sonra ise bu bilginin sadece yüzde 2-3'ünü hatırladığını göstermişti. 1980'lerde yapılan bir araştırmada ise bilim insanları, doğum ile 6-7 yaş arası döneme ait çok az hafıza oluşturduğumuzu keşfetmişti.

Güzel bir örnekti. Yani özetle, bilinçli bir karar almadığınız sürece beyin otomatik olarak her zaman kolayı seçecektir.

Yeni sinir yolları yaratmak için üstün bir çaba harcamak şarttır. İnsanın kendini rahat hissettiği o korunaklı alandan çıkıp, kendi kendine rahatsız olmayı seçmesi gerekir. Kimi zaman ince bir halatın üzerinde cambazlık yapma hissi verecek, kimi zaman uçurumdan buz gibi sulara atlar gibi içinizi cız ettirecek bu riskleri göğüslemeniz anlamına gelir. Fakat işin güzel tarafı, aldığınız riskler, size yeni şeyler öğrenmek, kendinizi geliştirmek ve hayattan zevk almak olarak geri dönecektir.

Değişimden Korkmadan İnsan Kalabilmek

> “*Kızılderililerle kovboylar birlikte yürüyorlarmış. Yol boyunca Kızılderililer sık sık durup oturuyor, sonra yine kalkıp yola devam ediyorlarmış. Kovboyların başındaki adam sonunda dayanamayıp Kızılderili reise "Bunu niye yapıyorsunuz?" diye sormuş. Reisin cevabı şöyle olmuş: "Ara sıra dur dinlen ki arkada kalan ruhun sana yetişebilsin." Evet, ara sıra durup dinlenin ki arkada kalan ruhunuz size yetişebilsin. Bir de arada değişin ki ruhunuz sizden sıkılmasın!*

Değişim konuştuğumuz bir konu ama genelde korkuyla ilişkisi az konuşulur. Değişimin önündeki en büyük engel, değişimin getirebileceği risklerdir. Değişim, kendi hayatlarımızın yanı sıra başkalarının hayatlarını da değiştirebilir. Öyle ki insan değiştiğinde talihi de değişir. Peki, zorunlu olan dışındaki değişimleri yapmakta neden tereddüt ederiz?

Risk almaktan korkan insan alışkanlıklarıyla yaşamayı tercih eder. Kuşkusuz her değişim bir seçimdir ve her seçim acıdır, çünkü yeni için eski olandan vazgeçilmiştir. Değişim için hep güvenli koşulların oluşması beklendiği için hem insan hem de toplumlar en güvenli zamanı beklerler. Ne var ki geçirdiğimiz küresel salgın, insan türüne -eğer isterse veya mecbur kalırsa- çok kısa bir süre içinde ne kadar çok değişebileceğini acı bir şekilde gösterdi. Tüm dünya adeta geleceğin provasını yaptı ve normalde çok daha uzun bir süreçte değişmesi beklenen eğitim, üretim ve tüketime dair birçok alışkanlığımız hızla şekil değiştirdi. Kısaca bu virüs, insan türünün istediğinde ne kadar hızlı değişebilme kapasitesine sahip olduğunu gösterdi.

Değişmeyen tek şeyin değişimin kendisi olduğu herkesin söylemi iken, değişimin insan yaşamının kaçınılmazlarından biri olduğu herkesçe bilinirken, daha da önemlisi milyonlarca insan hâlâ açlıktan ölürken ve birçok önlenebilir felaket insanla birlikte hâlâ varoluşunu sürdürürken, küresel değişim gereğinin sanki ilk kez yaşanan bir felaketmiş gibi bir salgınla gündeme gelmesi, ilerde üzerinde çok yazılıp konuşulacak bir konu olacak. Çevremizde hep bizimle var olmuş, ancak görmek istemediğimiz için inkâr ettiğimiz felaketleri, belli ki ekonomik sonuçları olan ve yaşam biçimlerimizi değiştiren bir durum olunca ancak görebiliyoruz. Unutmayalım ki bir virüs salgını ile gelen farkındalık ve değişiklik, virüs salgını geçince yok olacaktır. Oysa dünyamızın kalıcı farkındalıklara ihtiyacı var. Değişmek de açıkça bir farkındalık meselesidir.

Yaşam durağan, yani statik olmadığına göre değişim de kaçınılmazdır. Bazen "Dünya çok değişti" diye yakınır hatta öfkeleniriz. Bu yakınma ve öfkenin arkasında çoğu kez karşılanmamış talepler ve beklentilerimizle uyuşmayan yaşam olayları vardır. Oysa dünyanın kimseye her şeyin yolunda gideceğine dair vermiş olduğu bir söz yoktur. Dünya insana verilen bir yer değil, yalnızca "kiralanan" bir yerdir. Yaşam da yalnızca bize verilen değil, aynı zamanda bizden de istenen bir şeydir. Yaşadığımız dünyayı borçlu, kendimizi ise alacaklı gibi algılayarak devam ettirdiğimiz yaşam biçimlerimizi değiştirebilmek bunun için çok önemlidir. Dünyaya misafir gelen insan, misafir geldiğini unutur ve ev sahibini yargılayan bir tutum içine girerse, giderek yaşadığı dünyaya yabancılaşır, bencilleşir ve ihtiyacından fazla arzusu olan kişilere dönüşerek hep alacaklı gibi yaşar ve sonunda tüm alacaklılar gibi de mutsuz ölür.

Değişimin arkasında sonsuzluk olduğundan, hiç kimse ya da hiçbir ülke değişime karşı değildir, ta ki değişim kendilerinin değişmesini gerektirinceye kadar. Ne var ki bazen değiştirmeye en çok direnç gösterdiğimiz şeyler değiştirmeye en çok ihtiyaç duyduklarımızdır. Bu bağlamda, değişim için en iyi zaman değişim yapmak için bir zorunluluk oluşmadan yapmaktır. Yine de ne yazık ki insan, değişimi çoğu kez yalnızca zorunda kaldığında ya da yeni durumlara uyum sağlamak için yapar.

Değişimler insan ve toplumların yaptığı ya da yapmadıkları seçimlerle başlar. Her seçim ödül ve bedelleriyle birlikte gelir. Seçim yaparken bedelleri azaltmanın tek yolu, güncel ve kaçınılmaz değişimler yaparken (yani moda ve eğilimleri değiştirirken) özü koruyabilmekten geçer. Özü korumak ise sevgi, şefkat, kabul, farkındalık ve bağ kurmak gibi temel değerlere sahip çıkabilmekle mümkündür.

Evet, sorunun cevabı: İnsan değişebilir! Ancak değişmek iyi ya da kötü bir şey değildir. Bizi ulaştıracağı yer ne cehennem ne cennettir. Sadece daha ilerisi, bir sonraki...

İçerik Sonu

BÖLÜM 0302

Acı İnsan İçin Muhteşem Bir Bilgidir

"Acı insanı bilge yapıyor. Ancak büyük ağrı ruhun son kurtarıcısıdır, yalnız o bizim içimizin derinliklerine inmeye zorlar ve her kim için öldürücü bir ağrı olmuşsa bu, o insan kendisi hakkında gurur verici şu sözü edebilir: Ben hayatı kaybetmenin kıyısına çok kez yaklaştığım için hayatı daha iyi bilirim. Beni öldürmeyen şey, beni daha güçlü kılar."

– Stefan Zweig, *Kendi Hayatının Şiirini Yazanlar*

Acıyı ayrıca değerlendirmek lazım. Eski çağlarda, acının ruhun kötülüklerinin karşılığı olduğuna inanılırdı. Tanrı'nın insandaki karşılığı aşksa eğer, bu aşkın bedeli yalnızca acı olabilirdi. O nedenle kapıyı aşk çalardı; içeriye acı girerdi! *Ermiş*'te, Halil Cibran insanın içine işler biçimde, dokunaklı bir anlatımla acıyı anlatıyor:

"Ve bir kadın, 'Bize acıdan bahset' dedi.
Ve o cevap verdi:
Acınız, anlayışınızı saklayan kabuğun kırılışıdır.
Nasıl bir meyvenin çekirdeği, kalbi Güneş'i görebilsin diye
kabuğunu kırmak zorundaysa, siz de acıyı bilmelisiniz.
Ve eğer kalbinizi, yaşamınızın günlük mucizelerini
hayranlıkla izlemek üzere açarsanız, acınızın, neşenizden
hiç de daha az harikulade olmadığını göreceksiniz;
Ve kırlarınızın üstünden mevsimlerin geçişini kabul ettiğiniz gibi,
aynı doğallıkla, kalbinizin mevsimlerini de onaylayacaksınız.

Ve kederinizin kışını da pencerenizden huzur içinde seyredeceksiniz.
Acılarınızın çoğu sizin tarafınızdan seçilmiştir.
Acınız, aslında içinizdeki doktorun, hasta yanınızı iyileştirmek için sunduğu 'acı' ilaçtır.
Doktorunuza güvenin ve verdiği ilacı sessizce ve sakince için;
Çünkü size sert ve haşin de gelse, onun elleri
'Görülmeyen'in şefkatli elleri tarafından yönlendirilir.
Ve size ilacı sunduğu kadeh dudaklarınızı yaksa da,
O'nun kutsal gözyaşlarıyla ıslanmış kilden yapılmıştır."

Victor Hugo, "Öğrendikten, sevdikten sonra daha çok acı çekeceksiniz" der. Peki, bu durumda bilmek yani bilgi acı verir mi? Bilgiye ulaştıkça acı çekiyorsak niye öğrenmeye bu kadar meraklıyız ya da çabalıyoruz? Sevdiğimizde acı çekiyorsak neden seviyoruz? İnsan acıya endeksli mi?

Düşündüğümüzde, acının neden evrimleştiğini anlamak mümkün. Acı, beynin içerisinde oluşturulan ve algılanan bir olgudur. Sinir sistemi aracılığıyla vücudun her noktasından anlık olarak toplanan bilgilere dayanan özel bir deneyimdir. Acının amacı tek ve oldukça anlaşılır olup, hissedilmesi değil hissedilememesi endişe vericidir. Eli ateşin içinde kestane pişiren bir şeker hastasını düşünün! 15 dakika sonra korkunç bir manzarayla karşı karşıya gelebilirdi.

Mesela, neden bedenlerimizde acı çekmemize yol açan bir mekanizma var? Acı da zevk gibi bir elektrik sinyali olduğuna göre, beynin içerisinde bir yerlerde yorumlanıyor. Bu önemli. Peki, vücutlarımız neden acı çekmek için tüm bu sinir ağlarını oluşturma, türlü türlü kimyasalları sentezleme derdinde oluyor? İğne batırılınca niçin parmaklarımızdaki sinir hücreleri beynimize elektrik sinyallerini ulaştırmak için, sağdan soldan zar zor toparladığımız besinlerden elde etiğimiz o eşsiz enerjiyi harcıyorlar? Evet beynin derdi ne? Acı duyumsadığında kendini niye tutamıyor?

Acı, onu araştıran ve anlayan herkes için muhteşem bir bilgidir. Acı, yaşama ve yaşadıklarımıza verdiğimiz değeri gösterir. Bir terapi oturumunda ağlayan eşinin gözyaşlarına hiçbir anlam veremediğini söyleyen ve "Ben hiç ağlamadım" diye övünen birine "Sizin için çok üzüldüm" demiştim.[54] "Neden?" diye sorduğunda ise "İnsanın yaşamında ağlayacak kadar değer verdiği hiçbir şeyin olmaması çok acı verici de ondan" dediğimi hatırlıyorum.

"Çözüm yoksa sorun da yoktur" biçimindeki aşırı pragmatik bir anlayışın pompalandığı bir dünyada, kim acıyı derinlemesine incelemek ve gösterdiği adresi bulmak ister ki?

Acı yaşamın kaçınılmazlarından biridir. Ancak acı çekmekten daha da önemli olan acı çekmeye değer bir yaşamöyküsüne sahip olabilmektir.

En Derin, En Tutkulu Dileklerimiz Acıdan Doğar!

> "*Evrenin en karmaşık sistemlerinden biri olarak kabul edilen beyin, asla kusursuz olmamıştır ve asla olmayacaktır. Onu yeni yeni tanıyoruz ve acı gibi olguları açıklamak veya bazı sinir yolaklarını anlamak zor olabilmektedir. Biz bedenlerimiz de dahil hiçbir şeyle ilgili hiçbir şey bilmez bir halde doğuyoruz. Acı, bir yönüyle bize kendimizi öğreten önemli bir araç. Bir olgunlaşma aracı.*

▶

54. M. Zihni Sungur anlatıyor.

Acı eşsiz bir bilgi. Acı bir geribildirim biçimi. Vücudun ve zihnin "yapılacaklar listesi" gibi. Dikkat et; yemek yemiyorsun, kan şekerin düşüyor, beyin basıyor kimyasalı, miden guruldamaya, yanmaya başlıyor, acıkıyorsun. Acı, susamak gibi; elinle sobaya dokunuyorsun, derideki algılayıcılardan sinyal gidiyor sinirlere, sinirler süratle haberi omurilik soğanına iletiyorlar, omurilik soğanı bir yandan ilgili kaslara "Kasılın! Çabuk!" derken bir yandan da beyne acı sinyalini gönderiyor. Acı aynı zamanda hayatta kalmak için de kritik önemi haiz mekanizmalardan. Tabii ki neden ve sonuçlarla örülü bu evrende acı, derin bilgileri içeren önemli bir yaşam kaynağıdır. Ve formül şudur: En derin, en tutkulu dileklerimiz acıdan doğar!

Hadi yorumlayalım.

Gül neyin sembolüdür? Zevkin sembolüdür. Diken neyin sembolüdür? Acının. Ama gülü koruyan dikendir. Dolayısıyla, bu ikisini zihnimizde birlikte düşündüğümüzde karşıtlardan korkmayız; çelişkileri ve tezatları taşıyacak kadar genişler ve esnekleşiriz. Çünkü bilgeliğimiz arttıkça yaşadıklarımızda daha çok anlam buluruz. Bakın, bilgi demiyoruz çünkü bilgi kuru bir bilgiyse çok anlamlı değildir. Bilgi, ancak içinize sindirdiğiniz ve yaşantınıza soktuğunuz zaman bilgeliğe dönüşebilir.

İnsanlar bazen eski söylemlerine takılı kalır. O zaman hiçbir şey öğrenmek mümkün olamaz. Günlük yaşamda, birçok politikacı kendisine, "10 yıl evvel farklı şeyler söylüyordunuz, şimdi farklı söylemlerde bulunuyorsunuz" dendiğinde şu yanıtı verir:

"Ben 10 yıl evvel ne söylediysem altına imzamı atarım, siz yanlış anlıyorsunuz."

Oysa 10 yıl evvel söylediğini bugün aynı şekilde söylüyorsan, aslında aradan geçen 10 yıl içinde yeni bir şey öğrenmediğini söylüyorsundur. Tabii kastedilen kişinin yaşam boyunca kendine pusula bellediği bir değer değilse! Dürüstlük, özgürlük, üretkenlik, adalet gibi bir değerden söz ediliyorsa tabii ki değerlere dayalı söylemler değişmeyebilir, ancak düşüncelerimizin değişiyor olması bizim geliştiğimizin, büyüdüğümüzün göstergesidir.

Olgunluğa Ulaşmanın İlk Şartı Olan Acı, Yalnızlığın Akrabasıdır

“ *Hayatımız boyunca acıya kaç kez maruz kalırız? Sayısı belli midir? Acı çekilmeyen bir hayat olabilir mi? Daha dünyaya geldiği anda bebek; en güvenli ve rahat ettiği mekânından yani anne karnındaki sıcacık yuvasından ayrılması ile ilk acıyı tatmıyor mu? Hayatımız boyunca mutluluğa olduğu kadar acıya da endeksliyiz. Ayrılık, başarısızlık, kayıp, hastalık, aşk, ihanet, ölüm bize acıyı tattırır. Bilim insanları beyinde acı hissi duymamızı engelleyebilecek bölümü noktasal boyutta tespit etti. ABD'de Kuzey Carolina Duke Üniversitesi araştırmacıları, farelerin beyninde "amigdala" bölümünün acı hissini büyük oranda kontrol ettiğini gördü. Amigdala, beynin medial temporal lobunun derinlerindeki nöronların*

▶

oluşturduğu, badem şeklindeki bölüm. Duygusal hafıza ve duygusal tepkilerin oluşmasındaki birincil role sahip bölge olan amigdala, limbik sistemin bir parçası. Amigdala başta korku olmak üzere, duyguların denetiminden sorumludur. Nörobiyoloji profesörü ve araştırma ekibinin başındaki isim olan Fan Wang, buldukları spesifik bölgenin acı sinyallerinin neredeyse tamamen engellenmesini sağlayabilecek bir bölge olduğunu belirledi. Daha önce de acı sinyallerinin beyinde nerede işlendiği yaklaşık olarak biliniyordu, ancak yeri ilk kez net bir şekilde noktasal olarak belirlendi.

Ken Kesley ünlü *Guguk Kuşu* romanında, terk edilerek sürünün dışına atılmış insanları anlatır. Çünkü toplum düzeni, sistemin dışına çıkanları yok ederek, cezalandırarak ve onları disipline sokarak kıvama getirir. Bu, acının karşılığıdır ve güçlü bir ikna aracıdır.

Acıya duyarlılık ve acıyı azaltma yönünde çaba sarf etmek, onurlu bir yaşam sürdürebilmenin temel yapıtaşlarından biridir. Acı, insana, yaşamın sığ kenarlarından derin taraflarına geçme fırsatı verir. Acıdan öğrenerek, ancak acının yaşamlarımızı ele geçirmesine izin vermeden yaşayabilmek ise önemli bir farkındalıktır. Kayıpların bazen kazançlardan daha cömert olabildiğini fark ettiğimizde acı ile buruk bir hazzı birleştirebilir ve kendimizi acıların kurbanı olarak değil, acılarından öğrenmiş insanlar olarak görebilmeyi başarabiliriz.

İnsanlar öldüklerinde, geriye sadece hayatlarını bir iki cümleyle özetleyecek bir öykü bırakırlar. Mezar taşları üzerine bu öykü yazılabiliyor olsaydı, bizimkinin: "Acı çekmeye değer bir yaşamöyküsü oluşturacak biçimde yaşadı ve öldü" olmasını isterdik.

Fiziksel acı vücudun en büyük savunma sistemlerinden biridir aslında. Mesela kalbin bulunduğu bölgede acıyı algılayacak bir sinir bulunmaz.[55] Bu nedenle kalp krizi geçireceğiniz zaman bu acı sol kola ve omza yansır. Bu adeta bir mucize gibi. Aynı zamanda da bir mesaj... Çok derinden. Bu, insan vücudundaki en büyük ironi olabilir çünkü insan, hayatı boyunca birkaç kez kalbinin acıdığını hisseder. Bunu bilimle açıklamak mümkün değildir.

Diğer taraftan, ruhsal acının fiziksel acıya dönüştüğü bu birkaç saniye, size hayatınızda tatmadığınız derecede acı verir, hem de tüm bedeninize ve ruhunuza. Bu durum, kalpteki bir damar tıkanıklığının göstergesi olsa bu anlaşılırdı, ama değil. Bu olsa olsa kalpte, ruhunuzdaki sinirlere açılan bir kapı olduğunun işaretidir. Bu, bazen hormonlardaki değişikliklerle paralel giden duygularınızın, aslında pek de ilkel olmadığının delilidir. Öyle ki kalp ritminiz bozulur, beyninizden aşağıya inen dehşet bir his kalbinize gider ve oraya batan iğneleri hissedersiniz. Hemen sonra ayaklarınız tutmaz, sinirleriniz kontrolden çıkar, kulaklarınız ağrır. Kürekkemiğine saplanmış bir bıçak bile daha iyi hissettirebilir o an. Tam geçti dediğiniz anda, daha kötüsü sizi bekliyor olabilir. Peki, böyle anlattığımız bir

55. Beyindeki fiziksel acıyı biraz açalım. Bu konuda çok fazla yanlış bilgi dönüyor. Bedenimizdeki sinirlerin ciddi bir miktarını bünyesinde içeren ve vücuttaki bütün işlemleri kontrol eden algı, düşünce, duygu, zekâ vb. olguların merkezi olan beynimizin kendisi, ilginçtir ama acıyı hissedemez. Hepimizin beynimizde acı reseptörleri bulunmamaktadır. Tabii burada sözünü ettiğimiz beynin kendisidir. Kafamızı saran derinin altında yatan sinirler ve reseptörler, acıyı beyne iletirler. Acıya duyarlı sinir hücreleri deride, kaslarda, eklemlerde ve bazı organlarda bulunur ve bu sinyalleri beyne taşır. Hatta hatırlarsınız, 2001 yapımı bir film olan *Hannibal*'da, filmin ana karakteri Hannibal Lecter'ın, uyuşturduğu bir FBI ajanının, adam tamamen uyanıkken, beyninden kesip çıkardığı bir parça ile yemek masasına oturduğu berbat bir sahne var. Lecter, dehşet içerisindeki Clarice Starling'e, "Beynin kendisinin acı hissetmediğini görün" diyor. Hatırlarsınız. Hannibal Lecter'ın, beynin acı hissetmediği iddiası tam olarak doğrulanamaz. Beyinde bir acı reseptörü bulunmasa da beyin bütün acımızı "hisseder". Bunun sebebi beynimizin vücudumuzdaki tüm duyusal sinyalleri yorumladığımız, değerlendirdiğimiz ve deneyimlediğimiz organ olmasıdır.

şey, gerçekten de bir insanın hayatında görebileceği az sayıdaki mucizelerden biri olabilir mi?

Acı, "verdiğimiz kadar alamadığımızda, duyduğumuz duygudur". Sandığımızın aksine asla bir kaybediş değildir. İlla sebep-sonuç ilişkisine vurgu yapılacaksa; duygulara kucak açmak, her zaman bir kazançtır. Diyebilirsiniz ki dünyada her şey zıtlıklar üzerine oturtulmuştur. Maddi-manevi her şey bu zıtlıklardan doğar. Aslında bu zıtlıklar iki ayrı uçta gibi görünseler de birbirinin içinde var olurlar. Hatta birbirlerinden beslenirler. Acı da doğası gereği mutsuzluktan doğar ve mutluluktan beslenir. Acı bir seçim değil, yaşanan mutluluk/mutsuzluk olgusunun birleşiminden doğan bir tepkidir. Acı, öyle ki, bir varoluş kaygısıdır. Bu nedenledir ki herhangi bir acı, bedenimizin bize dikkatli olmamız gerektiğini anlatan bir sinyalidir; ama bazıları ömrü boyunca bunu bilmeden acıdan kaçıp yalnızca hazza yönelerek yaşar. Oysa anlamlı bir yaşam yalnızca iyiyi hissetmek değil, tüm duyguları yaşayabilmeyi gerektirir.

Acı Neden Zevk Verir?

> "*İnsanlar neden göz yaşartacak kadar acı yemekten, kaslarını ağrıtacak kadar ağır egzersizden hoşlanır? Acı ile zevkin insan biyolojisi ile nasıl bir bağlantısı var?*
>
> *Rakibinin insanı bayılttığı, kalp krizine ve hatta ölüme yol açtığı biliniyordu. Ama Jason McNabb oldukça sakin görünüyordu. Düdük çaldı. Saldırı hızlı ve yoğundu. Gözler yaşardı, dudaklar şişti ve terleme baş gösterdi. Bu basit bir yarış değildi.*

▶

McNabb dünya rekorunu elinde tutuyordu: İki dakika içinde en fazla sayıda acı biber yiyen kişi unvanını taşıyordu. Hem de bildiğimiz acı biber değil, Hindistan'da yetişen ve dünyanın en acı biberi olarak bilinen (Bhut Jolokia) biberi. Bu biber, Meksika (jalepen) biberinden 200 ila 400 kat daha acı. Azıcık ısırmak bile dayanılmaz bir sızıya neden oluyor. Peki, insanlar bunu neden yiyor? Daha sonra hislerini şöyle açıklıyor McNabb: "Ağzım, sanki hepsi aynı anda sokan eşekarılarıyla doluydu. Tam bir cehennem ateşiydi."

Sağduyu, insanı zevk arayışına girmeye, acıdan kaçınmaya yöneltir. Ama her zaman bunu yapmaz. Koşma, sıcak masaj, dövme, vücut deldirme ve sado-mazoşist cinsel etkinlikler gibi birçok aktiviteyi acı içerdiği halde yapmaya devam eder.[56]

Bu acının kimyası ile ilgilidir. Acı ile zevk arasındaki bağlantı insan biyolojisinin kökeninde vardır. Acı hissi, merkezi sinir sisteminde endorfin salgılanmasına sebeptir. Bunlar mutluluk ve zindelik hissi veren morfin türü afyonlu ilaçlara benzer şekilde çalışan ve acıyı bloke eden proteinlerdir. Koşucular bu bağlantıyı iyi bilir. Vücut yoğun çaba gösterdiğinde laktik asit salgılanır. Bu, oksijen azlığında glikozun parçalanması sonucu oluşan bir yan üründür. Asit, kaslardaki ağrı alıcılarını rahatsız eder ve bu alıcılar bu hissi omurgadan elektrik mesajları yoluyla beyne iletir. Bu sinyaller bacaklarda yanma hissi olarak yorumlanır ve koşan kişiyi durmaya veya yavaşlamaya yöneltir. Hemen devamında sinir sisteminin kontrol merkezi olan

56. https://www.bbc.com/turkce/haberler/2015/10/151009_vert_fut_aci_zevk

hipokampus devreye girer. Beynin denizatı şeklindeki bu kısmı, ağrı sinyallerine endorfin salgılanması direktifini alır. Ardından ilgili kimyasalların salgılanmasını ayarlar. Böylece ağrı bloke edilir. Daha sonra endorfin, beynin limbik ve prefrontal bölgelerini harekete geçirir. Bu bölgeler âşık olunduğunda ve müzik dinlerken aktif hale gelen bölgelerdir. Beyin devamında uyuşturucuların sağladığı türden bir ağrı ve acı sonrası iyi his hali üretir.

Bu noktada, gelin şöyle ilginç bir soru soralım; acıyı daha fazla acıyla tedavi etmek mümkün mü?

Nobel ödüllü psikolog Daniel Kahneman'ın deneyi, tam da bu soruya cevap vermeye ve davranış psikolojisi alanına ışık tutmaya yönelik. Kahneman ve ekibi, yaptıkları deneyle deneklerin acıya dayanıklılığını ölçmeye çalıştı. Deneklerden, bir ellerini sırasıyla buz gibi suya sokmaları isteniyordu. İlkinde 14 derece sıcaklıktaki suda 60 saniye tutmaları, ikincisinde ise yine aynı sıcaklık ve aynı sürenin ardından, 30 saniye daha tutup sıcaklık yavaş yavaş 15 dereceye yükseltiliyordu. Her iki deney de aynı derecede acı vermişti. Denekler ortalama olarak aynı zamanlarda acı duyduklarını ifade etmiş ve acının şiddeti zamanla artmıştı. Ekstra 30 saniye daha az soğuk suda tutulan el için acı hissi artık hep aynı seviyede kalmış ya da düşüş göstermişti. Deneklerden hangi deneyi tercih ettikleri sorulduğunda, yüzde 70'i 90 saniyelik deneyi seçti. Ayrıca uzun süreli deneyin daha az acı verdiğini ve onun daha kısa sürdüğünü söyledi. Kahneman bunu *doruk-son kuralı* olarak adlandırıyor ve şöyle açıklıyor: Yaşadığımız bir olayla ilgili algımızı belirleyen şey, en yoğun duyulan his ve son anda bıraktığı hisle ilgilidir. Olayın süresi de süreç boyunca hissedilen şeyler de önemli değildir.

Kahneman, bu bulgulardan yola çıkarak şu soruları soruyor: Cerrahlar, hastada ameliyatla ilgili iyi anılar bırakmak için ameliyat süresini uzatmalı mıdır? Bazıları da bu noktada tatil kıyaslamasını yapıyor: Tatil sonunda akılda kalan şey onun süresi değil, o sırada yaşanan şeylerdir. Aslında doruk-son deneyinin en önemli dersi, sürenin önemli olmadığı değil, zaman algımızı belirleme biçimimizi kontrol etmenin de önemli olduğudur. Eğer hafta sonu yapılan kısa bir tatil, iki haftalık tatilin yaratacağı etkiyi bırakıyorsa mutluluğun yolu, hayatı zevk alınacak çok sayıda hoş tecrübeler yaşayacak şekilde organize etmekten geçiyor.[57]

Anladık ki son nefesi verinceye kadar vücut acı çeker, ruh da buna eşlik eder! Çarpıcı bir durum bu. Aklın çektiği acı, çoğu kez vücudun çektiği acıdan kötüdür.

Acının ruhsal olanı da fiziksel olanı da:

- Sabaha kadar turşu yapmakla geçmez.
- Yazarak azalmaz.
- Okuyarak azalmaz.
- Saklansak da peşimizi bırakmaz, her yerde karşımıza çıkar.
- Aşkta kaçınılmazdır.
- Acı, özlemlerin, inceliklerin, ayrıntıların bittiği yerde biter.
- Alkol kâr etmez.
- Çaresizliğin ikizidir.
- Kuytusu yoktur, gizlenemeyiz.
- Deneyimin keskin ucudur, bir parçası hep hatırlanır.
- Bir zaman sonra güldürebilmelidir.
- Gözyaşları, özlemler, kalbinde ölümü anımsatan duraksamalar yaşatabilir.
- Pişmanlığa benzer, hiç gitmez.

57. https://www.bbc.com/turkce/ozeldosyalar/2015/02/150210_vert_fut_aci_hissi

- Geceleri fenadır.
- Dengedir. Yaşamda bir denge olduğuna inanırsak eğer, acıların karşılığında mutluluklar da olacağını biliriz.
- İçimizdeki boşluğu doldurmak için açtığımız her yaranın karşılığıdır, ruhumuzda hissettiğimizdir.
- Zamanla geçer sanırız.

Acı ilginçtir, mesela Japonlar için çok değerlidir ve kolektif hafızalarına ya da ritüellerine yansımıştır. Japonlardan söz ediyoruz. Onlar, kırılan eşyalarını tamir ederken, kopan veya kırılan parçanın yerini altınla doldururlarmış. İnanışa göre, bir eşya ya da insan hasara uğramışsa, acı çekmişse, o bundan sonra bir hatıraya sahiptir, ders almıştır ve artık olduğundan çok daha güzel ve değerlidir. Güzel bir son olsun, hadi Dostoyevski ile bitirelim:

"İnsanın ruhunu yücelten bir acı, ucuz bir mutluluktan evladır."

İçerik Sonu

BÖLÜM 0303

Anlamak Hayatı Kolaylaştırır mı?

"Anlamak yok çocuğum, anlar gibi olmak var.
Akıl için son tavır, saçlarını yolmak var."
– Necip Fazıl Kısakürek

"Algı gerçeğe dönüşür" diye bir söz üzerine konuşuyorduk. O halde provokatif bir giriş yapalım: Mesela öküzlerin, papağanların ve ağaçkakanların elleri olsa, beyinleri de izin verse ve bu ikisini biz insanların yaptığı gibi kullansalar, öküzler öküzlere, papağanlar papağanlara benzeyen şekilleri çizer ve onların bedenlerini kendi farklı türlerinin şeklinde yapardı. Aynen öyle!

Aslında bilinç, zekâ, algı diye çağırdığımız tüm kavramlar, basit, cansız, fizikobiyokimyasal durumlardır. İnsan beyni, günde yaklaşık iki bin uyarıcı ile karşı karşıyadır. Algıyı, dışarıdan gelen uyarıcıların kabulü gerçekleştirir. Ancak bu uyarıcıların sadece çok az bir bölümü beyin tarafından bilinçli olarak algılanır, gerisi bilinçaltı belleğe saklanır. Bilinçaltına yerleşen bilgiler değiştirilemez, bilinçaltı bellek insan davranışlarını ve kararlarını etkiler. Size bunu ilginç bir anlatımla ifade edeceğiz.

Roma'da "Santa Maria in Cosmedin" adında şehirdeki diğer yapılarla karşılaştırıldığında nispeten ufak sayılacak bir kilise ve bazilika vardır. Bu kilisenin kapısından içeri girdiğinizde ise hemen sol tarafta mermerden oyulma devasa bir mask çarpar gözünüze. Bu daire şeklindeki maskın üzerinde, uzun saçlı ve sakallı bir adamın yüzü tasvir edilmiştir. Maskın adı Bocca della Verità'dır: Gerçeğin Ağzı...

Geçmişte bu ağzın, bir tür yalan makinesi olduğuna inanılırmış, ihtilafa düşen tüccarlar, davaları sonuçlandıramayan yargıçlar, kocasının ya da karısının kendisine sadık kaldığına ikna olmayan çiftler soluğu bu maskın önünde alırlarmış. Ellerini maskın ağzından içeri sokup sorulan sorulara yanıt verdiklerinde sadece ve sadece gerçeği söylemek zorunda olduklarına, çünkü eğer doğru yerine yalan söylerlerse, Bocca della Verità'nın ellerini ısırarak koparacağına inanırlarmış.

Aynı mask, 1953 yılında çekilen *Roma Tatili* filminde de karşınıza çıkar. Bocca della Verità'nın başrolde olduğu o sahne aslında Audrey Hepburn ile Gregory Peck arasındaki eğlenceli ama inişli çıkışlı ilişkinin bir özetidir. Felekten bir gün çalan çiftin yolu Santa Maria Kilisesi'ne düşer. İçeri gidip maskın önünde durduklarında Peck, Bocca della Verità'nın hikâyesini anlatır ve elini maskın ağzına koyması için Hepburn'e meydan okur. Hepburn tereddüt eder ve elini maskın ağzından içeri sokamaz. O da aynısını Peck'ten ister. Yönetmen bu sahnenin hem eğlenceli hem de gerilim dolu olması için elinden geleni yapmıştır. Sanki Peck ve Hepburn'ün eğer yalan söylerlerse Bocca della Verità'nın ellerini kapacağına sonuna kadar inandıklarını hissettirmeye çalışır. Bizim de inanmamızı ister buna. Peck, elini maskın ağzından içeri sokar ve mask elini kapmış gibi çığlıklar atarak can havli ile elini kurtarmaya çalışır. Hepburn de ona yardım etmeye çalışıyordur, yine çığlıklar atarak. Neyse eşek şakası uzun sürmez Peck elini çıkarır, sağlam olduğunu gösterir, arada "Ne kadar da kötüsün" gibi replikler duyulurken ikili az önceki adrenalin deşarjının ardından minik dokunuşlarla birbirlerine kur yapmaya başlar...

Bocca della Verità sadece *Roma Tatili* filminde değil Batı sanatının farklı dönemlerinde de karşımıza çıkar. Tablolarda, heykellerde, rölyeflerde, kabartmalarda, kimi zaman Oceanus'un yüzü olarak, kimi zaman bir aslan bedeninde tasvir edilir. Ama her zaman ağzından içeri uzanan bir el ile gerçeğin ağzıdır. Sadece tarihte değil bugün de karşımıza çıkar Bocca della Verità... Mesela Kaliforniya'da, mesela Paris'te, Berlin'de... Tarihçiler yaklaşık 1,5 ton ağırlığındaki bu maskın üzerini "süsleyen" ağız ve göz kısmında oyuklar olan bu yüzün, denizler tanrısı Oceanus'a ait olduğunu düşünüyor. Gerçek yapılma maksadının ne olduğuna dair rivayetler muhtelif. Ama genel kanı bu maskın Herkül Tapınağı'nda kuyu ya da gider ağzını kapatmak için kullanılan bir kapak olduğu yönünde. Belki Herkül'e sunulan kurban kanlarının belki de -Panteon'daki gibi- kubbesinin merkez delik olan tapınağa giren yağmur suyunu tahliye etmek için... Kapak muhtemelen 13. yüzyılda Santa Maria Kilisesi'ne taşınmış olmalı diyor tarihçiler. 17. yüzyılda ise şimdi kilisenin içinde bulunduğu yere taşınmış. Bu kapağın Batı tarihinde önemli bir yeri var. Aslında basit bir kuyu kapağı olan bu mask bin yılı aşkın bir süredir "Bocca della Verità" yani "Gerçeğin Ağzı" olarak biliniyor. Çok ilginç bir yerde daha karşımıza çıkar Bocca della Verità: NATO'nun stratejik iletişim kavramını öğrettiği okulunda Mark Laity'nin verdiği eğitim serisinin başlığı olarak. Alt başlıkta ise, "Algı gerçeğe dönüşür" yazısı çarpar gözünüze.

Birisi anlamak mı dedi? Bir köpekbalığı 100 milyon damla deniz suyu içindeki bir damla kanı hissedebilir. Bu hissel bir yükselmişliktir. Anlamak olgusunu düşünelim. Diyoruz ki ilk olarak: Ah o müthiş bir bahtiyarlık! Anlamak, bilmektir, düşünmektir, yakın bulmaktır. Ana sahip olmak, mekânı kontrol altına almaktır. İçselleştirmek, kendine katmak, çoğul olmak, edinmek, biraz büyümektir. Anlıyorsun, öyleyse varsın ile tamamlayalım.

Peki, ne kadar anlıyoruz?

Hemen "milenyum tutumuyla" devam edelim: İletişimin kadar varsın. Ya da iletişiyorsan varsın. O halde ne duruyorsun, iletişebildiğin kadar iletiş. Yeni dünyanın kuralı bu. İnsan beyni günde yaklaşık iki bin uyarıcı ile karşı karşıyadır. Dışarıdan gelen uyarıcıların kabulü algıyı gerçekleştirir. Ancak bu uyarıcıların sadece çok az bir bölümü beyin tarafından bilinçli olarak algılanır, gerisi bilinçaltı belleğe saklanır. İnsan anlamakta bugün gerçekten zorlanıyor. Manipülasyonlara uğruyoruz. Yönlendiriliyoruz.

"Musa gemisine kaç tür hayvan almıştı?"

Cevabınız kaç oldu? Her türden değil mi? Ama hiç düşünmedik bunun kaç tür olduğunu.

Siz düşünmeye devam ederken benim aklıma sanırım başka bir şey takıldı. Gemi sanki Musa'nın değil Nuh'un gemisiydi değil mi? Peki, dürüst soru: Kaçınız bunun farkına varabilmişti?

Birçok kişi bir cümlede ya da soruda, sözcüklerden biri benzer ancak doğru olmayan başka bir sözcükle değiştirildiğinde farkına varamayabilir. Bu duruma *Moses Illusion* yani "Musa Yanılsaması" denir. Beynimiz, doğru kurgulanmış iyi sunulan bir hikâyede ufak ayrıntı olarak algıladığı bazı olguları göz ardı edip, manipülasyonlara kolaylıkla kapıları aralayabiliyor. Sebebi anlaşılır, insan beyni "bilişsel olarak cimridir". Açıktır ki insan beyni analizden çok sezgilerini kullanır. Açıkça şekil-zemin ilişkisidir bu.

Bir anlatı var buna ilişkin:

Meksikalının biri, bisikletle ABD'ye giriş yapıyormuş, selesinde kocaman bir torba varmış. Sınır polisi şüphelenmiş, "Aç torbayı!" demiş. Meksikalı torbayı açmış ve içinden kum çıkmış. Ertesi gün, aynı Meksikalı ıslık çala çala gelmiş sınır kapısına, giriş yapacak, selesinde gene kocaman bir torba. Sınır polisi gene huylanmış, "Aç!" demiş, ama içinden gene kum çıkmış. Sonraki gün, aynı Meksikalı pedal çevire çevire gelmiş sınır kapısına, selede gene torba. Bu defa gümrük polisiyle beraber narkotik polisleri karşılamış, "Aç!" demişler, çıka çıka gene kum çıkmış. Polisler neredeyse delirecekler.

Beş gün, iki hafta, bir ay, hep aynı manzara, Meksikalı geze geze geliyor, termal kamerayla bakıyorlar, tahlil yapıyorlar, köpeklere koklatıyorlar, uydu fotoğraflarıyla takip ediyorlar ama sonuç hep boş... Torbadan her seferinde kum çıkıyormuş.

Aradan yıllar geçmiş, sınırda meraktan çatlayan polis, şöyle soğuk bir bira içmek için bir bara girmiş, tesadüfe bak, Meksikalıya rastlamış, adeta yalvaran bir ses tonuyla demiş ki: "Emekli oldum, hâlâ içim içimi yiyor, her ne olduysa oldu, bu saatten sonra sana bir şey yapamam, Tanrı aşkına söyle, ne kaçırıyordun o torbayla?"

Meksikalı gülümsemiş:

"Bisiklet" demiş!

Çok ilginç hikâye!

Daha fazla anlamak için insanın önce kendi zekâsının farkına varması lazım. Sonra da kendi zekâsını diğer herkesin zekâsı ile eşit görmeliyiz. Bu önemlidir. Jacques Ranciers'ın dediği gibi, asıl olan zekâ eşitliğidir. İlerlemenin, özgürlüğün partisi, lideri olmaz; bunun tutkusunu yaşayan zihinleri olur. Bir toplumda eşitler arasında zekâ hiyerarşisi varsa, vasatlık vardır. Burası ihtiyacın bittiği noktadır ve burada zekâ durup dinlenir!

İçerik Sonu

BÖLÜM 0304

Zihin Gücü ile Ne Yapabiliriz?

"İnsanın zihni ya işe yarayan otlar yetiştirir ya da zararlı otlar. Bu sebeple işe yarayanları mevsiminde sulamalı, yaramayanları da söküp atmalı."

– Francis Bacon

Bu bölümde zihin gücü meselesini ele alacağız. Zihnin gücü var mıdır? Varsa nasıl çalışır? Mesela zihin kendileri için sahte anılar oluşturabilirler mi?

Bu son söylediğimizden hareketle bir şey anlatmak istiyoruz. Belleğin nasıl işlediğini, hatalı bellek üzerinden açıklayan çok önemli bir psikolog olan, tabiri caizse ki caiz, hafıza tanrıçası Elizabeth Loftus'un deneyinden söz edeceğiz size. Şu an Kaliforniya Üniversitesi'nde çalışan Psikoloji Profesörü Elizabeth Loftus, insan hafızasına yaşanmamış anıların sokulup sokulamayacağını görmek için özel bir deney tasarımı gerçekleştirdi. Elizabeth Loftus'un bu deneyi, "Mickey Mouse" deneyi olarak bilinir. Bu deneyde, "Disneyland'da Mickey Mouse'un kucağına oturmuş ve taciz edilmiştiniz" hikâyesi tekrar ve doğru yöntemlerle defalarca deneklere sunulmuştur. Loftus, deney sonucunda istatistiksel olarak tesadüf olamayacak anlamlılık seviyesinde sonuçlar bulmuştur. Yani çalışmaya katılanlar, bir dizi "doğru soruları sorma ve doğru hikâyeleri anlatma" sonucunda, "Evet hatırlıyorum, Mickey'nin kucağına oturdum ve beni taciz etti" hikâyelerini ardı ardına anlatmaya başlamıştır.

Elizabeth Loftus'un bir başka deneyi de çocuklar üzerinde gerçekleştirilmiştir. Deneye katılanlar, çocukluk hatıralarıyla alakalı bir deneye katıldıklarını zannediyorlardı. Hem katılımcılardan hem de deneklerin akrabalarından anılar anlatmaları istendi. Üç gerçek anı ve güya akrabaların anlattığı bir yaşanmamış anıdan oluşan kitapçık deneklere sunuldu ve deneklerden bu anıları ne kadar hatırladıkları soruldu. Birçok deneğin, aslında hiç yaşanmamış anıları yaşananlara kıyasla daha "iyi" hatırladıkları görüldü. Loftus'un bu deneyi, hiç yaşanmamış şeylerin anılarının, beyin tarafından gerçek olarak algılanabileceğini kanıtlamış oldu. Bu araştırmaların içinde oldukça dikkat çeken kavramlardan birisi de "false memory" yani "sahte hafıza" kavramıdır.

Elizabeth Loftus, hafızanın etkilenebilirliği üzerine şöyle bir deney yapmıştır: Deneklere önce trafik kazalarıyla ilgili filmler gösterilmiş ve sonrasında deneklerden ne izlediklerini anlatmaları istenmiş. Sorulan soruların, ifade biçimlerinin deneklerin olayları aktarmaları üzerinde etkili olduğunu bulmuştur. Örneğin; filmlerdeki arabaların hızlarının tahmin edilmesi sorulduğunda gelen cevaplar, soruda kullanılan "toslamak", "çarpmak", "bindirmek" fiillerine göre büyük oranda değişiklik göstermiştir. Deneklere ayrıca kazadan sonra camların kırılıp kırılmadığı da sorulmuştur ve cevaplar yine sorulardaki ifadelere bağlı olarak değişmiştir. Loftus böylece, hatırlamanın telkinler veya yönlendirici sorular aracılığıyla çarptırılabileceğinden emin olmuştur.

Demek ki zihin, kendisine yeni hafızalar inşa edebiliyor. Daha neler yapar peki?

"Neuroplastise"yi biliyorsunuz; beynimizin sürekli bir biçimde yeni sinirsel yollar yaratma yeteneğidir. Herhangi bir kategoride öğrenmek için tekrar ettiğimiz zaman, aynı anda o hareketi temsil eden sinir sistemini kuvvetlendiriyoruz. İster bir hareket yapalım ister bunu sadece hayalimizde canlandıralım, beyinde yine aynı süreç yaşanıyor. Şöyle denilebilir; beyin, fiziksel ve zihinsel canlandırma arasındaki farkı ayırt edemez. Harvard Üniversitesi'nin bir araştırmasında, gönüllü iki gruba bilinmeyen bir piyano eseri dinletilmiş. İlk gruba bu parçayı çalışmaları, diğer gruptan da parçayı yalnızca okumaları ve çalıyorlarmış gibi hayal etmeleri istenmiş. Her iki grubun zihinsel faaliyetleri incelendiğinde, ikinci grup piyanoya dokunmadığı halde, motor kortekslerinde bir genişleme gözlenmiş. Ne yani, sadece düşünmek, öğrenmek anlamına mı geliyor?

Bu, zihnin olağanüstü bir masalıydı. Aman sakın buradan "secret" meselelerine gelmeyelim. Zaten şahsi düşüncelerimizdir; bugün ülkemizde açıkça bilimle yapılan siyasi bir mücadele söz konusu. Aslında tüm dünyada paranoyak bir hayal gücü var. Bugün nar patlatarak bereket arayanla, karpuz çekirdeğinde kısmet bulan "kendine 'secret' beyinler" aynı talihsizlikten besleniyor. Oysaki özgürlük bilimle gelir ve gerisi tevatür olur!

22 Aralık 2020'de, Güneş Sistemi'nin en ihtişamlı iki gezegeni tam 800 yıl sonra birbirine bu kadar yakın görünecekti. 1623'teki gözlemlenememişti. Bu durumda, birleşmeyi en son 1226'daki insanlık görmüştü. Ortaçağdı. Peki biz 2020'de ne yaptık, biliyor musunuz? Instagram'da şahit olduk; 22.600 kişi bir ritüelcinin canlı yayınında nar patlatıp, karpuz çekirdeğini 99 kere sayıp kısmet, sağlık, para bekledi. Bu çağ gerçekten de delirmiş durumda.

Sürüyü düşündük sonra. Sürü her daim maniple edilir. Değerler, büyük anlatılar yüceltilir, şekil ve zemin bükülür. "İnsanlar, hep söylenildiği gibi sürü halinde düşünür, sürü halinde çıldırırlar, ancak akıllanmaları tek tek ve yavaş yavaş olur! Umarım bizim için de sonu öyle olur."

Artık anladınız, zihin gücü derken burada "10 Adımda 12 Adım" gibi bir şeyden söz etmeyeceğiz. Ya da "Kâzım **Bey'in Gücü**" de değil konumuz.

Zihin gücü meselesine kısaca bakalım ve nokta koyalım.

Ben merkezli bir zihin, limbik bir zihindir ve sürekli olarak arar, ister, haz peşinde koşar ve bunun doğal bir sonucu olarak da mutluluktan sonra mutsuzluk dönemi gelir. Halbuki egosunun üstünde olan yani limbik sisteminin üstüne çıkabilmiş bir zihin, bu kısırdöngüden kurtulabilir. Zihnimize beynimizin bir çıktısı diyelim. Beynimizin tek tek bölgelerinden ziyade tamamının bir ürünü. Evet, deneyimlerinize göre olumluya ya da olumsuza yönelme eğilimini görebiliriz. Yani o kişinin zihni bilinçsiz, dolayısıyla dağınık olabilir. Bu durumda kişinin hayatında kargaşa ve huzursuzluk hâkimdir. Zihin bilinçli hale geldiğinde ise, kişinin hayatında huzura ve dinginliğe giden yollar kendiliğinden oluşur. Zihin bu nedenle olumlu duygularla ve iyi deneyimlerin oluşturduğu yaşanmışlıklarla geliştirilebilir. Zihninize komut veren doğru bir bilinçle yaşadığınızda, bilinç farkındalığınız kendiliğinden gelişmeye başlar. Bu anlamda zihin gücünü bilinçli kullanmaya ve sürekli olumlama yapmaya çalışan, bilinç farkındalığı yüksek insanın zihin gücünden söz edebiliriz.

Zihin Gücü Nasıl Gelişir?

> "*Harvard Psikoloji bölümünden araştırmacı Suzan David, Duygusal Olarak Güçlü Olmak, Takılıp Kalmamak, Değişimi Benimsemek ve İş Hayatında Başarılı Olmak adlı kitabında "Farkındalığımızın artmasının ve daha iyi insan olabilmemizin tek*

yolu, kendimizi geliştirmek, yaşamdaki amacımızı ve seçimlerimizi belirlemekten geçer" diyor. "Hayatlarımızda sadece pozitife odaklanmaya çalışmak, deneyimleyerek dünyada yolunu bulmaya çalışan biz insanların, kendimiz dışına çıkma ihtiyacını ortadan kaldırdığından sorunlara neden olabilir. Hayatla olan sözleşmemiz kırılganlık, üzüntü ve endişe ile bağlantılı bir sözleşmedir. Eğer bu dünyada gerçeğe dayalı ve anlamlı olacaksak, hayatımızı tek bir boyuta odaklanarak yaşayamayız ve bu tek boyutlu anlayışın bize çok yönlü bir yaşam sunmasını bekleyemeyiz."

Bunun için atmamız gereken adımları şöyle ifade ediyor:

1. *Hazır olun ve bunu gösterin.*
2. *Kendi kendinizin gözlemcisi olun.*
3. *Neyi neden yapıyorsunuz, bunu bilin.*
4. *İleriye gidin, ama işinizi bırakıp Uzakdoğu'ya gitmeyin, sahip olduğunuz şeyle, olduğunuz yerde ilerleyin.*

Yoksa zihin gücü dediğimiz şey, ritüeller peşinde koşmak, "İsteyin, odaklanın, pozitif düşünün ve gerçekleşsin" fikri etrafında dolanan iptidai bir şey değil.

Biliyorsunuz, sanat ve bilim insana en çok yakışan "ışık"tan ikisidir. Aşk, aile bunlara sonra eklenebilir. Dünya tarihinin, dinler ve savaşlar tarihi olduğu düşünülürse; "etik" için aynı şeyi söylemek biraz daha zor. Bilim ve sanat, tarihöncesi devirlerden beridir hep yan yana ve birbirini geliştirmeye hevesli olmuştur.

Ahlakın bekçileri, tıpkı ortaçağ kilisesi gibi, bu ikisine de izin vermek istemese de insan onuru, insan aklı, insan zekâsı her zaman, eninde sonunda galip gelmiştir.

İnsan beyni, kendi ürettiği teknoloji ile yine kendisini değiştiriyor. Değişen beyin bu sefer yeni teknolojiler üretiyor ve bir öncekinden daha hızlı ve farklı bir ivme ile değişiyor. Sanat ile insan beyni ve üretilen bilim arasında da benzer bir ilişki var aslında. Liderlik çalışmaları ile tanınan Warren Bearis şöyle diyor:

"Biz insanoğlu, bilgi toplayabiliyoruz, çünkü o yeteneğe sahibiz fakat bu toplamayla o kadar meşgul oluyoruz ki bilgiyi kullanma konusunda bir yöntem bulabilmiş değiliz. Bir toplumun gerçek ölçüsü bildiği değil, bildiğiyle neler yapabildiğidir."

Taşları kullanma teknolojisi buna güzel bir örnektir. Yüz binlerce yıl önce yaşayan atalarımızın taşları yontarak kullanmaya başladıklarını biliyoruz... Bu bir teknolojidir ve bu teknoloji sayesinde, o taşı yontan insanın beyni değişti. Ve sonra o taşları birbirine çarparak ritim tutmaktan Mozart'a kadar ulaşan bir yolculuk başladı... Duvara çizilen birkaç hayvandan *Guernica*'ya kadar giden bir yolculuk...

Yani insan beyni sanat üretiyor ve değiştikçe yeni sanatsal akımlar ya da ürünler yapıyor. Altı milyon yıl içerisinde tıpkı bilim ve teknolojide olduğu gibi sanatta da ciddi bir ilerleme kat ettik. Daha neler neler olacak?

Müzik, sanat ve üretim, hızla yeni teknolojiye uyum sağlayacak ve en sonunda doğrudan zihin ile ilintili olacak. Bu sayede sanatçı aklından geçen ezgiyi, melodiyi istediği şekilde dış dünyaya ya da diğer insanların zihnine yansıtabilecek. Bu aşamada yıllar gerektiren "enstrüman öğrenme" eğitimi tarih olacaktır. Muhtemelen zihni sadeleştirme, odaklanma gibi eğitimler onun yerini alacaktır.

Resim, heykeltıraş gibi görsel sanatlar için de kişilerin sadece "eserlerini" düşünmeleri, hissetmeleri yeterli olacaktır. Teknik ya da eğitime gerek kalmayacak, çünkü yemek yediğimiz ya da yolda yürüdüğümüz kadar sıradan ve doğal yapacağız tüm bunları. Sanat, insana yakışır bir şekilde "kendisinin bir parçası-kendisinin özü olacak". Bu oldukça gerekli, zira bilim ve sanatın olmadığı yerde ahlakın da olamayacağını yeteri kadar tecrübe ettik!

Tiyatro, sinema gibi sahne sanatları, artık Matrix gibi sanal diyarların provası ya da tanıtımı gibi olacaktır. Herkes zaten kendi filminde oynayacak, yaşayacak...

Küçük bir sır verelim:

Belki de şu an zaten öyleyizdir!

İçerik Sonu

PERSPEKTİF:
Hayallerden Sıyrılmak mı Dediniz?

Küçük istavrit, yiyecek bir şey sanıp hızla atıldı çapariye. Önce müthiş bir acı duydu dudağında, gümbür gümbür oldu yüreği. Sonra hızla çekildi yukarıya. Aslında hep merak etmişti denizlerin üstünü, neye benzerdi acaba gökyüzü?

Bir yanda büyük bir merak, bir yanda ölüm korkusu... Dudağı yarıklar denir, şanslıdır onlar; hani görüp de gökyüzünü ve insanı, oltadan son anda kurtulanlar. Ne çare, balıkçının parmakları acımasızca kavradı onu; küçük istavrit anladı ki yolun sonu. Koca denizlere sığmazdı yüreği; oysa şimdi yüzerken küçücük yeşil leğende, cansız uzanıvermiş dostlarına değiyordu minik yüzgeci.

İnsanlar gelip geçtiler önünden; bir kedi yalanarak baktı gözünün içine; yavaşça karardı dünya, başı da dönüyordu. Son bir kez düşündü derin maviyi, beyaz mercanı bir de yeşil yosunu.

İşte, tam o anda eğilip aldım onu; yürüdüm deniz kenarına; bir öpücük kondurdum başına, iki damla gözyaşından ibaret sade bir törenle saldım denizin sularına. Bir an öylece bakakaldı; sonra sevinçle dibe daldı, gitti tüm kederimi söküp atarak. Teşekkürü de ihmal etmemişti; birkaç değerli pulunu elime, avuçlarıma bırakarak. Balıkçı ve kedi şaşkın baktılar yüzüme. Sorar gibiydiler; neden yaptın bunu, niye?

"Bir gün..." dedim. "Bulursam kendimi yeşil leğendeki küçük istavrit kadar çaresiz, son ana kadar hep bir umudum olsun diye."

Sonuçta hiç kimse yıldız olarak kalamıyordu. Hayaller ne yapıyor ediyor, gökten iniyordu. Michael Ende'nin *Momo* kitabından bir pasaj aklımıza geldi:

"Ayna geri geldiği zaman, güzel, çirkin, ilginç, sıkıcı artık önüne ne geldiyse hepsini prensesin önüne döker, o da hoşuna gidenleri alır, gitmeyenleri dereye atıverirmiş. Hayaller de yeryüzünün akarsularında yüzerek geldikleri yerlere dönerlermiş hemen. İşte bu yüzden, ne zaman bir suyun yüzeyine baksak, orada kendi hayallerimizi görürüz."

Bakın, insan acının, açlığın, susuzluğun, yorgunluğun üstesinden gelmeyi öğrendi. Meditasyon yoluyla ve hayallerinden sıyrılarak boş düşünme vasıtasıyla kendinden sıyrılmayı öğrendi. Hayal kurmak, beynin ereksiyon halinde olmasıdır. Amerikan *Proceedings of the National Academy of Sciences* dergisinde yayımlanan araştırmasında Profesör Kalina Christoff, hayal kurmanın sorunları çözdüğünü söylüyordu. Christoff'a göre, hayal kurmak, beyni harekete geçirerek karmaşık sorunların çözülmesini sağlayabiliyor. Araştırmaya göre, hayal, beynin birçok bölümünün işlevini artırmakta. Ancak araştırmanın en ilginç yanı, bir kişi düşüncelere daldığında, beynin karmaşık sorunların çözülmesini sağlayan bölümlerinin işlevinin yoğun şekilde arttığını göstermesi. Bugüne dek bu bölümlerin, karmaşık sorunlar karşısında yavaşladığı sanılıyordu.

Araştırmacılar, hayal kurarken beynin birçok merkezine başvurulduğunu belirtti. Christoff, araştırmanın birçok kişiyi algılarını gözden geçirmeye itebileceğini ifade ederek, insanların fikir almaya alışkın olduğunu ve hayal kurmanın iyi bir şey olmadığını sandığını, ancak durumun bunun tam tersi olduğunu vurguladı. İnsanların zamanın üçte birini hayal kurarak geçirdiğini belirterek bilimin, hayatın bu büyük bölümünü göz ardı ettiğine dikkati çekti.

Hayal, insanoğlu için böyle taşıyıcı bir şeydir. Varlığının çok değerli olduğu, yokluğunun ise daha önemli olduğu bir olgu. Hayal etmek zihinsel bir aktivitedir aynı zamanda. İnsanın zihninde geliştirdiği duygu, bilinç ve canlandırma sürecidir. Hayal etmek, paha biçilmez bir hareketlendiricidir. İnsanın geleceği kurmaya ilişkin hayalleri olması, hayata ne kadar sağlam baktığının işaretidir. İnsanın hedeflerinde sapma olsa bile, hayalleri onu bırakmaz. Bir anlamda karanlık gecelerdeki yıldızlar gibidir. Hep orada olduklarını biliriz. İnsan bu nedenlerle hayalleriyle var olmalıdır. Hayaller, yokluk değil, varlıktır. Bir insanın hayallerinin olması, onun olgunluğunun göstergesidir. Hayal etmek aynı zamanda sabır ve dayanma gücü verir. İşte, bu nedenle insan hayal etmekten asla vazgeçmemelidir.

Farkındalık meditasyonlarının insan beynindeki etkileri günümüzde çokça araştırılmıştır. 8 haftalık yeni başlayanlardan 10 yıllık Tibetli rahiplere kadar çok geniş bir yelpazede incelenmiştir. En temel bulgu benlik, korkular, ihtiyaçlar, bağımlılık gibi kavramların olduğu Default Mode (sıradan modun) azalması ve yerine soyutlama, kavrama, anlama, anda kalma gibi yetilerimizin olduğu Task Positive Mode'un aktivitesinde ve yapısında artma denebilir. Günümüzde farkındalıklı meditasyon panik atak, endişe bozukluğu, depresyon, kaygı, kronik ağrı ve bağımlılık gibi birçok hastalıkta tedavi için klasik tıp tarafından bile kullanılmakta ve incelenmektedir.

SONUÇ

"Yumurtanın kabuğu
içeriden kırılırsa
hayat başlar,
dışarıdan kırılırsa
hayat sona erer."

— İbni Sina

Mutlu anlarını, kusursuz deneyimlerini, acılarını, vicdanını, kırıklıklarını, heyecanlarını, paylaşacak kimsesi olanlar, maruz kaldıkları sıkıntılardan, başlarına gelen afetlerden daha az etkilenirler. Psikolojik dirençleri daha yüksek olur. Hayatlarını paylaşacak kimsesi olmayanların, kimsesizlerin travmaları ise kolay kolay iyileşmez. Burada akla Dostoyevski geliyor. *Suç ve Ceza*'da, sefaleti ve kişiliksizliği arkadaşını, maddiyatını, işini, saygınlığını kaybetmiş alkolik eski bir memur olan Marmeladov üzerinden anlatır. Travma yaşayan Marmeladov, Raskolnikov'a şöyle anlatır travmasını:

"Sayın beyefendi, fukaralık ayıp değil; bunu bilirim... Ama sefalet, sayın beyefendi, sefalet ayıptır. Bir insanın artık gidecek bir yeri olmaması ne demektir bilir misiniz? Her insanın dara düştüğünde çalacağı bir kapı bulunmalı değil midir? Eğer çalacağınız bir kapı yoksa sefalete düşmüşsünüz demektir. Anlıyor musunuz, efendim, dönecek hiçbir yeriniz olmadığında bunun ne anlama geldiğini anlıyor musunuz?" Marmeladov'un sorusu aniden aklına geldi. "Çünkü her erkeğin dönecek bir yeri olmalı..."

İnsanın kendine dönecek bir yüzü olmalı aslında. Vicdanıyla, erdemiyle, çokluk ve yoluklarıyla, insanın dengesi olmalı. Buna ilişkin bir kadim öğreti masalıyla devam edeceğiz:

Yaşlı Kızılderili reisi, kulübesinin önünde torunuyla oturmuş, az ötede birbiriyle boğuşup duran iki kurt köpeğini izliyordu. Köpeklerden biri beyaz, biri siyahtı ve 12 yaşındaki çocuk, kendini bildi bileli o köpekler dedesinin kulübesi önünde boğuşup duruyorlardı. Dedesinin sürekli göz önünde tuttuğu, yanından ayırmadığı iki iri kurt köpeğiydi bunlar. Çocuk, kulübeyi korumak için bir köpeğin yeterli olduğunu düşünüyor, dedesinin ikinci köpeğe neden ihtiyacı olduğunu ve renklerinin neden illa da siyah ve beyaz olduğunu anlamak istiyordu. O merakla sordu dedesine: Yaşlı reis, bilgece bir gülümsemeyle torununun sırtını sıvazladı.

"Onlar..." dedi. "Benim için iki simgedir evlat."

"Neyin simgesi?" diye sordu çocuk.

"İyilik ile kötülüğün simgesi. Aynen şu gördüğün köpekler gibi, iyilik ve kötülük içimizde sürekli mücadele eder durur. Onları seyrettikçe ben hep bunu düşünürüm. Onun için yanımda tutarım onları."

Çocuk, sözün burasında, "Mücadele varsa, kazananı da olmalı" diye düşündü ve her çocuğa has, bitmeyen sorulara bir yenisini ekledi:

"Peki..." dedi. "Sence hangisi kazanır bu mücadeleyi?"

Bilge reis, derin bir gülümsemeyle baktı torununa.

"Hangisi mi evlat? Ben, hangisini daha iyi beslersem!"

Neymiş? İnsanın iyiliği ya da kötülüğü kendisinden gelirmiş.

Gerçekten durum karışık. Duygularımız yaşantılarımızdan çok yaşantılarla ilgili algılarla, yani onlara verdiğimiz anlamlarla belirlenir. Algılar ise düşüncelerin ürünüdür. Bir cümleyle özetlemek gerekirse hayatınızı değiştirmek istiyorsanız düşüncelerinizi değiştirmeniz gerekebilir.

Yuval Noah Harari, *Hayvanlardan Tanrılara* kitabında şöyle diyor:

> *"Ah yaratıcı beyin, vah tasarımcı beyin! Dört milyar yıl sonra bugün insanoğlu her zamankinden daha güçlü fakat bu güçle ne yapacağımızı bilmiyoruz."*

Harari soruyor:

"Ne istediğini bilmeyen, tatminsiz ve sorumsuz tanrılardan daha tehlikeli bir şey olabilir mi?"

Çünkü ona göre, sadece dünyayı değil kendimizi ve diğer canlıları tasarlama becerisi de kazandık.

Yaratıcılığı kaos teorisi prensipleri ile geliştirebiliriz. Yani, düzensiz gelen bilgiler veya sinyallerin beyinde yeniden, kendiliğinden düzene girmesiyle yaratıcılık ortaya çıkıyor. Önemsiz sandığımız birçok şey bilinçsizce aklımızı karıştırıyor ve belki de ilerideki başarılarımızın temellerini atıyor. "Yaratıcı kaos" tabirinde, çağrışımları biri diğerine zıt iki kelime var: Kaos, ilk bakışta düzensizliği, kaotik bir durumu ifade eder. "Yaratıcı"nın ise olumlu çağrışımlara sahip, düzene sokucu, inşa edici, var edici bir anlamı var. İki karşıt ayrı şeyler, fakat bir araya getirilmişler. Ayrıştır, yabancılaştır, çatıştır, sonra yap! Bu, beynin örüntüsel öğrenme prensibine uygundur. Bu durumlarda beynin cayır cayır yeni hücre oluşturduğunu görebiliriz. Bunun haricinde gerçek bir yaratıcılık için elbette ki risk almalı, cesur ve irade sahibi olmalısınız, fırsatları görebilmelisiniz.

Hayatlarımız, düşüncelerimiz yani algılarımızla belirlendiğine göre, yaşamlarımızı değiştirmek istiyorsak belki de öncelikle klişeleşmiş, yani otomatikleşmiş düşüncelerimizi fark edip değiştirmemiz ya da en azından esnetebilmemiz gerekir. Ne var ki insan türü, duygularını belirleyenin düşünceleri olduğunu bilse de düşüncelerini gözden geçirip esnetmek gibi bir çabayı nadiren sergiler. Yani bilmek yetmez, bilgece düşünmeyi öğrenmek gerekir.

Her birimizin benzer yaşantılarla ilgili farklı düşünebiliyor olması, elbette geçmiş yaşantılarımızın her birimize farklı şeyler öğretmesinden kaynaklanıyor olabilir. Belki de yaşam hepimize aynı düzeyde cömert davranmadığından, kimimiz daha karamsar veya kötümser olduğumuzdan en kötü olasılığı ilk seçenek olarak düşünürken, kimimiz en kötü koşullarda en iyi seçeneği düşünebiliyor. Belki de her zaman nasıl düşünmeye koşullandıysak hep o biçimde düşünmekten kendimizi alamıyoruz. Klişeleşmiş, otomatik düşüncelerle giden, pek de sorgulamayan, otomatik bir hayat yaşamak muhtemelen daha kolay geliyor.

Oysa insan türünü diğer canlılardan ayıran en önemli özelliği öğrenen olması değil. Diğer canlılar da öğreniyor. İnsanı farklı yapan ise öğrendiğini sorgulama, gözden geçirebilme ve yeniden öğrenebilme kapasitesi olmasıdır. Ancak bu kapasitenin yeterince kullanıldığını söylemek zor. Bugünkü varoluş biçimimiz şüphesiz geçmişte yaşadıklarımızdan bağımsız değil, geçmiş yaşantılar hepimizin bugününü etkiliyor. Ancak unutmamamız gereken temel gerçek şu ki hiçbirimiz geçmişimizin kölesi olmak zorunda değiliz. Aksi takdirde insan yalnızca geçmişten yakınıp başkalarını suçlayarak geçen bir yaşamöyküsü oluşturabilir. İnkâr edilemez, olumsuz yaşantılar içeren bir geçmiş yaşamöyküsü üzücüdür, ancak yalnızca geçmiş öykü ile yaşama devam etmek, sorun çözme ya da yönetme doğrultusunda yeterli olmayacaktır. Bugün yaşanan yeni sorunu eski öykülerle, yani geçmişte yaşanmış travmalarla ilişkilendirmek mümkün olsa da bu ilişkilendirme tek başına sorun çözmekte yeterince işlevsel olmayacaktır. Geçmişin bugünü nasıl etkilediğinin farkına varmak değerlidir, ancak bugünden memnun değilsek yarınları değiştirmek ancak bugün uyguladığımız stratejileri değiştirmekle mümkün olabilir.

Gerçek Ne?

Gerçekler "Ne?" sorusuna, öyküler ise "Neden?" sorusuna yanıt verir ve öyküler gerçekleri değiştiremez. Gerçekleri hepimiz benzer tanımlarız. Oysa öyküler farklı algılar içerdiğinden, birbirinden farklı ifade edilir. Rahatsız edici bir duygu yaşadığınızda, ilk yapılması gereken bu duyguyu yaşarken aklınızdan geçenleri saptamak olmalıdır. Çünkü duygularınız büyük oranda aklınızdan geçen düşüncelerle ilgilidir. Bu düşünceleri saptadıktan sonraki aşama düşünceleri gözden geçirmektir. Akla gelen düşünceler ne oranda gerçeği yansıtmaktadır? Düşüncelerin geçerliliğinin değerlendirildiği bu aşamanın amacı, düşüncelerin ne oranda abartılı, ne oranda yanlış, ne oranda kanıta dayalı olduğunu incelemektir.

Düşünceleri destekleyen ve desteklemeyen verilerin gözden geçirildiği bu aşama, akla gelenlerin ne kadarının gerçek ne kadarının kendi oluşturduğunuz öyküden kaynaklandığının anlaşılmasını sağlar. Hayatımızdaki sorunların neden oluştuğu, bizi bugünkü gerçekten uzaklaştırır ve gerçeğin protestosuna yöneltir.

Unutmayalım; bu dünyada insan sayısı kadar öykü vardır. Öyküler önemli olsa da öykülerden daha önemli olan, gerçeklerdir. Gerçeklere ise yalnızca öykülerin sorgulanması ile ulaşılabilir. Sorgulanmamış bir yaşam, anlamlı yaşanmamıştır. Amaç yalnızca iyimser ya da olumlu bir düşünce biçimini egemen hale getirmek değil, yaşanan gerçekle ilgili tüm olasılıklara açık, çok seçenekli bir düşünce biçimini hayatlarımıza geçirmek olmalıdır. Özetle, eğer aynı olay zihinlerimizde tek bir seçenek yerine birçok seçeneği harekete geçirebiliyorsa ve çok olasılıklı bir düşünce biçimine geçebiliyorsak, katı olmaktan çıkmış ve esnek olma yönünde önemli bir adım atmışız demektir. İnsan ne kadar katı ise aldığı darbe de o kadar hasar verici olacaktır. Katılık tüm psikopatolojilere ev sahipliği yapan en mükemmel ev sahibidir.

Gerçeğe ulaşmakta en önemli yolun bilim olduğunu unutmamalıyız. Bilimsel düşünebilmek için bilim insanı olmak gerekmeyebilir, ancak bilimin bir toplumda egemen olması yalnızca bilimsel bilgiye ilgi ve saygı duymakla mümkün olabilir.

Unutmayalım ki iyimserliğimizi, umutlarımızı ve güzel hayallerimizi kırabilecek birçok olay ve insanla karşılaşacağız. İçinde yaşadığımız doğaya saygılı olmanın ve sevmenin anlamsız olduğunu düşündürten birtakım tatsız olaylar da yaşayacağız. Hiçbirisi bizleri yaşantılarımızda anlam bulma ve sevebilme yolculuğundan alıkoymasın, çünkü sevgi sevilenle değil, sevenle ilgilidir.

Bize göre sevmek yeterli. Varoluşu sevmek; bu hayatın içinde, bu hayatın bize hediye edildiğinin farkına varmak. Sevmeyi öğrenmek gerekir. Bu herkesin her zaman kolaylıkla yapabildiği bir şey değil ama bu yolculuk her zaman değerli. Bir de üretmek çok önemli. Çünkü insanın ruh sağlığında en önemli şeylerden biri farkındalık, öbürü üretkenlik. Farkındalık, aslında bir anlamda anda kalabilmek yani düşüncelerimize kapılıp kaçmamak, onunla yüzleşebilmek, gerekirse o acıyı hissedebilmek demek. Farkındalık, görüntüsel formlardan çıkıp özü fark etmek demek ve hayat ancak o özü fark ettiğimiz zaman gerçekten başlıyor.

Unutmayalım, bizler bir zinciriz. Hayatlarımızın, varoluşumuzun bir anlamı var. Lakin anlam bulmak için anlam aramak gerekiyor.

Anlam arayışınızın devamı dileğiyle...

Bitirirken...

Dostoyevski'ye dönelim ve kitabımızı "gittikçe sefilleşen" efsanevi karakteri Marmeladov üzerinden bitirelim:

"Yeniden beliren meyhaneci:

"Sana kim acır be?" diye bağırdı.

Birden bir kahkaha, hatta sövgü sağanağı kapladı ortalığı. Meyhanecinin sözlerini duyanlar da duymayanlar da eski memurun yüzüne bakıp gülüyorlar, sövüyorlardı.

Marmeladov coşkunun doruğuna ulaşmak için sanki bu sözleri bekliyormuşçasına, bir elini ileri uzatarak yerinden doğruldu ve "Acımak!" diye bağırdı.

"Bana ne diye acınsın! Bana acımak için bir neden yok! Acımak ne; çarmıha germek gerek beni! Çarmıha ger onu ey büyük yargıç, çarmıha ger ve sonra acı! O zaman çarmıha gerilmek için kendi ayaklarımla gelirim sana, çünkü ben sevinçlere değil, aşağılanmalara ve gözyaşlarına susamış bir insanım! Ve sen, içki satıcısı, senin şu şişen bana zevk mi veriyor sanıyorsun? Ben bu şişenin dibinde aşağılanmayı aradım, aşağılanmayı ve gözyaşını... Buldum da aradığımı, buldum ve tattım... Acımak!... Bize ancak, herkese acıyan acıyabilir, herkesi ve her şeyi anlayan. O tektir ve en büyük yargıçtır. O büyük gün geldiğinde soracaktır:

'Veremli ve kötü yürekli analığına yardım eden, bir başkasının çocuklarını bağrına basıp özünden bilen o kız nerede? Canavarlıklarından korkmadan o iğrenç sarhoşa, babasına acıyan o kız nerede?'

Ve diyecektir:

'Gel! Seni zaten bağışlamıştım... Daha önce... Şimdi de çok sevdiğin için, günahların bir kez daha bağışlanıyor...'

Ve Sonya'mı bağışlayacak. Bağışlayacak, biliyorum. Geçenlerde ona gittiğimde hissettim bunu. Herkesi, herkesi yargılayacak ve bağışlayacak: İyileri de kötüleri de... Bilgeleri de usluları da... Herkesin işi bitince sıra bize gelecek.

'Şimdi de siz gelin bakalım!' diyecek. 'Sarhoşlar, zayıf iradeliler, reziller siz gelin!'

Ve biz utanmadan varıp huzurunda duracağız.

Ve o diyecek 'Domuzlar! İnsan suretindeki hayvanlar, hayvan damgasını taşıyanlar; siz de gelin bakalım!'

Bilgeler karşı koyacak buna, akıllılar karşı koyacak:

'Tanrım!' diyecekler. 'Tanrım bunları niçin kabul ediyorsun?'

Ve o diyecek:

'Onları kabul ediyorum, ey bilgeler, onları kabul ediyorum ey akıllılar, çünkü onların hiçbiri kendini buna değer görmüyor...'

Ve bize kollarını açacak ve biz önünde yerlere kapanacağız... Ağlayacağız... Ve her şeyi anlayacağız! O zaman her şeyi anlayacağız! Ve herkes anlayacak! Katerina İvanovna da... O da anlayacak... Tanrım! Her şeyin, herkesin üzerinde senin o tanrısal düzenin egemen olacak!"

Kaynakça

Adair, Gilbert (1993). Postmodernci Kapıyı İki kere Çalar. Çev., Nazım Dikbaş, İstanbul: İletişim Yayınları.

Altemeyer, B. (2019). The Other "Authoritarian Personality". Advances in Experimental Social Psychology, sf: 47-92

Ariely Dan Akıldışı Ama Öngörülebilir [Kitap]. - İstanbul: Optimist, 2010.

Arthur AZ Stress as a state of anticipatory vigilance [Dergi] // Percept Mot Skills. - 1987. - s. 75-85.

Apicella, C. L. et al. (2012). Social Networks And Cooperation In Hunter-Gatherers. Nature, sf: 497-501. doi: 10.1038/nature10736. |

Asch Solomon E. Opinions and Social Pressure [Dergi] // Scientific American. - 1955. - 5: Cilt 193.

Bandler, Richard ve John Grinder (2000). *NLP, Trans ve Değişim.* İstanbul: Alfa Yayınevi.

Barnett, M.D. ve Hilz, E.N. (2018). The Psychology Of The Politics Of Rape: Political Ideology, Moral Foundations, And Attitudes Toward Rape. Violence Against Women, sf: 545-564. |

Barnett, M.D, et al. (2018). Religious Affiliation, Religiosity, Gender, And Rape Myth Acceptance: Feminist Theory And Rape Culture. Journal of Interpersonal Violence, sf: 1219-1235. Larry Cahill,üCarter Rita Mapping The Mind [Kitap]. - London: Phoenix, 2010.

Batı, Uğur (2012). Enneagram İle Kişilik Analizi. İstanbul: Alfa Yayınları

Batı, Uğur (2012). Kendine İyi Bak. İstanbul: Alfa Yayınları

Batı, Uğur ve Timur Yılmaz (2020). Senin Ruhun Bütün Dünyadır. İstanbul: Destek Yayınları

Batı, Uğur ve D. Bayramoğlu (2019). Üzgün İnsandan Özgür İnsana. İstanbul: Destek Yayınları

Batı, Uğur (2019). Kusursuz Kararlar Vermek ve İkna Sanatı. İstanbul: Doğan Kitap

Batı, Uğur (2017). Sinaps. İstanbul: Doğan Kitap

Cibran, Halil. (2007). *Ermiş*. Çev. İlyas Aslan, 4. Basım, Kaknüs Yayınları.

Clark, A., & Chalmers, D. (1998). The extended mind. Analysis, 58, 7-19

Condon, Thomas (1999). *Enneagram Movie and Video Guide: How to See Personality Types In The Movies.* 2nd Edition, Metamorphous Pr.

Cüceloğlu, Doğan (2002). *'Keşke'siz Bir Yaşam İçin İletişim.* İstanbul: Remzi Kitabevi.

Dimitrius J.E., Mazzarella M. (2001). *İnsanları Okumak 1 / İnsanların Davranışlarını Çözümlemenin Yolları.* Çev: A. Doğangün, İstanbul: Arıtan Yayınevi.

Dimitrius J.E., Mazzarella M. (2001). *İnsanları Okumak 2 / Başkalarının Sizi Nasıl Okuduğunu Okumak.* Çev: A. Doğangün, İstanbul: Arıtan Yayınevi.

Eyal, T. et al. (2018). Perspective Mistaking: Accurately Understanding The Mind Of Another Requires Getting Perspective, Not Taking Perspective. American Psychological Association (APA), sf: 547-571. doi: 10.1037/pspa0000115.

Freud, Sigmund (1998). *Psikanaliz Üzerine.* İstanbul: Çev. Ali Öneş. Say Yayınları.

Friedlander, Joel (1993). *Body Types: The Enneagram of Essence Types.* San Rafael, CA: Inner Journey Books.

Gardner, Howard (2004). *Zihin Çerçeveleri: Çoklu Zekâ Kuramı.* Çev. Ebru Kılıç, İstanbul: Alfa Yayınları.

Goethe Johann W. Faust [Kitap] / çev. Cankorel İclal. - [s.l.]: Doğu Batı, 2011.

Goleman, D. (1995). *Duygusal Zekâ: Neden IQ'dan Daha Önemlidir.* Çev: B Seçkin Yüksel, İstanbul: Varlık Yayınları.

Gölpınarlı, Abdülbaki. *Mesnevî Tercemesi ve Şerhi,* I.-II. cilt; s. ix; İstanbul: İnkılâp Yayınevi.

Hampson, Michael (2005). *Head Versus Heart--and Our Gut Reactions: The 21st Century Enneagram,* O Books.

Hurley, Kathleen, Theodore Donson ve Alyce Parsons (2002). *Essential Self, Essential Style.* Lakewood, CO: WindWalker Press.

Kluegel, J.R. (1990). Trend In Whites' Explanations Of The Black-White Gap In Socioeconomic Status. American Sociological Review, sf: 512-525.

Köroğlu E. (2007). *Kişilik Bozuklukları.* İstanbul: HYB Yayıncılık.

Lelord F, Andre C (1996). *"Zor Kişilikler"le Yaşamak.* Çev: R. Madenci, İstanbul: İletişim Yayınları.

Mazar Nina, Amir On ve Ariely Dan The Dishonesty of Honest People: a Theory of Self-Concept Maintenance [Dergi] // Marketing Research. - 2011.

Medina J. (2008). Brain Rules. Seattle: Pear Press.

Miller A.R., Shelly Susan (2007). A'dan Z'ye Kişiliğiniz. Çev. S. Alanyunt, İstanbul: OkuyanUs Yayıncılık.

Nuttion Jozef M. Narcissism beyond Gestalt and awareness: The name letter effect [Dergi] // European Journal of Social Psychology. - 1985. - s. 353-361.

Özmen, E. (2006) *Kendini Tanıma Rehberi.* Sistem Yayıncılık. Kıssadan Hisseler Serisi. İstanbul.

Preston C. E. ve Harris S. Psychology of drivers in traffic accidents [Dergi] // Journal of Applied Psychology. - 1965. - s. 284-288.

Previc Fred H. Dopamine and the Origins of Human Intelligence [Dergi] // Brain and Cognition. - 1999.

Robertson, "The Winner Effect: The Science of Success and How to Use It" (Kazanma Etkisi: Kazanmanın Bilimi ve Nasıl Kullanılacağı)

Rizzolatti G., Craighero L. (2004).The mirror-neuron system. Annual Review of Neuroscience.27, 169–192.

Rivera, M. T. et al. (2010). Dynamics Of Dyads In Social Networks: Assortative, Relational, And Proximity Mechanisms. Annual Reviews, sf: 91-115. doi: 10.1146/annurev.soc.34.040507.134743.

Sahar, G. ve Weiner, B. (2006). Conservatism And Perceptions Of Poverty: An Attributional Analysis. Journal of Applied Social Psychology, sf: 925-943. |

Shiller Robert Irrational Exuberance [Kitap] // Princeton University Press. - 2005.

Solnick, S. J., & Hemenway, D. (1998). Is more always better?: A survey on positional concerns. [Dergi]// Journal of Economic Behavior & Organization 37 (373-383).

Stevenson Betsey ve Wolfers Justin, Happiness in the inequality in the United States [Dergi] // National Bureau of Economic Research. - 2008.

Stiglitz Joseph Küreselleşme: Büyük Hayal Kırıklığı [Kitap] / çev. Arzu Taşçıoğlu Deniz Vural. - [s.l.]: Plan b, 2002.

Sungur, Nuray (1997). *Yaratıcı Düşünce*, İkinci Baskı, Yönetim Dizisi: 6, İstanbul: Evrim Yayınevi

Sutherland Stuart İrrasyonel [Kitap]. - İstanbul: Domingo, 2007.

Veblen, T. (2005). Aylak Sınıfın Teorisi. Çev., Zeynep Gültekin-Cumhur Atay, İstanbul: Babil Yayınları.

Winston, Robert (2012). İnsan Beyni; Evrenin En Karmaşık ve Gizemli Nesnesi. İstanbul. Say Yayınları

İnternet Kaynakçası

https://www.dunyahalleri.com/beyin-hangi-yasta-neye-yetenekli/

https://www.bbc.com/turkce/haberler/2016/02/160209_vert_fut_olum_dusuncesi

https://evrimagaci.org/tesaduf-geliyor-kacin-bilimde-sans-ve-tesaduf-kavramlarina-yer-yok-mu-405

https://www.bbc.com/turkce/haberler/2015/05/150528_vert_fut_yasamin_dorugu

https://www.bbc.com/turkce/haberler-50392427

https://aklinizikesfedin.com/kotuluk-bilimi/

https://www.cumhuriyet.com.tr/haber/kuzgunlar-kotuluk-yapanlari-unutmuyor-262184

https://evrimagaci.org/kotulugun-siradanligi-siradan-insanlar-neden-gaddarlik-yapiyor-7586

https://www.bbc.com/turkce/haberler/2016/02/160201_vert_fut_duygusuzluk

https://www.hurriyet.com.tr/kelebek/saglik/bilim-dunyasinin-en-korkunc-deneyi-kucuk-alberta-ne-oldu-28253169

https://dergipsikopol.com/affetmek-ya-da-affetmemek/

https://noroblog.net/2018/09/19/kotulugu-affetmeye-meyilli-miyiz/

https://dergipsikopol.com/affetmek-ya-da-affetmemek/

https://bilimfili.com/neden-utanc-duyariz

https://www.dbe.com.tr/tr/yetiskin-ve-aile/11/mukemmeliyetciligin-depresyonla-baglantisi/

https://www.bbc.com/turkce/haberler/2016/02/160209_vert_fut_olum_dusuncesi)

https://www.bbc.com/turkce/haberler/2015/10/151009_vert_fut_aci_zevk)

https://www.bbc.com/turkce/ozeldosyalar/2015/02/150210_vert_fut_aci_hissi)